KB151639

조선의 퀴어

조선의 퀴어

박차민정 지음

현실문화

일러두기

1. 주석은 모두 지은이 주이다.

2. 제목 표기 시 국문 논문과 단행본 장 제목은 「 」로, 국문 단행본 제목은 『 』로, 노래 제목과 전시명, 영화명 등은 〈 〉로, 신문 및 잡지명, 학술지명은 《 》로 표기했다. 또한 영문 논문 제목은 " "로, 영문 단행본 제목은 이탤릭체로 표기했다. 본문과 주석을 통해 인용 표기된 과거 신문·잡지 기사의 제목 및 내용은 가급적 원문을 살리고자 하였다.

3. 외국 인명 표기는 국립국어원에서 펴낸 외래어 표기법을 준수하되, 국내에서 널리 사용되는 인명은 관행을 따랐다.

들어가며

이 책 『조선의 퀴어』는 한국사회에서 '이상한' 혹은 '기묘한' 존재들queer로 알려진 사람들, 즉 '변태성욕자' '반음양intersex' '여장남자' '동성연애자'의 역사를 탐구하려는 목적에서 쓰였다.

이 책에서 다루는 시공간은 1920~30년대 식민지 조선으로 한정하였는데, 여기에는 몇 가지 이유가 있다. 무엇보다 1920~30년대는 '변태성욕' '반음양' '여장남자' '동성연애'와 같은 새로운 분류와 이것을 뒷받침하는 앎의 체계들이 처음으로 등장한 시기였기 때문이다. 인간의 성적 유형과 성적 욕망들에 대한 이 전적으로 새로운 이해와 접근법은 서구의 성과학 지식이 수입되고 번역되는 일련의 과정을 통해 비로소 출현할 수 있었다. 또한 1920~30년대는 식민지 조선에서 대중문화와 의료권력, 자본주의가 본격적으로 싹텄던 시기라는 점에서도 중요하다. 외부로부터 유입된 새로운 성에 대한 지식의 체계가 식민지 조선의 독특한 근대성과 만나면서 어떠한 방식으로 협상하고 길항했는지, 그리고 이러한 과정에서 어떻게 '조선의 퀴어'의 경계가 정의되었는지를 살펴보는 것이 이 책의 주요 관심사다.

사실 1920~30년대는 근대성에 대한 관심 속에서 다양한 연구들이 활발하게 진행되어 왔다. 이러한 연구들 중에는 페미니즘의 관점에서 당대 섹슈얼리티의 구성을 분석한 연구들도 다수 포함되어 있다. 하지만 이 글이 주로 관심을 기울이고 있는 성적 타자들, 젠더 비순응자들이라 부를 만한 존재들의 역사는 그간 독립적인 연구의 주제로서는 거의 주목을 받지 못했다. 기존에 축적된 연구 성과가 많지 않은 상황에서, 이 책은 1920~30년대의 신문과 잡지 속에서 범죄 기사, 논설, 오락 기사 등과 같이 다양한 형식으로 다루어진 젠더 비순응자들의 재현을 발굴하고, 그 의미를 분석하는 데 초점을 맞추었다.

당연히 이러한 자료들은 1920~30년대 조선에서 살았던 퀴어한 존재들에 대해 완벽하거나 정확한 상을 제공하지 못한다. 신문이나 잡지와 같은 인쇄매체의 발간과 대중적 유통은 식민지 조선에서 섹슈얼리티가 사회적 쟁점으로 부각되고 공론화되는 데 있어 분명 결정적인 역할을 했다. 그럼에도 불구하고 이러한 자료들은 명확한 한계를 가지고 있다. 많은 연구자들이 지적해왔던 바와 같이, 신문과 잡지는 당대 지식인 계층의 목소리만을 반영한다. 주변화된 이들의 목소리는, 특히 이 책에서 다루고자 하는 퀴어한 존재들의 목소리는 매우 드물게만 드러날 뿐 아니라, 등장하더라도 경찰의 심문 내용과 같이 매우 제한적인 맥락 속에서만 나타난다. 그뿐만 아니라 이러한 자료들은 법을 어기지 않았거나 언론의 선정적인 기삿거리로 발굴되지 않았던 사람들, 그렇기에 재현될 기회를 전혀 갖지 못했던 퀴어한 존재들의 경험들 역시 전혀 담아내지 못한다. 이러한 자료들이 보여주는 것은 퀴어의 '진실'과 무관하게, 당대의 경찰, 판사, 의사, 언론인들이 이 기이한 존재들에 대해 생산했던 담론들이라고 말하는 편이 정확할 것이다. 따라서 이 책에서는 이러한 자료들을 '잃어버린 역사'를 복원하고 과거에 대한 보다 완벽하고 정확한 설명을 제공하기 위해서가 아니라, 당대의 퀴어한 존재들을 둘러싼 지배적인 담론에 접근하는 수단으로 사용하고자 한다.[1]

결과적으로 이 책은 이상하고 기묘한 존재들을 둘러싼 사회적 담론들이 형성되는 과정들을 쫓는 일종의 계보학이 되었다. 책을 쓰면서 나는 퀴어한 존재들에 대한 사회적 관심이 어떻게 '정상적인 세계'의 경계들을 상상해내는 과정들과 나란히 발전했는가를 함께 살펴보고자 했다. 왜냐하면 무엇이 위반적이고 일탈적인 성적 실천인가를 결정한다는 것은 결국 그 사회에서 '정상적인' 여성과 남성들이 어떤 방식으로 입고, 걷고, 말하고, 욕망하고, 사랑하고, 관계 맺어야 하는지를 정의하는 것에 다름 아니기 때문이다.[2] 그러니 이 책은 조선의 '퀴어한' 존재들의 역사를 담고 있는 동시에, '정상적인' 여성과 '정상적인' 남성의 역사를 다루는 책이기도 한 셈이다.

이 책의 각 장은 다음과 같이 구성되었다.

1장 「근대의 경성, '에로 그로' 경성」에서는 기이하고 낯선 존재들이 인쇄매체의 발간과 대중적 유통을 통해 형성된 1920~30년대의 문화적 장 안에서 새로운 앎의 대상이자 '에로 그로'한 오락의 대상으로 포착되어 소비되는 풍경들을 다뤘다. 성과학의 통속화라 할 만한 이러한 소비가 우생학과 제국주의의 시대였던 1920~30년대에 어떠한 종류의 쾌락과 위계의 생산에 긴밀하게 연결되어 있었는지를 함께 살펴보았다.

2장 「변태성욕자의 시대」에서는 기이하고 낯선 존재들과 범죄성 사이에 정교한 상상들이 구축되는 과정들을 살핀다. 성과학의 변태성욕 범주가 식민지 조선에서 범죄와 연결되는 것은 그 자체로 과거에 용인되었던 관습이나 욕망들을 서구적 기준을 통해 새롭게 발견하고 조정하고 협상하는 과정이기도 했다. 또한 이 시대는 선천적인 범죄자의 전형이 출현한 때이기도 했다. 1920~30년대 조선에서 '타고난 범죄자'로 상상된 인물들은 과연 누구였으며 이것이 갖는 함의는 무엇인지를 탐색해보았다.

3장 「단속되는 몸」에서는 정상적인 여성과 남성의 신체적 경계들을 생산해내는 식민지의 법적 규제와 의료적 개입의 문제를 다루었다. 식민지 정부는 일상적인 단속과 취체를 통해 피식민지인들의 몸을 민족과 성별 같은 근대적 경계 안에 안전하게 정박시키고자 하였다. 그리고 이 과정은 종종 '진정한 성별'을 식별하는 의학적 검진을 동반했다. 이 장에서는 군사화되는 사회가 '여장남자'와 '반음양'과 같은 몸들을 타자화하고 병리화하는 것을 통해 정상성의 경계들을 강화해가는 과정을 살펴보았다.

4장 「욕망의 통치」에서는 당대의 이성애적 욕망의 문법이 의료화의 언어 안에서 생산되는 과정을 다뤘다. 식민지 조선이라는 정치적·사회적 조건은 성에 대한 매우 협소하고 제한적인 공론장만을 허락했다. 성은 식민지 본국인 일본과 달리 다양한 정치적 스펙트럼 안에서 다루어지지 못했으며, 그 대신 의료화를 통해 건강과 자기관리라는 사적 영역으로 빠르게 포섭되었다. 이 장에서는 1920~30년대 신문의 의학 상담란과 의료 광고는 물론 관련된 기사들을 검토함으로써 이러한 성의 의료화가 제국의 담론과 어떠한 방식으로 연동되었으며, 성별화된 성적 욕망의 생산에 얼마나 개입하였는지를 살펴보았다.

5장 「경계를 위협하는 여성들의 욕망」에서는 '동성연애'라는 당대의 새로운 현상을 둘러싼 담론적 경합을 다뤘다. 1920~30년대는 학교와 일터와 같은 근대적 제도를 배경으로 여성들 사이의 우정과 낭만적 사랑이 본격적으로 출현하는 동시에, 이러한 친밀성이 성과학의 언어를 통해 병리적 현상으로 규정되기 시작한 시기였다. 이 장에서는 '동성연애'에 대한 담론의 지형들을 분석함으로써 이 새로운 친밀성이 당대에 던진 파장을 검토하고 이성애 규범적인 지배 담론 안으로 완전히 회수되지 않았던 틈새의 공간들을 포착하고자 한다.

이 책은 1920~30년대라는 한정된 시공간을 다루고 있지만, 현재의 한국사회에 대한 고민과도 연결되어 있다. 우리가 현대에 사용하는 개념들이 과거로부터 상속받은 서로 다른 의미와 개념들의 절합[3]이라고 한다면, 과거를 탐색하는 작업은 우리 시대가 퀴어한 존재들을 정의하고 다뤄온 방식들을 질문하는 과정일 수밖에 없기 때문이다. 따라서 이러한 작업은 푸코의 말을 따르자면, "현재와 과거를 연결해주는 나약한 선을 추적해감으로써 왜 그리고 어떻게 현재가 지금과는 다른 모습이 되었을 수도 있는지를 파악하려는 시도"라고 말할 수 있다.⁴ 이 책이 소개할 퀴어한 존재들, 기이함과 낯섦을 통해 발견되는 과거가 현재의 규범들 역시 낯설게 발견할 수 있는 계기가 되기를 바란다.

마지막으로 지면을 빌어 고마운 분들에게 감사의 마음을 전하고 싶다. 소란, 옥분, 유채, 무영, 바람, 숲날, 그 밖에 여해연 언니들에게 고마움을 전한다. 20대 시절부터 항상 한발 앞서 나이 드는 언니들이 있어서 철들지 않은 채 나이 드는 일을 훨씬 덜 두려워할 수 있었다. '세기의 친구'인 김주희와 김백애라에게도 우정과 감사의 마음을 전한다. 친구들의 비인간적인 성실함과 저속과 고급을 망라하는 유머 감각, 그리고 '탁월한 인품'은 항상 나의 자랑거리이다. 일상의 시간들을 기꺼이 함께 나누어준 나무와 삐다, 성취욕 부족한 자식을 언제나 지지하고 지원해주신 부모님, 그리고 지도교수인 정지영 선생님께도 깊은 감사를 전하고 싶다. 마지막으로 출판까지 긴 시간을 기다려주신 현실문화연구와 김주원 편집자님께 고마운 마음과 죄송한 마음을 함께 전하고자 한다.

1장

근대의 경성, '에로 그로, 경성

이 장에서는 일본을 경유해 수입된 서구의 성과학 지식이 1920~30년대 조선에서 대중화되는 양상을 검토하고자 한다. 성과학자 해블록 엘리스의 전집부터 타인종의 '에로 그로'한 성풍속을 다루는 글이나 '변태성욕자'의 괴기스러운 범죄 기사까지, 다양한 형식의 재현들은 모두 특정한 성적 실천들 혹은 성적 존재들이 기이하고 낯선 것으로 새롭게 발견되고 소비되는 당대의 풍경을 보여준다.

해블록 엘리스를 읽는 한학자

만주사변이 진행 중이던 1932년 12월, 만주 출정 군인을 실은 열차가 경성역을 출발하려는 찰나 한 청년이 경찰에 체포되는 소동이 벌어졌다. 혹자는 '만주사변' '출정 군인' '체포'와 같은 단어에서 불과 보름 뒤에 발생한 이봉창의 히로히토 국왕 암살시도와 같은 정치적 의거들을 연상할지도 모르겠다. 하지만 나카지마 신길이라는 이름으로 보도된 이 23세의 일본 청년의 관심사는 그런 정치적인 사건과는 거리가 멀었다. 청년이 체포된 것은 송영인파 안에 있었던 정무총감 부인의 옷을 면도칼로 찢었기 때문이었다. 이후에 진행된 경찰 조사에서 밝혀진 바에 따르면, 나카지마 신길은 평소 여자를 몹시 증오하는 '변태심리'를 가지고 있었고 여자들의 옷을 찢을 목적으로 항상 면도칼을 상비했다.¹ 당일에 하필 정무총감의 부인의 옷을 찢은 것 역시 우연에 불과했다. 그는 단지 아름다운 옷을 입은 여자를 증오했기 때문에 비싼 의복을 입고 있었던 정무총감 부인을 표적으로 선택했

그림 1.   1925년에 새로이 단장한 이후의 경성역.
《동아일보》 1925년 10월 8일자 사진.

다고 한다.[2]

　이 기사는 청년이 저지른 기행만큼이나 기행을 설명하기 위해 '변태성욕자' '변태심리'와 같은 용어를 사용하고 있다는 점에서 주목을 끈다. '변태성욕'은 1920~30년대 조선에서 유통되기 시작한 많은 단어들과 마찬가지로, 서구의 지식을 일본어로 번역하는 과정을 통해 만들어진 신조어였다. 이 용어의 기원은 서구의 성과학으로, 성과학은 인간의 성적 유형과 성적 욕망의 형태와 범위를 분류하는 정교한 서술체계를 개발하는 분과 학문을 지칭한다.[3] 이러한 학문에 몸담았던 성과학자들은 다양한 욕망과 유형들을 분류하는 과정에서 '정상'으로 간주된 것에서 일탈하는 성적 실천들을 모두 '도착inverts'으로 범주화했는데, '변태성욕'은 바로 이 '도착' 개념을 번역하는 과정에서 만들어진 용어였다. 그렇다면 일본에서 등장한 학술 번역어가 어떻게 1930년대 조선 신문의 범죄 기사에 사용될 수 있을 정도로 대중화되었던 것일까?

일본은 비서구 국가 중 서구의 성과학 지식을 가장 적극적으로 수입했던 국가였다. 일본이 서구에 문호를 개방하기 시작한 1870년대에 일본 지식인들은 근대적 지식을 배우기 위해 서구로 향했는데, 특히 의학과 법 분야의 전공자들 다수가 독일에서 수학하였다. 독일의 학문적 영향력은 일본 국내에서도 뚜렷하게 발견된다. 도쿄대 의학부의 교수진 모두는 독일인으로 채워졌을 뿐 아니라 수업과 관련된 일상적인 의사소통 역시 독일어로 이루어질 정도였다.[4] 이러한 상황은 당시 유럽 성과학의 메카였던 독일의 성과학 지식이 일본에 빠르게 수용될 수 있는 학문적 기반을 제공하였다.

초기에 성과학에 대한 관심은 일부 엘리트 계층에 머물러 있었다. 그러나 1910년대부터 보통교육 도입의 효과로 일본 내의 문자해독률이 상승하고 독서 대중을 위한 취미독물 시장이 본격적으로 형성됨에 따라 이러한 읽을거리를 채우는 주요한 콘텐츠로서 성과학 지식의 대중화 현상이 나타나기 시작한다. 후에 연구자들에 의해 '변태붐Hentai boom'으로 이름 붙여진 성과학의 유행으로 1920년대에는 '변태성욕'만을 전문적으로 다루는 잡지가 열 개 이상 등장할 정도였다.[5]

그리고 이 '변태붐'의 시대는 조선의 많은 지식인들이 일본에서 유학생활을 했던 시기이기도 했다. 실제로 '변태붐'의 문화적 영향은 어렵지 않게 확인할 수 있다. 양주동은 1931년 잡지《동광》이 기획한 성교육 설문에서 성과 관련된 지식의 습득 경로를 묻는 질문에, 도쿄 유학 시절의 독서를 꼽았는데, 그의 독서목록에는 일본 정신의학회가 발행한 잡지《변태성욕》이 포함되어 있었다. 그런데 더욱 흥미로운 것은 같은 목록에 '엘리쓰의 성학전서'가 포함되어 있다는 사실이었다.[6] '엘리쓰의 성학전서'에 대한 언급은 같은 해에 전통적인 서당 교육을 받은 한학자 변영만의 논설에도 등장한다. 그는 자신의 서재에 '성욕학'(성과학의 일본식 번역어)의 세계적 권위자인 해블록 엘리스의 책을 여러 권 보유하고 있을 뿐 아니라 이 책들을 여러 차례 완독한 바 있다고 썼다.[7]

'엘리쓰의 성학전서'에 주목하는 까닭은 이 책의 수용 과정 자체가 조선 지식인들이 서구의 새로운 지식 체계와 만났던 흥미로운 경로를 보여주기 때문이다. 해블록 엘리스Havelock Ellis는 영국 출신의 성과학자로 프로이트Sigmund Freud와 함께 성행동연구의 선구자로 불렸던 인물이었다. 그는 1897년에서 1928년까지 약 30년에 걸쳐 총 일곱 권으로 구성된 『성심리학 연구Study on the Psychology of Sex』를 출간하였는데,[8] 변영만과 양주동이 읽었다는 '엘리쓰의 성학전서'는 이 전집의 일부로 추정할 수 있다. 조선의 지식인들이 독서 목록의 일부로 '엘리쓰의 성학전서'를 자랑스레 언급했던 1930년대 초에, 해블록 엘리스의 책은 서구의 다수 의학 전문지들에 의과대학 교재로 추천될 만큼 성문제의 과학적 연구서라는 명성을 누리고 있었다.[9]

다만 당시의 서구에서 의료인이 아닌 사람들이 이 책에 접근하는 데에는 상당한 제약이 있었다는 사실에 주목할 필요가 있다. 실제로 해블록 엘리스가 영국에서 처음 발간한 전집의 첫 권은 추잡하다는 비난을 받았고 출판사가 기소당하는 수모를 겪었다. 기소 담당 판사는 이 책이 주장하는 과학적 가치가 단지 음란서적을 팔아먹기 위한 구실에 불과하다는 판결을 내리기도 했다.[10]

해블록 엘리스 전집의 첫 번째 책 『성도착Sexual Inversion』이 영국에서 출판된 것은 오스카 와일드가 '남색죄'로 고발당해 2년의 강제노동형을 선고받은 지 고작 2년밖에 지나지 않은 1897년이었다. 특히 해블록 엘리스는 성과학자로서는 드물게 성자유주의적 입장에 서 있었던 학자였다. 그는 정상과 비정상 사이에 분명한 경계선이 존재하지 않는다는 신념을 가지고 있었으며, 이러한 믿음 아래 성충동, 동성애, 시체애호증, 자위 행위와 같은 주제들을 최대한 객관적인 관점에서 기술하려고 했다.[11] 보수적인 당시 영국의 분위기 속에서 그의 책이 음란시비에 휘말렸던 것은 피할 수 없는 일이었다. 고국에서의 반응에 낙담한 해블록 엘리스는 전집의 나머지 책들을 모두 미국에서 출판하였다. 하지만 해블록 엘리스의 책은 미국에서도 매우 제한적인 조건 속에서 판매되었다. 그의 전집은 1935년까지 자격증을 가진 전문 의료인만이 합법적으로 구매할 수 있었을 뿐만 아니라 한정된 부수만이 출판되어 매우 비싼 가격으로 판매되었다. 비록 합법적으로 판매되었다고는 하지만 약 30년 동안 부분적으로 금서 취

급을 받았던 셈이다.[12]

주목할 만한 것은 이 전집이 일본에서 유통된 방식이다. 해블록 엘리스의 전집은 변태붐이 한창이던 1927년에 일본에서 번역·출판되었다. 일본의 출판사는 원래 일곱 권으로 구성되어 있었던 책을 주제에 따라 세분화해 스무 권으로 나누어 출판했다.[13] 이러한 출판 방식은 권당 가격을 낮추고 독자 스스로 원하는 주제를 선택해 구매할 수 있도록 한다는 점에서 책의 판매를 억누르고자 했던 영미권과 달리 상업성과 대중성을 극대화하고자 한 것이었음을 알 수 있다.

당시 와세다대 영문과에 재학 중이던 양주동이 해블록 엘리스의 책을 읽었다는 사실은 전문 의료인뿐만 아니라 비전문가인 독자들 역시 자유롭게 책을 구입할 수 있었음을 보여준다. 또한 변영만과 같이 일본 유학 경험이 없는 지식인조차도 이 전집을 소유하고 있었다는 것은, 일본 출판시장의 영향력 아래 있었던 다른 식민지 지식인들 역시 해블록 엘리스의 책을 읽을 수 있었다는 추정을 가능하게 한다. '변태붐'으로 대표되는 일본 성과학의 부흥 속에서 세계 질서의 변방에 있었던 조선의 지식인들은 역설적으로 성과학 지식을 동시대적으로 소비하는 혜택을 누릴 수 있었다. 1931년 해블록 엘리스의 전집을 과시적으로 언급하는 조선의 지식인들은 문자 그대로 첨단 지식의 수용자였던 셈이다.

"신경이 과민한 청년남녀는
한번에 5쪽 이상을 넘게 읽지 말라"

일본의 변태붐과 마찬가지로 조선에서도 성과학 지식의 소비는 고급 지식의 영역에 한정되지 않았다. 당시 신문 하단에 일상적으로 실렸던 책 광고들은 이러한 유형의 지식이 유통되는 또 다른 경로들을 보여준다. 1920년대 이후 조선의 출판시장은 일본 출판자본의 영향권 아래 본격적으로 통합되기 시작했다. 이에 따라 조선의 독자들은 신문 하단에 실린 책 광고를 보고 우편주문을 하는 방식으로 식민지 본국에서 출판된 서적을 손쉽게 구입할 수 있었다.[14] 때로는 일본에서 허가된 잡지나 단행본이 검열로 인해 조선에서는 수입이 금지되기도 했지만,[15] 일부를 제외하면 본국의 출판물에 접근하는 데 큰 제약이 없었다. 당시에 광고되었던 책들 중에는 성과 관련된 서적들이 다수 포함되어 있었다. 『남녀 정과 욕의 사십팔수』 『남녀성욕과 성교의 신연구』 『도해연구 남녀생식기전서』 『미인나체사진』 『성교법 임신피임의 신연구』 등 춘화·사진 같은 시각적 인쇄물부터 서사적 요소가 있는 패설, 피임·임신·해부학을 다루는 의학 서적까지 다양한 책들이 조선 독자들의 구매를 기다리고 있었다.[16]

그리고 이러한 책들 속에는 성과학과 관련된 서적들 역시 포함되어 있었다. 대표적으로 사와다 준지로의 책을 들 수 있다. 사와다 준지로澤田順次郎는 당대 일본의 성과학을 대표하는 인물 중 하나로, 일본 성학회의 창시자이자 잡지 《성性》의 주재자였

그림 2. 《동아일보》 1923년 10월 24일자 하단의 성 관련 서적 광고.

다.[17] 그가 동료인 하부토 에이지羽太銳治와 함께 쓴 『변태성욕론』 (1915)은 출간 후 10년 동안 일본에서 가장 널리 읽힌 영향력 있는 성과학 서적이기도 했다.[18] 사와다 준지로의 책들은 "성학性學 대가의 최근작"이라는 타이틀을 달고 소개되었으며 1923년 한 해에만 『남녀성욕과 성교의 신연구』『실제적 피임산아제한법』 『도해 처녀와 처의 성적생활』『아귀도』『남녀생식기의 구조』『여자의 나체미』등 여섯 권에 달하는 책이 조선의 신문지상에서 광고되었다. 광고된 책 중에는 『아귀도』와 같이 특별히 '변태성욕'과 관련된 책들도 포함되어 있었다. 『아귀도』의 책 광고는 이채롭게도 "신경이 과민한 청년남녀는 한번에 5쪽 이상을 넘게 읽지 말라"는 경고문구와 나란히 본문 내용의 일부를 번역해 인용하는 형식을 취하고 있다. 광고된 본문의 내용을 옮겨보면 다음과 같다. "먼저 이성의 피복물을 탈취하고 그 우에 긴박편달緊縛鞭撻 혹은 자상刺傷… 즉 그 호애好愛하는 바 이성을 학대하여 그 고민하는 상태를 바라보고 성욕을 만족한다." 즉 이성의 옷을 벗기고 묶어서 채찍으로 때리거나 상처를 만들면서 학대한 후 괴로

그림 3. 《별건곤》1927년 7월호에 실린 삽화. 책장에는『러브레터』『성교의 신연구』
『나체미』『생식기 도해』『성욕과 연애』와 같은 책이 꽂혀 있다.

워하는 모습을 보면서 성욕을 만족한다는 내용을 담고 있다. 인
용된 부분과 채찍질하는 삽화를 조합해보면『아귀도』는 가학·
피학 성행위(사도마조히즘sadomasochism)를 포함해 '변태성욕'을 소개
하는 데 초점을 맞춘 책이었던 것으로 보인다.

　1920~30년대 사와다 준지로의 책들 중 여러 권은 조선에서
큰 상업적 성공을 거뒀다.[19] 그리고 이러한 성과학 지식의 유행은
1927년 조선 국내에서도 《변태심리》라는 제목의 '변태 전문 잡
지'의 발간으로 이어지기도 했다.[20] 그런데 굳이 이런 서적들을
주문해 읽지 않는 사람이라고 하더라도 1920년대 후반이 되면
조선의 신문·잡지를 통해 '변태성욕'과 관련된 서사들을 어렵지
않게 접할 수 있었다는 점은 주목할 만하다. 이것은 바로 식민지

그림 4. 《동아일보》 1923년 7월 8일자 하단에 실린
　　　 사와다 준지로의 책 『아귀도』의 광고.

조선을 휩쓴 '에로 그로 넌센스'라는 새로운 유행 덕분이었다.

오락이 된 타자

　1933년 《동아일보》에는 남편에게 학대받던 처의 원혼이 큰
뱀으로 변해 다시 태어났다는 기사가 실렸다. 기사에 따르면 생
전에 남편의 학대를 받던 아내는 평소에 죽으면 구렁이가 되어
너를 해롭게 할 것이라고 입버릇처럼 말해왔는데, 실제로 아내
가 사망한 뒤 큰 뱀이 되어 나타났다는 것이었다. 이 소문은 꼬
리에 꼬리를 물고 퍼져, 동리에서 이 뱀이 말을 한다거나 뱀이
위는 뱀의 모양이지만 아래는 사람의 모습을 하고 있다거나 등
등 다양한 형태로 파생되었다. 따라서 이 진기한 복수사復讐蛇의
모습을 보기 위해 하루에 수십 명의 인파들이 몰리는 소동이 일
어나고 있다는 것이었다.[21]

원한을 갖고 죽은 처가 뱀으로 환생해 복수한다는 기담 자체는 그다지 새로운 것은 아니라고 할 수 있다. 하지만 기담이 전국 단위의 주요 일간지에 어엿한 기사로 게재될 뿐 아니라, 소문의 진위를 판단하기 위해 기자가 직접 현장에 파견되는 것은 분명 새로운 풍경이었다. 현장에 도착한 기자는 뱀이 머문다는 뒷간으로 가서 변소와 돌담 사이에 머리를 내놓은 구렁이의 모습을 두 눈으로 확인했을 뿐 아니라, 일련의 사태에 대한 남편의 심경을 직접 인터뷰하여 기사를 작성하였다. 어떻게 이런 종류의 기담이 1930년대에 기삿거리로 여겨질 수 있게 된 것일까? 기사의 부제로 쓰인 "진주에 그로 100%의 화제"라는 구절에서 그 단서를 얻을 수 있다.

조선에서 1920년대 후반에서 1930년대 전반에 이르는 시기는 '에로 그로 넌센스'가 대중문화에 중대한 영향을 미쳤던 시대로 평가된다. '에로 그로 넌센스'는 '에로틱, 그로테스크, 넌센스'의 줄임말로, 일반적으로 일본의 모더니즘 시대와 파시즘 시대 사이에 존재한 데카당트한 사조를 의미했다.[22] 서구의 근대성과 소비문화가 근대화되는 일본에 정착하면서 나타난 '에로 그로 넌센스'의 유행[23]은 식민지 조선에도 발 빠르게 수입되었다. 1931년 《조선일보》는 '에로 그로 넌센스'는 "현대라고 하는 불가사의한 마국魔國으로 들어가기 위해서 가장 먼저 이해하지 않으면 안 될 주문"이라고 썼으며,[24] 같은 해 잡지 《동광》 역시 '모던'을 이해하기 위해서는 나팔바지를 입거나 단발양장은 하지 못하더라도 '에로 그로'를 이해하는 것이 필수적이라고 소개했다.[25]

'에로 그로 넌센스'의 수입은 한편으로 고질적인 경영난에 시달리고 있었던 조선 매체들이 생존을 위해 선택한 상업주의적 자구책이었다. 당시 조선에서 잡지를 살 경제적 여건이 되는 지식인들은 일본 잡지를 선호했고, 대부분의 농민과 노동자들은 글을 아는 이가 많지 않았을 뿐 아니라 잡지를 구매할 만한 경제적 여유도 없었다. 그런 상황에서 조선의 매체들은 독자들을 유치하기 위해 일본을 본떠 자극적인 '에로 그로 넌센스'성 기사를 강화했던 것이다.[26] 하지만 이러한 유행의 근본적인 동력은 결국 '에로 그로 넌센스'의 소비가 주었던 특별한 쾌락이라고 할 수 있을 것이다. 사람들은 이상하고 기괴한 호기심의 대상으로부터 흥분과 자극을 경험하는 이 새로운 형식에 매료되었고, 더욱더 진기하고 자극적인 이야기를 욕망하게 되었다. 그렇다면 이 '에로 그로 넌센스'의 시대에 '이상하고 기괴한 호기심의 대상'으로 발견된 존재들은 누구였으며, 이러한 쾌락의 생산은 당대의 지배적인 질서와 어떠한 관계들을 맺고 있었을까. '에로' '그로' '넌센스'가 사용된 용법들을 통해 이에 대한 실마리를 살펴볼 수 있다.

1933년 《동아일보》는 신의주행 열차에서 일어난 "국경의 넌센스 범죄"를 보도했다. 사건의 주인공은 평양부에 거주하는 37세의 정성실이라는 여성으로, 그녀는 동리에 사는 김씨라는 여성과 함께 양피를 사기 위해 신의주행 열차에 탑승한 참이었다. 이동경찰은 어딘지 거동이 수상해 보이는 이 두 사람을 체포해 취조했는데, 몸수색 결과 정성실이 국경으로 밀수출할 목적으로 1500원 상당의 금괴를 항문 안에 숨기고 있었다는 사실이 밝혀졌다. 경찰은 즉시 금괴를 압수했지만 냄새 때문에 누구도 손을 댈 수가 없어 모두가 금괴를 피하는 한바탕 희극, 즉 '넌센스'가 연출되었다는 것이다.[27] 잡지 《신동아》의 "모던어점고"가 제공하는 정의에 따르면, '넌센스'란 영어의 어원과 마찬가지로 '무의미한 것'을 의미했다. 그러나 그냥 무의미가 아니라 "엉터리여서 우스운 것" "아무 뜻도 없는 웃음거리" "어처구니없어서 우스운 것" "그럴 리가 없어서 우스운 것"과 같은 것이 넌센스로 정의된다.[28] 위의 예는 넌센스의 사전적 의미와 활용을 보여준다. 그런데 때때로 넌센스가 제공하는 웃음은 보다 더 논쟁적인 가치 판단의 영역으로 확장되기도 했다.

"국경의 넌센스 범죄"가 일어난 것과 같은 해인 1933년에 원산 식산은행지점 앞에서 순찰을 서던 한 순사는 "괴상한 여자"를 목격하고 체포했다. 그녀는 스스로 충청북도에 원적을 둔 이홍도라는 "훌륭한 여성"이라고 신원을 밝혔지만, 경관들 사이에서는 여자라거나 남자라거나 의견이 분분했다. 결국 경관들이 의사를 불러 생식기를 검사한 결과, 이홍도가 남성이라는 판정을 받아냈다. 이 사건은 "절세미인 옷 벗기니, 의외에도 위장부僞裝夫다" "더위를 씻어버릴滌暑 듣기만 해도 진무류의 넌센스"로 소개되었다.[29] 마찬가지로 같은 해 수리조합 공사장 감독인 26세 이하산이 작업장에서 일하러 오는 18세의 장은국에게 강제로 "불미한 행동"을 시도하다 소년에게 상처를 입혀 고소당한 사건에는 "변태성욕이 낳은 넌센스 일막"이라는 제목이 붙었다.[30]

항문에 금괴를 넣어 밀수출하려다 발각된 사건과 출생시에 지정된 성별과는 다른 성별로 살아가던 이가 검문에 걸려 성별 검사까지 받게 된 사건, 동성을 대상으로 성적 폭력의 범죄를 저지른 자가 고발당한 사건이 동일한 '넌센스'라는 감각을 통해 범주화된다는 사실은 무엇을 의미하는 것일까. 이것은 넌센스를 구성하는 '우스운 것' '엉터리' '어처구니없음'이 특정한 성적 실천과 존재의 방식을 '비정상적'일 뿐 아니라 우스꽝스러운 것으로 발견하고 전시하고 소비하는 과정에 역시 밀접하게 연결되어 있었음을 보여준다.[31] 그리고 이러한 종류의 위계화된 상상력은 때로 개별의 신체를 넘어 특정한 인종과 계급이라는 집단 이미지에 투영되기도 했다.

'에로 그로'와 미지의 야만인

1920년대 후반을 기점으로 조선에서 타자의 이미지들이 대량 생산되는 현상이 나타나기 시작했다. '토인土人'으로 불렸던 남방 열대 원주민들과 '미지국未知國 여성들'의 이미지 그리고 그들의 기이한 성 풍속 및 결혼 풍속은 조선의 신문·잡지에서 쉽게 접할 수 있는 소재가 되었다.[32]

당대 서구의 많은 성과학자들은 이성애와 일부일처제 혼인에 바탕을 둔 성도덕·성질서야말로 사회진보를 위한 필수적 토대라는 믿음을 가지고 있었다. 특히 선구적인 성과학자인 크라프트에빙 Richard von Krafft-Ebing은 문명의 발전 단계와 성도덕 사이에

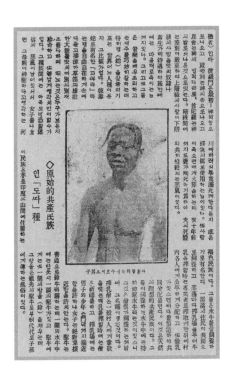

그림 5.
《별건곤》 1927년
7월호에 실린 인도의
소수민족에 대한 기사.

강한 관련성이 있다고 믿었다. 그는 제도화된 이성애는 문명의 정점에서 출현한 최상의 제도이며, 사회의 진보를 위해 반드시 성취되어야 할 조건이라고 보았다. 따라서 결혼으로 대표되는 이성애 일부일처제 제도 외부에서 이루어지는 성관계는 인류 문명의 더 낮은 단계로의 퇴화인 동시에, 문명 그 자체를 위협하는 것으로 여겨졌다. 이러한 이론이 사회적인 영향력을 확대해감에 따라, 서구 의학 저널에는 이를 뒷받침하기 위한 수많은 인류학적 연구들이 실리기 시작했다. 이들 연구는 미국 원주민 사회와 아시아 사회 등에서 호모섹슈얼이나 성도착이 두드러진다

그림 6. "미지국 여성을 차저서 21『황금해안』의 녀인(전22회)",
《조선일보》 1929년 12월 4일.

는 증거들을 발굴해 보여줌으로써, 원시 단계의 문화일수록 성
도착에 관용적이라는 이론을 입증하고자 했다.[33] 1920년대 후반
부터 조선에 확산된 타인종의 성풍속에 대한 관심들은 일본의
남방정책이라는 현실적인 조건과 함께 당대 인류학의 두드러진
경향들이 반영된 것으로 볼 수 있다. 그리고 이러한 관심은 종종
문명화 단계와 생물학적 진화/퇴화 사이의 보다 근본적인 연관
을 주장하는 것으로 나아갔다.

　19세기와 20세기 초는 인간의 도덕적이고 심리적인 특성을

생물학으로 설명할 수 있다는 믿음이 강하게 작동했던 시기였다. 특히 사회적으로 주변화된 집단은 지적으로 열등하고 기질적으로 퇴화된 존재라고 믿어졌는데, 이러한 주장이 표적으로 삼았던 집단은 주로 빈민, 여성, 범죄자, 비백인들이었다. 이들은 뇌와 신경 시스템이 근본적으로 퇴화되었거나 혹은 신경증에 걸려 병든 존재로 여겨졌다.[34] 예를 들어 1930년 잡지 《별건곤》의 "모던복덕방"은 열대 지방 주민들이 대개 조숙하기 때문에, "5, 6세밖에 안 된 애어머니들이 수두룩하고 3, 4세만 되면 벌써 성인으로써 육체가 완전히 발달되어 넉넉히 결혼을 할 수 있다"고 소개했다.[35] 이러한 기사는 열대 지방의 '토인들'을 문화적 야만인인 동시에, 진화적으로 완전한 인간다움을 성취하지 못한 존재, 동물로부터 충분히 분화되지 못한 존재로 취급했는데, 이것은 문명화 단계, 생물학적 진화, 성적 고결함에 대한 의미체계가 조선에서도 역시 같은 방식으로 작동했음을 보여준다.

따라서 식민지인의 열등함을 발견하고자 했던 제국의 과학자들은 이러한 본질적인 차이를 발견하는 데 몰두했다. 학자들은 골상학이나 혈액형학을 동원해 조선인의 신체적 차이를 계측하고 분석하는 것과 나란히 성도덕에서의 상상된 차이들을 기록했다. 성과학자 코무로 슈진은 조선인들의 민족성은 일본인과 다르게 둔하고 단정하지 못하다고 주장하면서, 그 원인은 바로 조선 젊은이들 사이에 널리 퍼져 있는 '남색(남성 간의 성관계)'의 풍습 때문이라는 논리를 펼쳤다.[36] 성과학자 다나카 지우라는 좀 더 흥미로운 이야기를 들려준다. 그는 1928년 잡지 《성이론》에

혼자 사는 남성이 성적 욕망을 참을 수 없어서 자신이 키우던 돼지와 성관계를 맺었으며, 이 돼지가 인간의 얼굴을 닮은 새끼들을 출산했다는, 수간으로 분류할 만한 이야기를 투고하였다. 그는 이 에피소드 뒤에 독자들을 위해 이러한 사례는 일본 본토에서는 물론 볼 수 없으며, 주로 대만, 조선, 중국, 인도 등에서 흔하게 발견된다고 덧붙였다.[37] 이와 같은 예는 '남색'과 '수간'과 같은 특정한 성적 실천이 타 인종과 민족을 원시적이고 야만적인 존재로 정의하기 위해 인종주의적 기표로 동원되었음을 보여준다. 그뿐만 아니라 다나카 지우라가 이러한 '변태성욕'의 지도 속에 특별히 대만, 조선, 중국, 인도를 위치시키고 있다는 점 역시 주목할 만하다. 현실에서 식민지 확장이 진행 중인 지역들은 바로 이렇게 '에로 그로'한 상상력이 투사되는 장소들이 되었다. 식민지인들 역시 이러한 타자의 소비로부터 자유롭지 않았다.

1929년 《조선일보》는 중국 사천성 지역에 거주하는 소수 민족인 요족의 성풍속을 소개하는 "현대 인류계의 괴기"라는 기사를 실었다. 민족지 형식을 따르고 있는 이 글은 요족이 호방하고 사나운 기질을 중요시하며 일부다처제의 풍속을 가지고 있는 민족이라고 전제한 후, 요족 사회에서 이상적인 남성성을 가진 남성들은 일부다처제로 인해 여러 여성을 아내로 맞을 수 있는 반면, 기운이 약하고 용기 없는 남성들, 즉 사회의 주류적 남성성에 부합하지 못하는 남성들은 아내를 얻기 어려운 처지에 놓인다고 설명한다. 그런데 기사는 돌연 이 때문에 요족 사회에서는 결혼 경쟁에서 탈락한 남성들이 '성의 번뇌'를 풀 수 있도

그림 7.
"현대인류계의 괴기.
원류결혼하는 요족의 존재",
《조선일보》 1929년 8월 8일.

록 하는 비공식적인 풍습인 '원류결혼'이 존재한다는 주장으로
나아간다. 즉 근처에 서식하는 원숭이를 잡아서 아내로 삼는 것
이 사회제도적 차원에서 승인되고 있다는 것이다. 이 결과로 요
족 사회에서는 사람과 원숭이의 교배종을 보는 것이 드물지 않
으며, 이 교배종이 결혼 경쟁에서 밀려 다시 원숭이와 '원류결혼'
을 한 경우, 그 자녀가 완전한 원숭이로 변하는 "진화에서 환원"

도 목격할 수 있다고 설명하고 있다.[38]

《조선일보》에 실린 이 이야기는 앞서 다나카 지우라가 대만, 조선, 중국, 인도에서 발견된다고 소개했던 수간 에피소드가 가진 구조들과 매우 흡사하다. 요족 뿐만 아니라 다양한 인종적 타자들이 조선에서 이와 같은 '에로 그로'한 소재로서 소비되었다. 열세 살이 되면 아버지·어머니가 되는 인도의 파라문족, 장가를 들기 위해 목을 베어 오는 대만의 타이야류족, 발 페티시 풍습이 있는 변태성욕의 중국인 등 인종적 타자의 이미지들은 일본이 대만, 조선, 중국, 인도에 투사했던 바로 그 상상력이 동일하게 조선 안에서 다른 식민지로 향했음을 보여준다.[39] 일본인 뿐 아니라 식민지 조선인들 역시 제국주의 팽창을 통해 만들어진 위계의 감각과 쾌락 속에 깊숙이 연루되어 있었다. 이처럼 '에로 그로 넌센스'는 성적 정상성과 변태성욕의 위계를 통해 인종과 민족의 위계를 상상하고 확인하는 일종의 '문화적 훈련의 장'이기도 했다.[40]

그로 100%의 범죄

물론 이상하고 기괴한 존재들이 항상 식민지 조선의 외부에서만 찾아졌던 것은 아니었다. 일본에서 '에로 그로'가 흔히 '기형적이고 음란한 범죄'와 연관되어 이해되었던 것과 마찬가지로,[41] 조선에서도 이 관음증적 욕망은 잔혹하거나 엽기적인 범죄와 범죄자들에 대한 관심으로 확장되는 경향을 보

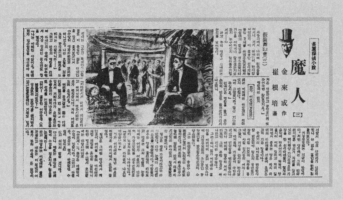

그림 8.   명탐정 유불란이 등장하는 김내성의 탐정 소설 「마인」.
1939년 《조선일보》 연재분.

였다. 이러한 유행은 1930년대 동안 탐정소설과 범죄 기사 같은 범죄 서사물의 왕성한 번역과 창작을 이끌었으며,[42] 이에 따라 과학적 지식과 합리적 추리로 무장하고 사건을 해결하는 탐정/경찰들의 이야기는 대중 오락물로서 특별한 인기를 누리게 되었다. 취미잡지 《별건곤》은 1930년 이후 매호 탐정소설을 연재했는데, 이 소설들은 H. 렌던, 모리스 르블랑과 같은 외국 작가가 쓴 탐정소설을 그대로 번역하거나 배경을 조선으로 변형시킨 것들이었다.[43] 소설가 김내성은 이 시기에 모리스 르블랑의 이름을 딴 조선판 셜록 홈즈, 유불란이라는 명탐정 캐릭터를 창조하기도 했다.

한편 1930년대는 탐정소설만큼이나 수많은 범죄 기사들이 쏟아져 나왔던 시대이기도 했다. 사실 범죄는 신문이 등장한 이래로 가장 중요하게 다루어져온 기삿거리였다. 범죄 기사는 '공익적인' 목적을 갖지만, 선정적인 측면을 부각할 수 있어 상업적인 활용도가 클 뿐 아니라 쉽게 소재를 찾아내는 것이 가능하고 필요에 따라 분량 조절도 할 수 있는 등 다양한 장점을 가지고 있기 때문이다.[44] 특히 조선의 신문들은 1930년대에 억압적인 정치적 환경 속에서 강력한 검열을 받았기 때문에 정치면이나 경제면 대신 사회면의 범죄 기사와 문예면의 강화에 더욱 주력하는 경향을 보였다.[45]

1933년 식산은행 쓰레기 매립지에서 몸통이 없는 만 1세 내외 남아의 머리가 발견되면서 불붙은 '단두유아斷頭乳兒'에 대한 보도는 당시 언론이 범죄를 다루는 태도를 잘 보여준다.

> 이 참혹한 사건은 그 범행의 원인이 어디 있을까. 죽었으면 그대로 내다버릴 것인데 목을 잘라다가 머리만 갖다 묻었으니 몸뚱이는 어디에 버렸는가. 미신이 낳은 범죄인가 또는 원한이 낳은 것인가 불의의 관계에서 나온 범행인가 백퍼센트의 흥미를 끌고 있다. 일본이나 만주에서는 이 종류의 범행이 있다는 말은 들었지마는 아직 조선에는 이 종류의 참혹한 사건이 없어서 전율한 이 범행의 주인공이 누구일까 또 그 동기는 어디서 나왔으며 그 범행자가 여자인가 남자인가 그들의 소행은 어떨까. 소설과 같은 연극과 같은 고답과도 같은 이 사건의 추이는 계급을 통하야 각 사회의 흥미와 주의를 총집중하고 있다.[46]

그림 9. "금화장 진애장에서 단절된 유아두 발견. 마포선 전차로엔 점점의 선혈",
《동아일보》 1933년 5월 17일.

위의 기사는 "근래에 흔치 않은稀有 그로사건"에 열광하면서
"백퍼센트 흥미"의 관점에서 사건을 취급하는 당시 언론의 접근
방식을 보여준다. 기자가 "소설과 같은 연극과 같은" 사건이라
고 표현하면서 염두에 두고 있던 것은 탐정소설이었음이 분명
하다. 실제로 범죄 기사는 독자로 하여금 범죄 사건을 과학적인
서사 속에서 해석하도록 훈련시킨다는 점에서 탐정소설과 유사
성을 갖는다. 이전까지 풍문을 통해서만 전해지던 범죄는 기사
를 통해 전말이 기록되어 전달되고 객관적으로 다루어지는 과
정을 거침으로써, 비과학적이고 초현실적인 영역이 아니라 과

그림 10. '단두유아' 사건 현장 사진.

학적이고 논리적인 탐색이 필요한 대상으로 구성될 수 있게 된다.[47]

'단두유아' 사건 기사들은 역시 탐정소설과 마찬가지로 범죄 해결을 위해 동원되는 과학적 기법들을 설명하는 데 상당한 관심을 기울이고 있다. "성별 남아, 연령 만 1세 내외, 살아 있는 아이의 목을 벤 것, 범행 시간은 발견 시각부터 10시간 이내"라는 부검의의 발표는 이러한 결론을 가능하게 하는 법의학적 근거들과 나란히 소개된다. 피해자의 나이는 송곳니의 상태를 통해 추정할 수 있으며, 범행 시간은 핏자국이 마른 정도로 파악할 수 있다. 성별은 유아의 헤어스타일로 추론되었다. 또한 유아의 머리에서 뇌수를 파낸 흔적을 발견할 수 있었는데, 이것은 범행의 목적이 뇌수를 채취하는 데 있음을 뒷받침하는 증거가 된다. 따라서 나병, 매독, 간질, 등창腫氣 환자들을 주요 용의자군으로 추정하는 것이 가능하다 등등.

하지만 소설가 김내성이 탐정소설을 쓰기 위해 실제의 경성 대신에 상상의 메트로폴리탄 경성을 창조할 수밖에 없었던 것처럼,[48] 이러한 근대적 과학수사의 이상과 조선의 수사 현실 사이에는 커다란 간극이 있었다. '단두유아' 사건은 발생 23일 만에 피해자의 신원이 확인되고 범인이 체포되면서 일단락되긴 했지만, 수사 과정은 과학적인 합리성과는 아주 거리가 멀었다. 과학수사에서 금세 한계에 부딪힌 경찰은 걸인, 룸펜, 나병 환자, 간질 환자, 과부, 서모, 계모 등 의심 가는 사람이라면 누구든 체포하는 방식으로 문제를 해결하고자 했다. 최종적으로 이 사건은 유아가 살아 있는 상태에서 살해당했다는 검시 결과와 달리, 매장된 시체를 파헤쳐 훼손한 것으로 밝혀졌으며, 분묘발굴 및 사체훼손범이 체포되면서 일단락되었다.

실제로 과학적 시설의 미비와 사상취체에 집중된 경찰력 운용은 식민지 조선에서 과학적이고 합리적인 범죄 수사를 매우 어렵게 만들었다. '단두유아' 사건은 "경성에서는 근래에 없는 중대한 사건"으로 모든 사회적 관심이 집중되었기 때문에 경찰이 필사적으로 매달려 범인 체포에 성공했지만, 1920~30년대 언론에 보도된 사건들의 대다수는 미결로 남겨졌다.[49] 그런데 여기서 주목하고 싶은 것은 어린아이의 목을 베고 뇌수를 채취하는 것과 같은 이러한 잔혹 범죄의 주인공들이 어떠한 얼굴을 가진 개인으로 상상되었는가이다.

살아 있는 시체들의 세계

1929년 《조선일보》는 또 한 건의 기이한 '그로 범죄'인 "여자의 묘를 파고 수의를 훔친 변태성욕자"의 사건을 보도했다. 기사에 따르면 범행의 주인공은 경상북도 봉화군 물야면 오전리에 사는 지남성이라는 이름의 남성으로 5년 전부터 공동묘지를 돌아다니며 20여 개의 여자 무덤을 파헤쳐 시체의 수의를 벗긴후 자기 집에 보관해왔다. 그는 올해 1월 의복을 벗긴 시신의 국부를 돌로 찢어 산골짜기에 버렸다가, 범행이 발각되어 검사로부터 징역 15년을 구형받고 최종 판결 언도를 기다리는 중이었

그림 11. "여자의 묘를 파고 수의를 훔치는 자. 변태성욕자의 괴행",
《조선일보》 1929년 9월 29일.

다. 기사는 그를 "극단의 변태성욕환자"로 명명하고 그가 상당한 재산가라고 소개했다.[50]

시체를 애호하는 그로테스크한 변태성욕자의 이미지는 이 시기의 문학작품 속에서도 발견할 수 있다. 1931년 잡지 《해방》에 실린 단편소설 「변태」에는 소설의 배경으로 고색창연하지만 인기척이 없는 커다란 집과 야간의 묘지가 등장한다. 소설의 주인공은 사랑하는 남편을 잃은 젊은 여인과 이 여인을 엿보는 정신이상자 청년으로, 여인은 남편이 죽은 뒤 별로 슬퍼하는 기색도 없이 밤마다 무덤으로 찾아가 남편의 시체를 꺼내놓고 "별별 기괴한 짓"을 벌인다. 소설은 이 장면을 엿보던 청년이 돌연 그 자리에서 죽어버리고, 닭 우는 소리와 함께 두 남자의 시체를 한 무덤에 넣고 돌아오는 여자를 묘사하는 것으로 끝난다. 비평가는 이 소설을 "일본 강호천란보(에도가와 란포) 소설에서 흔히 볼 수 있는 악몽가튼 소설"이라고 비평했는데,[51] 실제로 소설 「변태」는 에도가와 란포[52]와 마찬가지로 "그로테스크한 맛을 표현"하기 위해 변태, 정신이상, 시체성애와 같은 소재를 적극적으로 활용하고 있다.

시체성애가 이렇게 '그로테스크'한 근대소설의 중요한 소재로 채택되는 이유는 그것이 불러일으키는 특별한 혐오감 때문이다. 법철학자 마사 너스바움은 명백히 다른 사람들에게 위해를 주지는 않지만, 너무나 혐오스럽고 지독한 것으로 여겨지기 때문에 곧장 불법적인 행위로 지정해야만 한다고 사람들이 생각하는 대표적인 성행위로 '시체성애'를 지목한 바 있다. 혐오가 동물성을 숨김으로써 인간의 유한성과 취약성에서 벗어나고자 하는 감정과 관련되어 있다면, 부패하고 노폐물이 된 시체는 즉각적으로 혐오감을 불러일으킨다는 것이다.[53] 그리고 바로 이러한 문화적 금기로 인해 시체는 특별한 성적 판타지가 투사되는 대상이 된다.

「변태」와 같은 소설의 등장은 조선에서도 죽음을 둘러싼 변태성욕의 의미체계들이 작동하기 시작했음을 보여준다. 적어도 소설과 범죄 기사 속의 세계 안에서는 이러한 경향을 관찰할 수 있다. 하지만 다양한 자료들은 당대의 조선사회에 죽음과 혐오와 관련해 다른 이질적인 감각들이 공존하고 있었음을 보여준다. "여자의 묘를 파고 수의를 훔친 변태성욕자"의 기사가 나온 지 4년 후인 1933년에 경상남도 경찰부 위생과는 조선인들의 묘지와 관련된 믿음을 직접 조사해서 정리했는데, 그 내용을 옮겨보면 다음과 같다.

- 조상 분묘지의 묘질地質이 좋지 않으면 자손 중에 병자가 발생하므로 그것을 막기 위해 묘를 파내어 적당한 장소로 옮겨 개장하면 병자가 발생하지 않는다.
- 집안에 흉한 일이 많으면 명태 한 마리와 명주 얼마간을 분묘로 가지고 가서 그 옆에 묻으면 나쁜 일이 생기지 않는다.
- 죽은 자를 돌산 밑에 묻으면 그 집안에서 높은 관직에 오르는 자가 나온다.
- 조상의 관에 물이 새어 들어가면 가족 중에 병자가 발생하기 때문에 그것을 피하기 위해서는 양지 바른 곳에 개장해야 한다.
- 유행병으로 죽은 시체를 매장할 때는 나무 위에 붙들어 매어 풍장을 하거나 화장을 한다.
- 스무 살이 넘은 미혼 남녀가 죽었을 경우 그 가정에 불운이 찾아오므로 그 원한을 달래기 위해 죽은 두 남녀의 가정에서 합의를 하여 날짜를 잡아 혼인을 시킨 후 (만약 먼저 매장을 했으면 다시 시체를 꺼낸다) 둘을 접촉시킨 채 합장한다.
- 부모의 분묘 밑으로 나무의 뿌리가 파고 들어가면 자손 중에

불구가 생기니 묘의 근처에는 나무를 심지 않으며 만약 근처
에 나무가 많이 자라나면 다른 곳으로 옮겨 매장한다.

- 조상의 혼이 자손의 꿈에 세 번 나타나면 그 묘의 위치가 좋
  지 않은 것이니, 그대로 방치하면 패가망신하므로 개장한
  다.[54]

위의 조사는 당시의 많은 조선인들이 여전히 '풍수'를 신봉했
으며, 죽은 자의 묘가 후손들의 삶에 지속적으로 영향을 미친다
고 믿어왔음을 보여준다. 실제로 이러한 믿음은 죽은 자들을 종
종 기상천외한 범죄의 표적으로 만들기도 했다. 1933년 전라남
도 순천군에 사는 거부 배석동은 무덤에서 증조부의 머리만을
도난당하는 '그로 범죄'를 당했다. 그는 2만 원을 지불하지 않으
면 머리를 불태워버리겠다는 협박장을 받고 고민하던 중, 200원
만 내면 머리를 찾아주겠다고 호언장담하는 점쟁이의 방문을 받
게 되었다. 배석동이 점쟁이에게 돈을 건네자 그는 정말로 머리
를 되찾아왔는데, 이후 경찰의 수사 결과 도굴범과 공범으로 밝
혀졌다.[55] 이러한 유형의 '인묘발굴범죄', 즉 부호의 선산을 도굴
해 조상의 시체의 일부(주로 머리)를 훔쳐 금품을 뜯어내는 시체
인질극은 1920~30년대 동안 꾸준히 이어졌다.[56]

풍수에 대한 믿음은 범죄 사건 뿐 아니라 때로는 중요한 사회
적 소요로까지 발전하기도 했는데, 영산을 둘러싼 분쟁이 대표
적이었다. 사건은 조선총독부가 1912년 '묘지 화장장 매장과 화
장 취체규칙'을 발표한 데서 시작되었다. 이 규칙은 공동묘지를

만들어 전국에 흩어진 묘지를 통제 및 제한하고, 화장을 합법적으로 규정하는 내용을 담고 있었다. 그런데 조선의 장묘 문화를 '근대화'하겠다는 포부에서 착수된 이 계획은 실질적으로 매우 역설적인 결과를 낳게 되었다. 규칙을 통해 촌락공동체가 보유해왔던 관습적 권리가 무효화되자, 부호들은 '근대인'으로 행동하는 대신 이제껏 촌락의 금기 때문에 사용하지 못했던 풍수 좋은 영산에 조상의 묘를 짓기 시작했기 때문이다.[57]

이러한 행위는 영산을 오염시키면 촌락공동체에 화가 미친다고 믿어왔던 주민들을 공분시키기에 충분했다. 특히 극심한 가뭄이 발생한 해(1924년, 1928년, 1929년, 1935년, 1938년)에 불만은 집단행동으로 번져, 적게는 수백 명에서 많게는 1000여 명이 넘는 주민들이 영산으로 모여들어 묘를 파헤치는 일종의 집단 정화의식으로 표출되었다.[58] 당연히 분묘발굴 행위는 법에 저촉되는 것이었기 때문에, 분묘발굴을 금지하는 경찰과 다툼이 벌어졌으며, 이것은 때때로 투석전과 격투, 체포, 무력시위 등 다양한 양상으로 번지면서 정치적 소요로 발전하기도 했다.[59] 이들 사건기사들은 당시에 여전히 많은 이들에게 산 자의 세계와 죽은 자의 세계가 이질적이고 배타적인 것으로 여겨지지 않았음을 보여준다.[60] 그리고 이러한 경계의 뒤섞임은 하층계급의 일상에 있어 더욱 두드러지게 발견되었다.

하층계급의 그로테스크

1929년 《동아일보》는 "놀랄 만한可驚 미신의 범죄"라는 제목 아래 한 사건을 소개했다. 기사의 주인공은 평안북도 선천군 동면 송현리에 사는 이희백이라는 35세 여성으로, 그녀의 남편은 폐병에 걸려 죽음을 앞두고 있었다. 우연히 사람의 뇌수가 즉효라는 "엉터리 없는 말"을 들은 그녀는 남편을 살리겠다는 일념으로 캄캄한 밤에 동리 뒷산의 공동묘지를 찾아가 새로 만든 분묘를 파헤쳤다. 그리고 다음 날 괭이로 잘라온 머리에서 채취한 뇌수를 남편에게 약으로 먹였다.[61]

이 사건은 여름 납량극으로 오랫동안 사랑을 받아온 〈전설의 고향〉 '덕대골' 편과 상당히 유사한 이야기 구조를 가지고 있다. "내 다리 내놔"라는 극중 대사로 더욱 잘 알려진 이 에피소드는 조선 시대를 배경으로 폐병에 걸린 남편을 치료하기 위해 힘쓰는 아내의 '지극한 정성'에 대한 이야기를 담고 있다. 갖가지 약을 써도 병에 차도가 없어 낙심하던 아내는 우연히 주위 사람들로부터 사람 다리를 고아 먹이면 폐병이 낫는다는 소문을 듣게 된다. 이를 마지막 희망으로 여긴 그녀는 한밤중에 묘를 파헤쳐 시체의 다리를 자르는 데 성공했지만, "내 다리 내놔"를 외치며 따라오는 시체의 추격을 받는다. 우여곡절 끝에 집에 돌아온 그녀가 시체의 다리를 고아 먹이자 남편의 병은 씻은 듯이 나았다. 후에 속죄를 위해 다시 한번 공동묘지를 찾아간 그녀는 한쪽 뿌리가 잘려나간 산삼이 묘지 위에 놓여 있는 것을 발견했다.

그림 12.
"가경할 미신의 범죄.
시두를 절취공약",
《동아일보》 1929년 11월 7일.

　물론 1929년의 사건의 전개는 이런 식의 해피엔딩과는 거리가 멀었다. 남편은 뇌수를 마신 지 5일 후에 사망했으며, 아내는 분묘발굴과 사체훼손 혐의로 재판에 넘겨졌다.[62] 다만 친구 아들의 간질병 치료제를 구하기 위해 공동묘지를 파헤쳤던 '단두유아' 사건의 범인이 징역 4년을 선고받았던 데 반해,[63] 그녀는 징역 6개월에 집행유예 3년형이라는 상대적으로 가벼운 형량을 받았다.[64] 판사는 그녀가 남편을 위해 정성을 다했으며 어린 자녀를 둔 가련한 어머니라는 점을 참작했다고 밝혔는데, 이러한 재판

그림 13.
"전간병자 곳치려고
소녀시 국부절취",
《동아일보》 1926년 11월 18일.

결과는 아내가 남편을 위해 저지른 분묘발굴과 사체훼손 행위의 경우 법정에서 보다 관대하게 처벌되는 경향이 있었음을 보여준다.

　위의 사건은 "경성에서는 근래에 없는 중대한 사건"이자 "그로 100%의 참혹한 범죄"로 대대적으로 보도되었던 '단두유아' 사건이 식민지의 열악한 의료 환경 하에서 그다지 희소하기만 한 사건이 아니었음을 보여준다. 1930년을 기준으로 의사 1인이 감당해야 하는 조선인 인구는 3만 명에 달했다.[65] 식민지 빈민들의 대부분은 근대 의학의 혜택을 전혀 받지 못하는 상태에 놓여 있었기 때문에, 병을 치료하기 위해 여전히 전통적인 민간요법이나 미신과 같은 전근대적인 방법에 의존할 수밖에 없었다. 세브란스 의전 교수 이영준은 1934년 잡지 《별건곤》에 조선 대중에 만연한 민간치료의 현실을 비판하는 글 "질병치료상으로 본 민간비법(미신에 대하야)"을 기고했는데, 이 글은 당시 주로 사용되고 있던 민간비법의 면면을 보여준다. 이영준은 세상에서 가장 더러운 것들이 조선 땅에서는 모두 약으로 쓰이고 있다고 개탄하면서, 치료를 위해 민간에서 광범하게 사용되는 재료들로 소변과 대변, 소똥, 돼지똥, 개똥, 시체의 뼈·간·심장·뇌수, 시체에서 생긴 구더기, 어린아이의 탯줄·태반·태반 씻은 물, 월경피, 월경대(생리대), 정액, 동물과의 키스, 동물과의 성교를 들었다.[66]

특히 질병으로 고통받는 환자와 가족들은 앞서 언급한 사건들에서처럼 치료의 마지막 수단으로 시체의 음용에 희망을 거는 경우가 많았다. 1920~30년대 신문지상에서는 매독, 폐병, 황달, 간질병 등을 치료하고자 무단으로 타인의 묘를 발굴해 해골의 재나 인육의 일부, 뇌수, 골, 심지어는 국부와 같은 부위들을 훼손하고 약재로 사용하는 사건들을 쉽게 발견할 수 있었다.[67] 발굴은 가족의 손으로 직접 실행되거나, '단두유아' 사건처럼 주변의 아는 사람에게 일정한 돈을 지불하고 적당한 시체를 물색해줄 것을 부탁하는 방식으로 이루어졌다.[68] 이런 일의 상업적 가치를 일찌감치 깨달은 이들은 분묘에서 대량의 시체를 발굴해 약제의 형태로 제조한 다음, 이를 나병 환자에게 판매하기도 했다.[69]

이렇게 '미신과 군중심리'에 사로잡혀 가뭄 때마다 영산의 묘를 정화하기 위해 몰려드는 군중들과, 시체로부터 약재를 얻기 위해 경악할 만한 '미신의 범죄'를 저지르는 환자와 그 가족들, 덧붙여 거주지가 없어 공동묘지에 토막집을 짓고 묘지 사이에서 밭을 일구며 생활했던 도시 빈민들[70]까지 포함한다면 묘지는 그야말로 죽은 자의 공간이 아니라 산 자들로 '대만원'을 이루었던 셈이다. 이러한 상황들은 조선에서 죽음을 둘러싼 이질적인 풍경들을 보여준다. 근대의 조선은 묘지를 배경으로 변태성욕자가 주인공으로 등장하는 에도가와 란포 풍의 근대소설을 쓰는 작가와, 생존을 위해 시체를 음용하고 때로는 묘지를 집으로 삼아야 했던 자들이 공존하는 세계였다. 그리고 후자의 세계는 조선의 '그로'와 변태성욕자들에게 할당된 장소이기도 했다.

성적 쾌락과 근대적 죽음

"여자의 묘를 파고 수의를 훔친 극단의 변태성욕환자" 지남성의 범행에 대해서는 다른 버전의 이야기가 존재한다. 《조선일보》 보도가 있기 세 달 전, 《동아일보》는 7, 8년 동안 상습적으로 묘를 도굴해 부장품을 훔친 묘지 도둑의 체포 소식을 전했는데, 그가 바로 지남성이었다. 《동아일보》 기사는 《조선일보》 기사와는 달리 체포까지의 과정을 매우 상세하게 설명하고 있다.

당시 봉화경찰서는 봉화군 물야면 일대에서 빈발하는 화재사건으로 골머리를 앓고 있었다. 화재의 발원지에서 버드나무 진액에 뭉쳐진 솜뭉치가 발견됨에 따라, 경찰은 일련의 화재가 고의로 일어났으며 범행에 버드나무가 사용되었다는 결론을 내렸다. 그리고 며칠 후 동리를 순찰하던 봉화경찰서 사법주임은 우연히 어느 집 앞에서 의심스러운 흔적이 있는 버드나무를 발견하게 되었다. 경찰은 달아나려는 집주인을 체포한 후 집 안을 수색했는데, 거기에서 기대하지 않게 무덤에서 훔쳐낸 수많은 수의가 발견되었다는 것이다. 경찰의 취조를 받던 집주인 지남성은 자신이 14개 호에 방화를 저지른 연쇄방화범이고 지금까지 6개의 분묘를 도굴했으며 부석사의 불상 자리를 훔친 일도 있다고 자백했다. 《동아일보》 기사는 그가 도굴로 축적한 부로 첩을 두고 호의호식하는 생활을 해왔으며, 동리에서 신망이 두터워 그를 아는 주민들 모두 경악을 금치 못하고 있다고 현장 분위기를 전했다.[71]

《동아일보》 기사와 비교할 때 《조선일보》의 변태성욕 기사는 상당히 많은 세부사항들이 누락되어 있음을 발견할 수 있다. 범인 검거의 계기가 되었던 연쇄방화 사건이 전혀 언급되지 않았을 뿐만 아니라, 그가 무덤에서 수의는 물론 부장품 일체를 절도해왔으며 부석사 불상 자리까지 훔친 일이 있다는 내용도 다루어지지 않았다. 도굴의 동기가 '변태성욕'이 아니라 경제적인 것이라고 판단할 만한 정보들이 모두 제외되었다는 점에서 이러한 누락은 의도적이었다고 봐야 할 것이다.

"여자의 묘를 파고 수의를 훔친 극단의 변태성욕환자"의 기사가 《동아일보》의 도굴꾼의 기사가 나온 지 3개월 후에 쓰였으며, 그 사이에 대구지방법원에서 지남성의 재판이 진행되어 범행에 대한 보다 구체적인 정보를 수집할 수 있게 되었다는 점을 고려해본다면,《조선일보》의 기사는 상업성을 강화하려는 신문사의 전략에서 비롯된 의도적인 왜곡이라고 추측할 수 있다. 신문은 사건에 대한 정보들을 취사선택하고 새롭게 배열해내는 권력을 통해 '에로 그로'한 볼거리로서 변태성욕자를 사후적으로 창조해냈던 것이다.

하지만《조선일보》의 기사는 새롭게 부상한 상업주의적 미디어의 영향력을 보여준다는 것 외에도 변화하는 죽음의 의미들을 포착하고 있다는 점에서 흥미롭다. 근대는 무엇보다 문명과 위생을 강조하기에 죽음과 죽은 자의 공간을 산 자의 세계로부터 분리하려 한다. 실제로 식민지 당국은 공동묘지를 오물처리장, 도축장 등과 함께 가장 먼저 도시 밖으로 옮겨져야 할 것, 즉 처리되어야 할 '오물'로서 다루었다.[72] 이렇게 근대적인 죽음은 멀리 옮겨지거나 숨겨져서 보이지 않아야 하는 것이기에[73] 근대적 시민들은 응당히 이러한 삶과 죽음의 분리에 대응하는 혐오의 감각을 갖추기를 요구받았다. 하지만 식민지 조선에서 여전히 많은 사람들은 죽음의 세계와 분리되지 못한 채 전근대적인 삶을 살아가고 있었다. 그리고 이들은 이제 '그로' 혹은 '변태성욕자'라는 새로운 이름을 부여받게 되었다. 탐정소설과 범죄기사에서 탐정/경찰이 이성과 과학의 힘으로 범죄를 해결해 나가는 근대의 상징과 같은 존재였다면, 탐정이 극복하고 파헤쳐야 하는 전근대의 야만이자 범죄성의 원천으로 발견되었던 것은 바로 하층계급의 삶의 방식 그 자체였던 셈이다.

이 장에서는 일본의 변태붐과 '에로 그로 넌센스'라는 문화적 지형을 경유해, 식민지 조선에서 대두된 기이하고 낯선 존재들에 대한 열광을 살펴보았다. 언론의 상업주의적 동기에 의해 더욱 부추겨진 낯선 존재들에 대한 관음증적 호기심은 한편으로는 인종적 타자들의 기이한 성적 실천에 대한 민족지적 관심으로, 다른 한편으로는 "기형적이고 음란한 범죄"[74] 서사를 소비하고자 하는 문화적 실천으로 나아갔다. 이러한 소비는 정상/비정상, 규범/변태, 근대/야만과 같은 당시의 지배적 이데올로기와의 연관성 속에서 이뤄졌다. 기괴하고 낯선 존재들을 소비하고 그로부터 쾌락을 얻는 과정은 성적·인종적·계급적 위계들을 오락으로 만듦으로써 지배질서를 재생산하고 강화하는 데 긴밀하게 연루되어 있었다.

다음 장에서는 식민지 조선에서 섹슈얼리티를 둘러싸고 폭력과 범죄의 경계들이 만들어지고 선천적인 범죄자의 전형들이 출현하는 과정을 검토하고자 한다. 이를 통해 성적 정상/변태의 기준들이 법적 경계들과 어떻게 상호작용하면서 구축되었으며, 이 과정에서 도착의 범주들이 어떤 의미를 획득하게 되었는가를 살펴보고자 한다.

| 2장 |

변태성욕자의 시대

이 장에서는 당대 범죄 기사들 속에서 '변태성욕자'의 범행으로 다루어진 사건들을 검토함으로써, 식민지 조선에서 합법/불법, 성적 정상/변태의 경계들이 그려지는 방식들을 살펴보고자 한다. 일본이 이식한 근대적 형법은 성적 폭력을 판단하는 결정적인 기준으로 대상자의 연령, 폭행이나 협박의 여부 등을 설정했다. 하지만 실제로 법의 적용은 식민지 조선의 문화적 조건 속에서 범위가 재조정되거나 유예될 수밖에 없었다. 이러한 협상의 과정들이 성적 정상/변태의 경계, 더 나아가 당시의 여성성과 남성성의 생산에 어떠한 방식으로 연루되었는지를 살펴보고자 한다.

변소의 정치학

식민지 조선의 신문에 등장한 최초의 '변태성욕자'는 남의 변소 문틈으로 "고개를 넣고 음부를 쳐다보는 버릇이 있던" 29세의 일본인 청년이었다. 경기도 시흥군 영등포면에 거주하는 이 청년은 군수 집 변소에 잠입해 이와 같은 일을 벌이다 발각돼 징역 4월의 판결을 받은 뒤 검사에 의해 경성복심법원에 공소가 제기된 상태였다.[1] 재판은 풍속을 괴란할 염려가 있다는 이유로 방청이 금지되었으며 기록 역시 공개하지 않기로 결정되었지만,[2] 오래지 않아 이러한 유형의 사건은 식민지 조선에서 가장 흔하게 목격할 수 있는 '변태성욕' 범죄가 되었다. 1934년 23세의 고등학교 생도 김섭은(가명)은 미나카이三中井 백화점[3] 남자 변소 옆에 설치된 여자 변소를 훔쳐보다가 점원에게 발각되어 경찰에 넘겨졌다.[4] 그리고 1939년 20세의 이정규는 극장 명치좌明治座[5]에서 영화를 보고 집으로 돌아오는 길에, 길가에 있는 여자 목욕탕의 널판장을 떼어내고 난입해 목욕하고 있는 여성들을 아연하게 만들었다.[6] 한편 1934년 김봉대(가명)라는 이름의 25세의 양복 직공은 자정 무렵 길가의 집들을 순례하며 창호지를 뚫어 안을 들여다보다 순찰 중이던 서대문 경찰서원에게 체포되었다. 그는 젊은 부부가 베개를 나란히 놓고 자는 광경을 보려고 한 것뿐으로, 다른 범죄의 의도는 없었다고 진술했다.[7]

실제로 이 남성들은 하나의 집단으로 묶기 어려울 만큼 인적 구성에서 다양하다. 시골에서 올라와 도시의 거리를 배회하는 소위 '변태적 부랑자'나 한약상집 고용인, 양복 직공처럼 하층계급에 속하는 남성들도 있었지만, 모 중등학교 졸업생이나 고등학교 생도와 같은 식자층도 포함되었다. 때로는 조선인뿐만 아니라 재조 일본인 청년이 사건에 연루되기도 했다. 하지만 이들에게는 한 가지 공통된 특징이 있었는데, 바로 모두 20대 남성이라는 점이었다. 그렇다면 이들의 세대성이 의미하는 것은 무엇일까? 근대적 소비 공간인 미나카이 백화점 안에 전시된 물건들을 구경하다 돌연 여자 변소 안을 엿보기로 결심한 생도, 최신식 극장에서 영화를 보고 집으로 돌아오는 길에 충동적으로 여자 목욕탕에 난입한 스무 살의 청년, 술에 만취해 산보하던 길 위에서 다른 이의 사생활을 몰래 엿보기로 마음먹은 양복 직공. 이런 사례들은 새로운 관음증적 주체들이 근대 도시의 시각적 체험과의 상관관계 속에서 등장하고 있었음을 보여준다.[8] 이 남성들은 도시의 공적 거리를 배회하는 산책자들인 동시에, 도시 공간이 합법적으로 드러내는 것(전시된 상품들과 영화의 스펙터클 등의 공적 공간)과 숨겨지도록 규정한 것(개인의 생리 활동과 위생유지 활동, 성생활로 대표되는 사적 생활) 사이의 경계들을 관음하는 인물들이었던 셈이다. 하지만 사적인 공간을 엿보는 모든 종류의 시선들이 불법적이거나 변태적인 것으로 여겨졌던 것은 아니다. 특정한 시선과 이러한 시선을 통해 작동하는 관찰과 감시는 그 자체로 교육적일뿐만 아니라 근대적 시민이 갖추어야 할 규범을 체화하는 데 있어 필요불가결한 것으로 여겨지기도 했다.

시인이자 언론인이었던 주요섭이 1931년 잡지 《동광》에 기고한 "학생풍기문란론"에는 이러한 시선의 훈육적 기능에 대한 강조가 두드러지게 등장한다. 그는 학생 풍기 문제 중 가장 중요하고 시급하게 개입이 요청되는 문제로 성을 지목하면서, 이 글에서 문제의 해결을 위해 교육 현장에 적용할 수 있는 실질적 방안들을 제시하고자 했다.' 현대의 독자들이라면 '학생의 성문제'라는 구절에서 으레 이성 교제를 연상하겠지만, 주요섭이 주로 초점을 맞췄던 것은 수음(자위)과 계간(남성 간의 성행위) 같은 '성적 악습'의 문제였다. "춘기발동기(사춘기)의 성적 악습"에 대한 관심은 당대에 널리 공유되어 있었던 것으로 보인다. 1931년 세브란스 의전 의사 이명혁은 《동아일보》에서 연재한 "여성과 가정 생물학"이라는 글에서 가정에서의 성교육의 필요성을 주장하면서 그 논거로 자위가 불러일으키는 심각한 위험성을 들었다. 그는 자위가 "생식기의 고장, 발육불충분, 연구와 기억성의 부족, 신경쇠약증"과 같은 다양한 '해독'의 근본적인 원인임에도 불구하고, 성교육의 부족으로 말미암아 여성을 포함한 조선 청년의 100에 97, 98이 자위를 하고 있는 형편이라고 비판했다. 의사 이명혁은 구체적인 성교육의 방법으로 아이가 11, 12세가 되면 가정에서 가장 먼저 생식기의 명사와 생리 작용을 가르치고, 그 다음 바로 자위가 갖는 해로움을 교육시켜야 한다고 제안했다. 아주 어릴 때부터 교육을 통해 자위의 위험성에 대한 인식을 아이들의 뇌에 새겨지도록 할 필요가 있다는 것이다.[10] 1929년 당시 보성교보 교사 구중회 역시 "중학교 교육은 수음을 하지 않게만 가르치면 족하다"는 어느 교육 연구자의 말을 인용하며, 이러한 언급이 과하게 보일지 모르지만 실제로는 매우 절실한 충고라고 평하기도 했다.[11]

주요섭의 "학생풍기문란론"은 이 다루기 곤란한 "춘기발동기(사춘기)의 성적 악습"을 차단하기 위해 학교라는 시공간에서 어떠한 규율을 도입할 것인가에 초점을 맞추고 있다. 그의 다양한 제안 중 특히 공간의 배치와 관련된 부분은 근대적 시선의 작동과 관련해 흥미로운 내용을 제공한다. 학교 기숙사에는 비슷한 연령의 학생들을 배치해야 하며, 인원은 반드시 두 명 이상씩이어야 한다. 기혼자와 미혼자는 한 방에 묵도록 해서는 안 되며, 이 조치는 여학교 기숙사에서 필수적이다. 특히 주요섭은 변소에 대한 규제를 상당히 상세하게 제안하고 있다. 왜냐하면 그가 보기에 변소는 사적인 공간이자 남학생들 사이에 성행위나 자위 같은 '성적 악습'이 일어나기 쉬운, 가장 위험한 곳이라고 판단했기 때문이다.

이러한 '불상사'를 막기 위해 그는 다음과 같은 방법으로 외부의 시선을 공간에 도입할 것을 권한다. 화장실 문은 위아래가 뚫려 있도록 만들어, 외부에 있는 사람들이 안에서 일어나는 일을 들여다볼 수 있도록 설계해야 한다. 그렇게 되면 밖에서 자신을 볼지 모른다는 두려움 때문에 두 명이 한 칸에 들어가는 일을 막을 수 있다. 또한 화장실 벽은 성적인 내용의 낙서들이 자주 쓰여 학생들이 성적 충동을 쉽게 일으킬 수 있기 때문에 낙서를 물로 씻어낼 수 있는 에나멜 재질로 만드는 것이 좋다. 교지기는 한 시간에 한 번씩 화장실을 정기적으로 순찰해야 한다. 이러한 순찰은 낙서를 제거하는 것 이상으로 중요하다. 학생들은 교지기가 불시에 들이닥칠지 모른다는 두려움으로 인해 화장실 안에서 '불미스러운 일'을 저지르지 못하게 될 것이기 때문이다.

동료 학생들에 의한 기숙사 방 감시, 밖에서 안을 들여다볼 수 있는 화장실 구조, 교지기의 불시 순찰 등 주요섭이 제안한 방법들은 미셸 푸코가 『감시와 처벌』에서 제시한 판옵티콘을 연상시킨다. 푸코는 시선의 비대칭성을 보장하는 판옵티콘의 모델이 감시당하는 이들로 하여금 자신이 항상 보이는 위치에 노출되어 있으며 감시당하고 있다는 감각을 부여함으로써 감시자가 부과하는 행동의 코드를 내면화하게 만드는 '정상화'의 효과를 생산한다고 보았다.[12] 이러한 측면에서 볼 때, 변소의 배치와 이를 통해 작동하는 시선의 효과는 단순히 '성적 악습'이 일어나기 어려운 환경을 만드는 데 그치지 않는다. 그것은 개인들로 하여금 바람직한 성규범을 내면화하도록 만들 뿐만 아니라, '성적 악습'의 실행을 둘러싼 수치와 두려움의 감각을 신체에 새겨 넣는 역할을 한다. 주요섭이 제안하는 방식의 변소는 단순히 생물학

적인 필요를 해소하는 장소이거나 드러나서는 안 될 사적인 내
밀한 공간이 아니다. 그곳은 시선의 작동을 통해 관찰되고 감시
되어야 할 공간이자, 특정한 방식으로 정향된 성적 신체와 정체
성의 구조가 생산되는 훈육의 공간이었던 셈이다.

연령과 변태성욕

식민지 조선에서 성적 정상/변태의 경계들이 그려지는 방식
들을 검토하기 위해서는 1912년 이후 조선형사령을 통해 조선
에 적용되기 시작한 일본의 근대적 형법을 고려해야 한다. 일본
의 근대적 형법은 성적 폭력을 판단하는 데 있어 대상자의 연령
과 폭행 또는 협박의 존재 여부를 중요한 기준으로 도입했다. 성
적 폭력의 정의와 관련되어 있는 형법 제22장 176조 '외설 간음
및 중혼의 죄'는 다음과 같이 규정되어 있다.

> 176조. 13세 이상의 남녀에 대하여 폭행 또는 협박으로써 외
> 설의 행위를 행하는 자는 6월 이상 7년 이하의 징역에 처함.
> 13세 미만인 남녀에 대하야 외설의 행위를 한 자 역동(역시 동
> 일)함.[13]

특히 피해자가 13세 미만이라면 폭행과 협박이 없고 당사자
가 동의한 경우에도 법으로 처벌하도록 했는데, 이 연령 미만의
아동은 동의 능력을 결여하고 있는 것으로 간주했기 때문이다.[14]

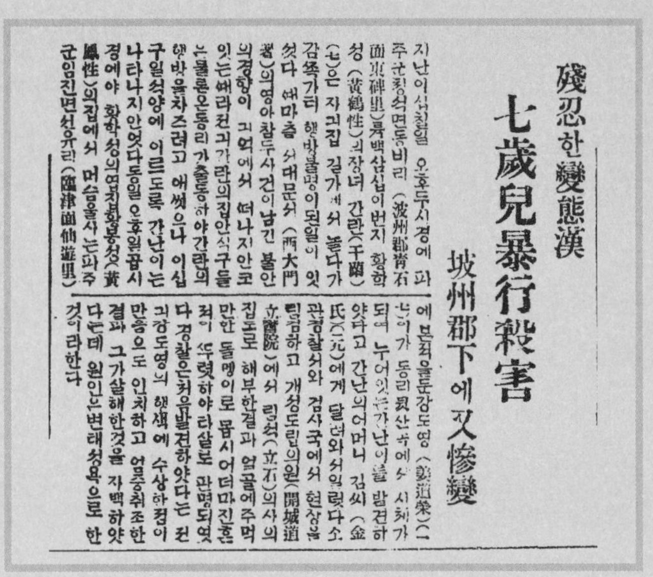
殘忍한變態漢

七歲兒暴行殺害

坡州郡下에又慘變

지난이십칠일 오후두시경에 파주군청석면동비리 (坡州郡靑石面東碑里)륙백삼십이번지 황학성(黃鶴性)의장녀 간란(干蘭)(七)은 자긔집 길가에서 놀다가 감쪽가티 행방불명이된일이 잇섯다 애마츰 서대문서(西大門署)의명아참두사건이남긴 불안의경향이 긔억에서 떠나지안코 잇는때라 권긔가 란의집안식구들는물론온동리가출동하야간란의 행방을차즈려고 애썻으나 이십구일석양에 이르도록 간난이는 나타나지안엇다동일오후일곱시경에야 황학성의먼친척황봉성(黃鳳性)의집에서 머슴을사는파주군임진면선유리(臨津面仙遊里)에 본적을둔강도영(姜道榮)(二十)이가 동리뒷산속에서 시체가되여 누어잇는간난이를 발견하얏다고 간난의어머니 김씨(金氏)에게 달려와서알렷다소관경찰서와 검사국에서 현장을림검하고 개성도립의원(開城道立醫院)에서 립석(立石)의사의집도로 해부한결과 얼골에주먹만한 돌멩이로 몹시어더마진흔적이 뚜렷하야 타살로 판명되엿다 경찰은처음발견하얏다는 권긔강도영의 행색에 수상한점이 만음으로 인치하고 엄중취조한결과 그가살해한것을 자백하얏다는데 원인은변태성욕으로 한것이라한다

그림 14. "잔인한 변태한. 칠세아 폭행 살해. 파주군하에 우참변", 《조선일보》 1933년 6월 3일.

이러한 법적 규정은 당대에 '변태성욕'의 경계를 상상하는 데 있어서 실질적인 영향력을 미쳤다.

1935년 《조선중앙일보》는 한 강간 사건을 보도했다. 사건의 주인공은 경성부 출신의 김동복이라는 이름의 24세 남성으로 그는 수일 전 인천에 내려와 하숙하며 일정한 직업 없이 지내고 있었다. 사건 당일 그는 하숙집 주인 내외가 외출한 틈을 타 12세의 딸 윤복에게 "금수 같은 수욕을 채우고" 전치 1개월에 달하는 상해를 입힌 후 도주했다가 경찰의 추적으로 체포되었다.[15]

이 사건 기사에서 두드러지는 점은 "변태성욕자가 12세 소녀

능욕"이라는 제목을 통해 볼 수 있듯이 피해자의 연령이 중요한 변수로 부각되고 있다는 사실이다. 이렇게 연령을 강조하는 패턴은 다른 기사들에서도 발견할 수 있다. "잔인한 변태한. 7세아 폭행 살해" "동료의 7세 여아에게 폭행하려든 변태 선부船夫. 미수코 경찰에 잡히어" "10세 소녀에 폭행" 등.[16] 피해자의 연령이 제목에 등장하는 사건 기사들 대부분이 피해자가 13세 미만이라는 데 집중하고 있다. 또한 신문사들 모두 범죄 가해자들을 일관되게 '변태성욕자'로 부르고 있다는 점도 특징적이다. 성인을 대상으로 하는 사건에서 단발성의 강간이 변태성욕자의 범죄로 명명되는 예는 찾아볼 수 없기 때문이다. 이것은 당대인들이 성적 정상성/비정상성의 경계를 그리는 데 있어 형법의 연령 규정이 중요한 기준으로 작동하였음을 보여준다. 하지만 식민지 조선에서 연령을 성적 폭력의 기준으로 도입하는 것은 실질적으로 그다지 명쾌한 문제는 아니었다.

'어른'의 경계

1970년에 쓰인 이규태 칼럼은 연령에 대한 당대의 조금 다른 이해의 방식을 보여준다. 1933년생인 필자는 이 글에서 자신의 어린 시절에 마을 안에 존재했던 '늙어도 아이'인 사람들의 존재를 소개하고 있다. '늙어도 아이'는 어른이지만 동네 아이들로부터 함부로 이름이 불리고 반말과 놀림의 대상이 되는 이들로, 그들이 이러한 대접을 받게 된 까닭은 성인례(성인식)를 통과하지 못했기 때문이었다. 전라북도 장수 출신인 필자는 자신의 지역에서 목격한 성인례의 형식으로 '맴춤'을 소개하고 있다. '맴춤'이란 성인식을 치르는 사람이 느티나무에 매어놓은 외줄을 아래에서 마구 흔드는 동안 떨어지지 않고 외줄그네를 타는 풍습을 말한다. '맴춤의 시련'으로 불리는 이 과정을 통과하고 마을 사람들에게 잔치를 베푸는 의식을 모두 마쳐야만 아이는 비로소 한 명의 장정으로 인정받고, 외지인은 마을의 일원으로 받아들여지게 된다. 필자는 촌락공동체에서 성인식의 위상이 매우 강력했다고 회상했다. 이 시험을 통과하는 사람만이 성인 남성 한 사람의 온전한 품삯인 '온값'을 받을 수 있을 뿐 아니라, 마을의 집회소인 사랑방에 출입할 수 있는 자격을 얻기 때문이다. 반대로 말해 '맴춤의 시련'을 통과하지 못하거나 너무 가난해서 잔치를 베풀 여력이 없는 빈민들은 나이가 들어도 아이와 마찬가지로 온값의 절반밖에 되지 않는 품삯을 받아야 하며, 촌락에서 적합한 결혼 상대자로 여겨지지 않기 때문에 홀아비로 늙게 된다는 것이다.[17]

이러한 공동체의 의례는 '성인례'라는 이름을 달고 있지만, 거주민이든 아니면 최근에 이주한 외부인이든 남성만이 도전자가 될 수 있었다. 무엇보다 의례의 목적이 공동체가 도전자를 완전한 성인 남성으로 인정하는 것에 있었다는 점에서 사실상 남성 입문의례라고 부를 수 있을 것이다. 성인례를 통과하지 못한 남성이 '늙어도 아이'인 채로 남는다면, 성인례에 도전할 자격을 갖지 못한 여성은 이미 언제나 '늙어도 아이'인 셈이다.

그런데 이 '맴춤의 시련'은 성인을 이해하는 다른 방식을 보여준다는 점에서 주목할 만하다. 이러한 의례의 세계 안에서 성인은 시간의 흐름에 따라 자연히 모두가 도달하게 되는 보편적인 상태로 가정되지 않는다. 그것은 공동체 안에서 특수하게 규정된 의식을 수행할 수 있는 능력을 증명함으로써만이 획득되는 지위다. 필자가 1933년생임을 고려해본다면, 연령이 법적 책임능력을 판단하는 중요한 기준으로 도입된 이후에도 연령과 성인됨을 별개로 사고하는 관념들이 일부 공동체에서 여전히 지속되었음을 볼 수 있다. 연령을 성인됨의 필수조건으로 보지 않는 이러한 관점은 식민지 조선에서 조혼이 지속되는 데 영향을 미쳤을 것으로 유추할 수 있다.

　'조혼'은 민법상으로 혼인할 수 있는 연령인 남자 17세, 여자 15세 미만에서 이루어지는 혼인 형태를 의미하는 것으로, 19세기 후반 이래로 조선의 대표적인 야만적 관습으로 꾸준히 비판받았다. 이러한 결혼 방식은 부부 사이의 불화와 이혼 증가를 낳는 원인으로 여겨졌을 뿐 아니라, 우생학적 관점에서 비정상적이고 연약한 자녀를 낳을 위험성이 높다고 경고되었다.[18] 하지만 조혼은 식민지 시대 내내 좀처럼 사라지지 않았다. 1920~30년대 동안 조혼은 전체 혼인에서 4~14% 수준을 유지했으며, 오히려 1930년대 들어서는 급격히 증가하는 양상까지 보였다. 성별을 기준으로 보면 나이 든 여성이 어린 남성과 결혼하는 유형보다는 어린 여성이 나이 든 남성과 결혼하는 형태의 조혼이 압도적으로 많았는데,[19] 대공황의 여파가 식민지 조선의 농촌까지 파급되면서 빈농들이 생존 전략의 일환으로 어린 딸들을 부유층 남성들에게 조혼의 형식으로 매매혼하는 사례가 늘어났기 때문이다.[20]

조선 여성들의 본부(남편) 살해를 연구한 구도 다케시로는 1930년을 기준으로 조선의 형무소에 수감되어 있는 총 63명의 본부살인범의 평균 결혼연령이 14.1세라고 보고했다. 이 여성들의 상당수는 초경도 치르지 않은 어린 나이에 결혼을 했으며, 이들이 남편과 성관계를 처음 맺은 연령은 평균 15.1세였다.[21] 하지만 실제로 다수의 '방매'는 더 어린 나이에 이뤄졌던 것으로 보인다. 1934년 《동아일보》 "휴지통"에 실린 상해치사 사건은 이러한 시대상을 잘 보여준다. 71세의 노인 정동수는 17세의 아내가 다른 남자와 바람을 피운 사실에 분노해 아내의 국부를 성냥불로 지져 사망에 이르게 한 사건으로 법정에 섰다. 그런데 정동수의 법정 진술에 따르면 그의 아내가 처음 정동수의 집에 온 나이는 고작 7세에 불과했다. 7세부터 민며느리 생활을 시작한 그녀는 12세에 당시 66세였던 정동수와 결혼식을 치르고, 5년 동안의 결혼 생활에서 7명의 아들과 3명의 딸을 출산했다. 정동수는 자신의 아내가 15세부터 지속적으로 '난봉'을 피워왔다고 비통하게 진술했으며, 이 정경을 불쌍하게 여긴 검사는 상해치사 사건에 고작 2년의 형량을 구형했다.[22]

이러한 기사들은 13세 미만의 아동이 일체의 성적 접근으로부터 보호되어야 한다는 법적 규정에도 불구하고, 관습의 인정이라는 명목 하에 다수의 소녀들이 법의 실질적인 예외상태에 놓여졌음을 보여준다. 이렇게 어린 소녀를 성적 대상으로 하는 매매혼이 사회적 결합 형식의 일부로서 여전히 소극적으로 인정되는 사회적 조건(그것이 바람직한 것으로 생각되든 그렇지 않든)은 당시의 변태성욕에 대한 상상적 경계에도 영향을 미쳤다.

1938년에 화재조사를 나왔다가 동리에서 놀고 있던 9세 여아를 강간한 26세의 소방수 윤규현은 법정에서 징역 5년의 형을 언도받고 '변태성욕자'로 비난을 받았다.[23] 하지만 7세 소녀를 민며느리로 들이는 남성들을 평가하는 데 있어 '변태성욕'과 같은 용어가 사용된 경우는 찾아보기 어렵다. 여자아이의 연령은 성적 정상성/변태의 절대적인 기준이 되지 못했다. 연령은 남성이 다른 남성의 권위 아래에 있는 여아들을 성적 접근의 대상으로 삼을 때만 비로소 폭력 및 변태성욕과 연관된 의미를 획득할 수 있었다. 성적 폭력의 여부를 판단하는 데 있어 성적 대상의 연령이 점점 더 중요하게 여겨지는 경향에도 불구하고 여아들을 욕망하는 남성들의 욕구는 여전히 관행의 영역에 남겨져 있었다. 하지만 폭력의 기준으로 연령을 도입한 것은 오랫동안 피해자로 진지하게 고려되지 않았던 남자아이들을 새롭게 법적 보호의 대상으로 적용하는 데 있어 결정적인 촉매가 되었다.

범죄가 된 관행

1927년 《동아일보》는 경성복심법원에 항고가 제기된 한 건의 재판을 소개했다. 재판의 주인공은 함경북도 회녕군에서 한문서

당을 운영하는 57세의 홍종팔이라는 남성으로, 그는 근 1년 동안 자신이 가르치는 동리의 아이들(13세)을 방으로 불러 '계간'을 해오다 발각돼 청진지방법원 회령지청에서 징역 8개월을 선고받았다. 판결에 불복한 그는 경성복심법원에 즉시 항고를 제기했다.[24] 이 기사는 이러한 유형의 범행을 지칭하기 위해 '남색' '계간'과 같이 남성 간의 성관계를 지시해온 매우 전통적인 어휘들을 동원하고 있다는 점에서 특징적이다. 실제로 조선 시대의 '남색' 풍습은 다양한 방식으로 기록에 남겨져 있다. 혼마 규스케가 황해도, 경기도, 충청도 지방을 여행하며 조선의 생활과 풍습을 정탐해 엮은 책 『조선잡기』(1893)에는 조선팔도 가는 곳마다 '남색'이 유행하지 않는 곳이 없으며, 경성에 사는 좋은 집안의 자제들조차도 아름다운 옷을 입고 시내를 돌아다니면서 "공공연히 볼깃살을 팔고도 부끄러운 기색이 없다"고 기록되어 있다.[25]

마찬가지로 이규태는 앞선 글에서 과거 평안도와 황해도 지방에 존재했던 성인례로서 '바구리'의 풍속을 소개하고 있다. 그의 설명에 따르면 '바구리'는 '맴춤'과 마찬가지로 남성이 성인이되기 위해 치르는 의식으로, 독특하게도 "선임자들에게 호모를대주는" 방식, 즉 성인이 되려는 소년이 강제로 성관계를 당하는방식으로 실행되었다는 것이다.[26] '남색'에 대한 언급은 당대의조선 지식인들의 글 속에서도 발견할 수 있다. 역사학자이자 민속학자인 이능화는 신라 시대부터 조선 시대 말까지의 기녀들을 다룬 책 『조선해어화사』(1927)에서, 조선에서 한때 성행했다는 '남색'과 '미동'의 풍속에 대해 다음과 같이 설명하고 있다.

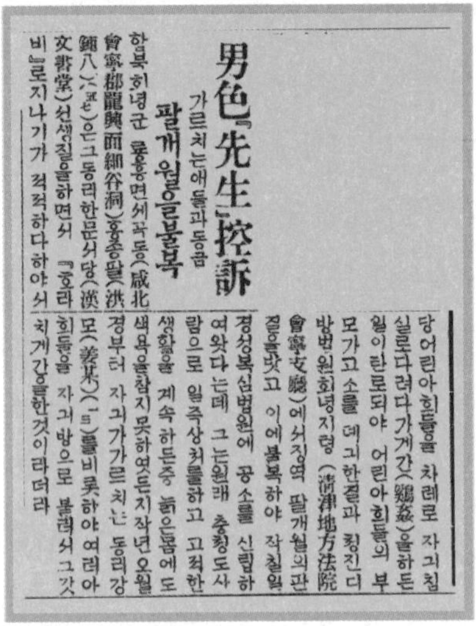
男色의 先生 控訴
가르치는애들과동금
팔개월을불복
함북회령군 룡흥면세곡동(咸北會寧郡龍興面細谷洞)홍종팔(洪鍾八)(五七)은그동리한문서당(漢文書堂)선생질을하면서 『호라비』로지나가가 적적하다하야서당어린아희들을 차례로 자긔침실로다려다가계간(鷄姦)을하든일이탄로되야 어린아희들의 부모가고소를 데긔한결과 청진디방법원회령지령(清津地方法院會寧支廳)에서징역 팔개월의판결을밧고 이에불복하야 작칠일경성복심법원에 공소를 신립하여왓다는데 그는원래 충청도사람으로 일즉상처를하고 고적한생활을 계속하든중 늙은몸에도색욕을참지못하엿든지작년오월경부터 자긔가가르치는 동리강모(姜某)(一五)를비롯하야 여러아희들을 자긔방으로 불러서그갓치게간을한것이라더라

그림 15.
"남색『선생』공소. 가르치는 애들과 동금. 팔개월을 불복",
《동아일보》 1927년 4월 28일.

미동은 세속에서는 비역이라 칭하는데 남색을 이른다. (…) 앞서 우리나라 풍속에서는 만약 미동이 하나 있으면 여러 사람들이 질투하여 서로 차지하려고 장소를 정해서 각법, 속칭 택기연으로 싸워 자웅을 결정지어 이긴 자가 미동을 차지한다. (…) 조선조 철종 말년부터 고종 초까지 이 풍속이 대단히 성하였으나 오늘날에는 볼 수 없다.[27]

문학가이자 경성방송국 아나운서였던 이석훈 역시 1932년에 쓴 "동성애 만담"에서 과거 조선에서는 남색이 매우 번성해 남성들의 출세를 위한 무기로 사용되었으며, 문무양반을 막론하고 실력이 없는 자도 "'남색'의 포로되기에 굴복"하면 쉽게 벼슬을 얻고 입신양명을 할 수 있었다고 소개했다.[28] 이석훈과 이능화는 조선에 남색 풍습이 존재한다는 것을 인정하면서도, 이를 매우 가까운 과거(고종 초)까지 존재했지만 현재는 찾아보기 어려운 것으로 언급하고 있다는 점에서 눈길을 끈다. 비록 '남색 선생'의 사례에서 보듯이 당시에도 '남색'이 완전히 사라진 것은 아니었지만, 이러한 주장은 일부 타당한 것으로 보인다. 왜냐하면 일부의 '남색'은 분명히 이 시기 동안 처벌받아야 할 범죄로 다루어졌으며, '남색' 행위 전반이 문명화된 사회에서 눈에 띄어서는 안 될 야만적인 성적 실천으로 여겨지기 시작했기 때문이다.

남색과 '근대미문'의 살인마

물론 식민지 조선에서 남성 간의 모든 성행위가 불법화되었던 것은 아니었다. 일부 서구 국가들이 로마 가톨릭의 전통을 따라 "신에 반하는 악덕(항문 섹스, 구강 섹스, 수간 등)"을 형법으로 처벌하는 소도미sodomy 조항을 운영했던 데 반해, 식민지 조선에 적용된 근대 일본 형법에는 이에 상응하는 조항이 존재하지 않았다. 일본의 형법 개정 과정에는 프랑스 법학자 귀스타브 브아소나드Gustave Boissonade가 주도적으로 참여했는데, 이에 따라 남성들 사이의 성관계를 시민의 사적 영역으로 간주하는 프랑스 법의 전통이 개정안에 반영되었다. 따라서 일본과 1912년 이후 일본 형법을 적용받은 식민지 조선에서는 다른 조건(연령 제한과 폭력의 사용)을 위반하지 않는 한 성인 남성들 사이에 이루어지는 합의에 의한 성행위를 금지하는 법은 명시적으로 존재하지 않았다.[29]

이것은 역설적이게도 남성들 간의 성관계가 폭력을 동반하거나 아동을 대상으로 삼는 범죄라는 좁은 경로를 통해서만 대중에게 가시화되었음을 의미하는 것이기도 했다. 이런 성애적 욕망을 가진 '변태성욕자'는 점차 '범죄성'과 뗄 수 없는 존재로 보이기 시작했다. 그리고 '변태성욕자'에 대한 두려움은 "동성연애로 말미암아 소년 27명을 살해한 세상에 드문 변태성욕광 범인 '하루만'"과 같이 1920년대에 외신을 통해 전해진 연쇄살인 보도를 통해 더욱 증폭되었다. "세계범죄사상에 보기 드문 전율할 만한 사건"을 일으킨 이 독일인 남성은 15~18세의 소년들만을 표적으로 골라 성적 폭행을 가한 후 살해했는데, 살해당한 소년의 수가 많을 뿐 아니라 살해의 방법 역시 매우 잔혹하다는 점에서 화제가 되었다. 그는 이로 소년들의 목을 물었으며, 시체의 일부를 칼로 도려낸 후 사체를 강에 던져 유기했다. 기사들은 이 '흉악무도'한 범죄의 동기를 '동성연애'라는 '성적 악벽', 즉 '변태성욕'으로 간단하게 정리했다.[30] '남색'과 범죄성을 둘러싼 모종의 공포는 느리지만 분명한 형태로 식민지 조선에 스며들고 있었다.

그리고 1931년 겨울, 조선 신문들은 드디어 조선에서도 "근대미문의 살인마"가 탄생했다는 소식을 전할 수 있게 되었다. 사건의 주인공은 이관규라는 이름의 35세 남성이었다. 그는 2년 전 고양군 벽제면 산중에서 만난 11세 목동을 강간한 후 목을 매 참혹하게 살해했을 뿐 아니라, 불과 한 달 후 영등포 뒷산에서 9세 남아를 동일한 방식으로 강간 살해한 혐의로 경찰에 체포되

그림 16. "변태성욕의 살인마 검거", 《동아일보》 1931년 2월 25일.

었다. 아이들의 시체에는 무수하게 구타당한 흔적이 남아 있었다.[31] 그런데 "근대미문의 살인마"라는 자극적인 타이틀에도 불구하고, 기사들은 이관규가 용의자로 특정되기까지의 수사 과정에 대한 정보를 거의 제공하지 않았다. 단지 그가 2년 전부터 수배 중인 상태였으며, 고향인 충청북도 진천에 있는 자신의 집에서 체포되었다는 사실만이 간략하게 제시되어 있었을 뿐이다. 신문 보도는 기존의 범죄 기사와 달리 사건의 해결 과정보다는 범인 개인의 생애 서사에 보다 초점을 맞추고 있었다. 이것은 아마도 그가 이전에는 등장한 적이 없었던 연쇄살인범으로서 매우 특별한 존재로 여겨졌기 때문일 것이다. 기사에 따르면 그는 다섯 자녀의 아버지로 가정이 있는 인물이었다. 하지만 여자를 극히 싫어해 여자로 '말썽'을 일으킨 바 없는 대신 수십 차례 남자아이들을 추행한 전력을 가지고 있었다.

이러한 성력sexual history은 기사 속에서 여타 그의 품행과 관련된 다른 정보들과 나란히 함께 배치되었다. 그는 평소 성품이 매우 패악한 인물로 묘사되는데, 도박을 좋아해 도박범으로 징역을 살았던 전과가 있었다. 또한 방탕한 습성에 대해 부친에게서 꾸지람이라도 듣게 되면 도끼를 휘둘러 가족을 위협하는 일종의 패륜아이기도 했다. 실제로 그는 도끼로 집안 기둥을 찍어 넘어뜨린 일도 있었다.[32] 기사들 속에서 이관규의 성적 선호는 그의 인격 전반에 대한 설명과 분리되어 제시되지 않는다. 오히려 그의 '남색'은 도박, 패륜, 부랑, 심지어는 살인까지 이르도록 만드는 총체적인 도덕적 열등성의 스펙트럼 속에서 그 의미가 부여된다.

이관규에 대한 보도는 당대에 폭력과 범죄를 매개로 식민지 조선에서 강렬하게 가시화되었던 '남색가'들이 상상된 방식을 보여준다. 17세 소년에게 강제로 "추악한 행동을 하다가" 뇌출혈로 사망하게 만든 24세의 잠수부, 같은 방에 묵은 일꾼 청년에게 '계간'을 강요하다 구타당해 사망한 38세의 금강산 전기철도 노동자, 17세의 조선인 소년을 '추행'하려다 동료에게 발견되자 동료의 목을 잘라 개천에 유기해버린 34세의 중국인, 상관에게 "마음을 두고 홀로 번민만 하다가" 결국 그를 칼로 찌르고 달아난 보병부대의 일등병, 공사장에 일하러 온 18세 소년에게 '수욕'을 채우려다가 거부하자 구타해 상해를 입혀 법정에 서게 된 26세의 수리조합공사장 감독 등등.[33] 이런 인물들은 일탈적인 성적 욕망을 가진 이들이자 아직 범죄를 저지르지 않았을 때조차도 이미 언제나 범죄를 실행할 폭력성과 잔인성을 내재하고 있는 인물, 즉 선천적 범죄자였던 셈이다.

이 이야기에서 가장 흥미로운 부분은 이관규가 결국 무죄 판결을 받고 석방되었다는 점이다. 당시 이 소식은 그다지 스포트라이트를 받지 못했으며 단신으로 취급되었을 뿐이었다.[34] 당대 식민지 조선의 과학수사의 현실은 "7명의 죄 있는 사람을 검거하기 위해 100명을 검거"하는 비현대적이고 비과학적인 것이었다.[35] 어쩌면 경찰에 확신범으로 체포되었다가 증거불충분으로 석방되는 일은 당대인들에게 그다지 놀랄 만한 사건이 아니었는지도 모른다. 중요한 점은 사건의 유·무죄 여부와 무관하게 이 사건이 '변태성욕의 살인마'라는 범죄자의 전형을 현지화하는 데 있어서 일정한 영향을 미쳤다는 점이다. 이관규는 법정에서 무죄 선고를 받은 지 70년이 지난 지금도 범죄학 서적에 '남자아이를 노린 변태성욕자'의 케이스로 소개되고 있다.[36]

'미동'과 근대의 속도

그러나 남성 간의 성행위를 둘러싼 새로운 사유의 방식들이 과거의 습속들을 일시에 완전하게 대체한 것은 아니었다. 질적 연구를 통해 1940년대 강원도 지역의 섹슈얼리티 지형을 탐구한 민족지 연구 「1940년대의 '남자동성애' 연구」는 전통에서 근대로의 이행의 과정에서 일어난 교착과 지연의 양상을 잘 보여준다. 연구 참여자들은 해당 지역에서 한국전쟁 이전까지 남성들 사이의 성적 접근이 관습적으로 허용되었으며, 아이부터 어른까지 그리고 가난한 이들부터 양반, 훈장, 승려 같은 지도층의 남성들까지 이러한 관계에 참여했다고 회고했다. 이 지역에서 남성들이 맺었던 파트너 관계의 유형은 크게 두 가지로 구분해볼 수 있는데, 이러한 구분에서 가장 핵심적인 기준은 파트너의 연령이었다. 동년배의 성인들 사이에 맺어지는 파트너 관계는 '맞동무'로, 성인과 소년(12~16세 정도의 '미동') 사이에 이뤄지는 파트너 관계는 '수동무'로 불렸다.[37]

이러한 관계의 형식은 내용에도 중요한 차이를 만들어냈다. '맞동무'는 지속적인 파트너 관계들을 전제하지 않았으며 성관계의 교환이 주축을 이뤘다. 성관계 안에서도 삽입하는 역할과 삽입당하는 역할은 엄격히 나누어져 있지 않았고 유동적이었다. 반면에 '수동무'를 맺는다는 것은 보다 장기적인 친밀성의 관계로 진입한다는 것을 의미했다. 따라서 '수동무' 관계는 이성애의 혼인과 마찬가지로 일정한 사회적 인정의 의례들을 동반했는데, 연구 참여자들은 '수동무' 관계가 맺어지면 성인과 소년 양측의 친구들을 모아놓고 개를 잡아 동리에서 공개적으로 잔치를 벌였다고 증언했다.[38]

'수동무'는 성인과 소년의 결합이라는 양식에서도 유추할 수 있듯이 자유롭고 평등한 관계는 아니었다. '수동무' 관계를 형성한 성인 남성과 '미동'인 소년은 일련의 서로 다른 의무를 졌다. 어른 쪽에서는 자신의 '미동'에게 단오, 추석, 설날 같은 명절에 옷을 한 벌씩, 일 년에 총 세 벌의 옷을 지어주어야 하며 지속적인 경제적 후원을 제공해야 한다. 때로 '미동'이 나이에 비해 힘겨운 일을 할 때는 대신 일손을 거들어주어야 한다. 대신 '미동'은 상대의 말에 순종하며 성관계에서 수동적인 역할(삽입당하는 역할)을 수용하고 상대에게 "누가 되지 않도록 행동"할 것이 기대된다. 이와 같은 기대는 이성애 혼인 관계 안에서의 성별화된 역할 구분과 매우 유사하다. 실제로 연구 참여자들은 '수동무' 관계를 맺은 소년들이 주변인들로부터는 누군가의 '작은 마누라'로 불리고, 상대의 부인에게서는 '동서'로 호칭되기도 했다고 증언한다.[39] 어린 소년은 일종의 여성으로 유비되었던 셈이다.

'수동무' 관계가 이성애 결혼과 마찬가지로 성인 남성의 경제적 부양 능력을 기대하기 때문에, 이 관계를 맺고자 하는 성인은 반드시 일정 정도 이상의 경제력이 요구되었다. 1년에 옷을 세 벌이나 만들어준다는 것은 경제적으로 매우 부담되는 일이었다. 게다가 지속적으로 먹을 것을 사주고 용돈도 주어야 했기 때문에 이 비용을 감당할 수 없는 이들은 '수동무' 관계를 맺을 수 없었다. 실제로 연구 참여자들은 '맞동무'와 '수동무'의 차이가 특정한 관계 형식에 대한 선호에 의해 결정된다기보다는 경제력의 유무가 중요하게 작동했다고 증언한다. 일정한 경제적 수준 이상의 남성들만이 '수동무'를 만들 수 있기 때문에, 그렇지 못한 남성들은 서로의 '맞동무'가 되는 데 만족해야 했다는 것이다.[40]

이러한 주장을 뒷받침하듯이 인터뷰 곳곳에는 기혼 남성들이 '수동무' 관계를 맺고 아내와 '미동'이 한 집에서 동거하는 장면이 소개되기도 한다. 이것은 동성애/이성애를 엄격하게 이분법적인 것으로 바라보는 현대의 인식과 달리, 이성애 혼인 관계와 '수동무' 관계가 상충하지 않았음을 보여준다. 오히려 양자의 관계 모두 성인 남성의 경제적 자원, 그리고 가부장적 후원과 보호를 전제한다는 점에서 유사한 구조를 가졌다.⁴¹

이 낯선 과거의 풍속을 '동성애'나 '양성애'와 같은 현대의 섹슈얼리티의 범주를 적용해 이해한다는 것은 사실상 어려워 보인다. 다만 연구 참여자들의 인터뷰 내용을 통해 이러한 성적 관습의 몇 가지 특징들을 확인할 수 있다. 연구 참여자들은 당시에 대표적으로 유행했던 어구로 "일용, 이뼥, 삼씹"을 소개하고 있다. 이성 간에 성관계를 하는 '씹'이 제일 좋고 그 다음에는 남자들끼리 성관계를 하는 '뼥역(비역)'이 좋으며 마지막으로 자위인 '용두질'이 좋다는 이 구절은 남성들 사이의 성관계가 사회적으로 폭넓게 용인되었음에도 불구하고, 촌락공동체의 성적 위계에서 이성애가 가장 특권화된 지위를 가졌음을 보여준다.

실제로 연구 참여자들은 '수동무'라는 독특한 풍습의 기원을 설명하기 위해 여성에 접근하는 것이 극도로 제한되어 있었던 전통적이고 보수적인 촌락공동체의 환경, 그리고 '남성의 억제하기 어려운 강한 성충동'과 같은 정형화된 관념을 빌려온다. 이러한 정당화는 양반, 훈장, 승려 같이 경제적 능력을 가진 남성들도 남성 간의 성행위에 참여했을 뿐 아니라 아내가 있는 기혼 남성들 역시 '수동무'를 두었다는 본인들의 앞선 진술들과 분명 상충된다. 하지만 이것은 당시에 '수동무'와 '맞동무' 관계에 참여한 남성들이 자신의 정체성과 성적 실천에 부여했던 모순적 의미들을 이해하는 데 도움을 준다. '수동무'와 '맞동무'는 사회적 차원에서 이성애의 열등한 대체제로 그 의미가 제한됨으로써 촌락공동체의 성적 체계에 안정적으로 통합될 수 있었던 것이다.

그런데 마을의 성적 실천의 위계 안에서 최상의 가치를 획득하는 이성애는 단순히 남녀 사이의 결합을 의미하지 않았다. 그것은 성인 남성의 성적 권리와 가부장적인 성 역할 분배를 특권화하는 특정한 형식으로 제도화된 이성애였다. 연구 참여자들은 마을의 남성들 사이에서는 자유로운 성적 접근이 허용되었던 데 반해, 남녀 관계에 대해서는 엄격한 규제가 존재했다고 설명한다. 실제로 1920~30년대 조선 신문에는 '미풍양속'에서 벗어나는 행위를 했다는 명목으로 촌락공동체가 구성원들에게 직접적인 처벌을 가하는 일화들을 종종 발견할 수 있다. 수백 명의 동민이 모여 딸의 자유연애를 묵인한 어머니에게 북을 지워 조리돌림을 한다거나, 동성동본同姓同本의 상대와 연애하는 여성의 집에 동리 청년들이 침입해 집단 린치를 가하는 것과 같은 사건들이 이어졌다.[42] 촌락공동체에 의해 비공식으로 집행되는 사적 처벌私刑은 근대 법에 부합하지 않는 폐습이자 야만으로, 일종의 '넌센스'로 비판을 받았다. 그럼에도 불구하고 사적 처벌은 1920~30년대 동안 꾸준히 실행되었다.

그리고 이렇게 단속된 전형적인 관계는 '자유연애'였다. 연구 참여자들은 총각과 처녀가 '자유연애'를 하다 발각되었을 때 총각은 매를 맞고 처녀와 그녀의 집안 식구들은 마을 밖으로 추방을 당하는 처벌이 촌락공동체에 의해 집행되었다고 증언했다.[43] 이러한 처벌이 금지하고 있는 것은 사실상 자유의지와 욕망을 드러내는 여성의 존재였다.

나이 어린 소년들 역시 성인 남성의 성적 특권을 제도화하는 촌락공동체 안에서 여성에 유비되는 성적 대상의 위치에 놓였지만 이런 위상은 영구적이지 않았다. 소년이 성장해서 성인 남성이 되면, 즉 결혼을 통해 본인이 가장의 위치에 서거나 나이가 들어 온값의 품삯을 받게 되면 '수동무' 관계를 "자연스럽게 해소"할 것이 기대되었기 때문이다.[44] 성인이 된 남성은 여전히 자유롭게 동년배의 남성들과 성관계를 맺을 수 있었지만, 더 이상 장기적인 관계 속에서 '미동'의 역할을 맡지는 못했다. 다시 말해 배타적인 성적 대상이자 가부장적 후원과 보호의 대상으로 남을 수 없었다는 것이다. 이것은 해당 공동체 안에서 성인 남성의 자격을 정의하는 가장 중요한 조건이 성적 능동성과 경제적 자립이었음을 보여준다.

하지만 이 연구에서 가장 흥미로운 점은 13세 미만의 남아를 대상으로 한 '남색'이 범죄화된 지 상당한 시간이 경과한 1940년대에도 '수동무'와 같은 관습이 여전히 지속되고 있었다는 것이다. 연령이 성적 폭력의 기준으로 도입됨으로써 관행적으로 묵인되었던 남아에 대한 성적 접근은 법적 처벌의 대상으로 포착

그림 17. "딸의 연애 허락했다고 북을 지워 돌려. 양속미풍을 깨트렷다고.
「넌센스」극 일막",《동아일보》 1932년 4월 13일.

되고 있었다. 하지만 강원도 일부 지역의 경험에서 보듯 전통적인 '남색'의 관행이 범죄화되고 금기시되는 속도와 양상은 중앙정부와 촌락공동체 사이의 힘의 역동과 같이 구체적인 맥락에 따라 차이가 있었을 것으로 추정해볼 수 있다. 그리고 차이를 결정하는 변수는 정부의 통치력 외에도 다양하게 존재할 수 있다.

문필가 차상찬은 조선 문화에 대한 기본적인 사회조사를 조선인의 자력으로 시행하고자 1925년《개벽》지의 민족주의적 통계 프로젝트[45]의 일환으로 전라북도 지역을 방문했다. 그는 "인정 풍속의 여하, 산업교육의 상태, 제사회문제의 원인과 경향, 중심인물과 주요사업기관의 소개 및 비평, 명승고적과 전설의 탐

사, 기타의 일반상세에 관한 관찰과 비평"이라는 《개벽》의 사회
조사 표준답사 기준에 따라 답사기를 작성한 후, 일종의 후기격
으로 본인이 답사 동안 경험했던 몇 가지 에피소드를 소회와 함
께 덧붙였다. 그런데 이 에피소드 중에는 정읍역에서 목격했던
"가괴한" 동성애 장면도 포함되어 있었다.

그가 목격한 "가괴한" 장면이란 역전에서 중년의 노동자가 더
벅머리 총각의 손목을 잡고 있는 모습이었다. 다가가서 귀를 기
울여보니 중년의 남성은 젊은이에게 가지 말라고, 갈 거라면 하
룻밤만 더 놀다 가라고 애원하고 있었다. 차상찬은 이 장면을 보
고 "동성애하는 사람"들일 것이라고 추측했지만 모르는 척 그
노동자에게 사연을 물었다. 중년의 노동자는 서슴없이 그 더벅
머리 총각이 자신의 '미동'이며, 3년을 같이 지내다 오늘 타향으
로 떠나게 돼 작별을 위해 정읍역에 나왔다고 답했다. 통계조사
라는 근대적 지식을 통해 조선 민족의 현실을 진단하고 처방을
구하고자 했던 이 계몽주의적 지식인은 두 남성의 애틋한 모습
을 웃음이 나서 아무 말도 못할 기이한 광경이라고 기록한다. 그
러고는 곧 두 남성의 친밀성을 착취당하는 "가련한 조선 농민"
의 서사 속에 다시 배치한다. 마흔이나 먹은 이 빈궁한 노동자가
부자 놈들처럼 아름다운 기생이나 첩의 향내는 맡지 못할지언정
"총각친구의 X냄새(똥냄새)"를 그리워하는 이유는 무엇인가? 그
것은 빈곤으로 인해 "이성애를 한 번도 잘 못하고" 그래서 "그런
데에나" 애정을 부칠 수밖에 없는 사회적 불평등 때문이라는 것
이다.[46]

차상찬은 이 글에서 하층계급 노동자들의 '동성애'를 일제의 수탈과 자본주의적 착취의 효과로 등장한 근대적 현상이자 일종의 예외적인 탈선에 위치시킨다. 그러나 이러한 시도는 그다지 성공적이지 않은 것으로 보인다. 왜냐하면 이 노동자가 자신들의 관계를 설명하기 위해 동원하는 것은 '미동'과 같은 전통적인 용어였기 때문이다. 차상찬이 '미동'의 의미를 되묻거나 독자들을 위해 어떠한 추가적인 설명도 덧붙이고 있지 않다는 점은 주목할 만하다. 이것은 당대인 모두가 이미 '미동'에 담긴 관습적 의미들을 공유하고 있다는 것을 보여준다. 차상찬 역시 같은 글에서 "남도 남자들이 동성애를 잘 한다는 평이 재래로부터 있다"며 일종의 풍속의 차원으로 '동성애'를 언급하기도 했다.

이러한 장면들은 성에 대한 근대적 인식이 전통과의 급격한 단절을 통해 단시간에 확립되는 것이 아님을 보여준다. 1890~1940년 사이 뉴욕의 도시 공간을 중심으로 섹슈얼리티의 지형 변화를 탐구한 조지 천시George Chauncey는 백인 중산계급 남성들에게 배타적인 이성애(남성과의 일체의 성관계에 참여하지 않는 것)가 남성 정체성의 필수 조건이 된 지 두 세대가 지난 후에야 동일한 변화가 비로소 유럽계 미국인, 아프리카계 미국인, 노동계급 남성들에게서 나타나기 시작했다고 지적했다. 그에 따르면 하나의 성적 체계가 다른 성적 체계로 변화하는 과정은 결코 선형적이지 않을 뿐만 아니라, 계급과 인종, 지역과 같은 변수들은 이 과정에서 중대한 차이를 만들어낸다.[47] 1920~30년대의 식민지 조선은 손목을 잡은 두 남성의 모습에서 근대적 성과학을 통해 확립된 병리의 범주인 '동성애'를 떠올리는 계몽주의적 지식인과, 이를 '미동'이라는 전통적 관습을 통해 경험하는 노동자들이 뒤섞인 시공간이었다.

기차 위의 '키스절취범'

현실에서 무엇이 폭력적이고 변태적인 성인가에 대한 판단의 경계는 매우 모호하고 자의적이었다. 지금부터는 당시에 열광적으로 유행하기 시작한 '키스'라는 새로운 촉각적 경험을 중심으로 이러한 경계들이 그려졌던 방식들을 탐색해보고자 한다.

1933년 11월 22일, 신의주로 향하는 열차의 침대칸에서 공포심에 가득 찬 여성의 비명이 울려 퍼졌다. 비명의 주인공은 시집을 가기 위해 신경으로 가고 있던 18세의 처녀로, 그녀는 잠든 사이에 누군가 자신의 입술에 키스를 하는 것을 느끼고 놀라서 그와 같이 비명을 지른 것이었다. 출동한 이동경찰반은 현장에서 막 도주하려던 청년을 발견하고 그를 체포했다. 문제의 '에로토마니아(색광)' '변태성욕자'는 와다 헤이스케(가명)라는 이름의 19세 청년이었다.[48]

이와 같은 범죄는 그 자체로 매우 새로운 것이었다. 당시 와다 헤이스케는 여행 중이었으며 '키스 절취'는 그의 여행에 있어 매우 중요한 여흥이었다. 경찰의 조사에 따르면 일본 시즈오카 출신인 그는 이전에도 도쿄와 교토 같은 일본의 대도시를 여행하면서 여성들의 엉덩이를 칼로 찔러 체포된 전력을 여러 차례 가

그림 18. "괴! 침대차에서 키스를 절취", 《동아일보》 1933년 11월 24일.

지고 있었다. 와다 헤이스케는 이번에는 평안도 안주를 목적지로 삼아 "변태성욕 행각을 떠나는 길"에 사건을 저질렀다고 고백했다.[49] 앞서 여자를 몹시 증오하는 '변태심리'로 정무총감 부인의 옷을 면도날로 찢었던 나카지마 신길이 범행을 저지른 장소 역시 경성역이었다는 점을 주목할 필요가 있다. 경성역은 경성을 대표하는 8대 관광명소 중 한 곳이자,[50] 시베리아·만주·중국 대륙을 여행하는 관광객들이 휴식과 관광을 위해 중간에 머무르는 장소이기도 했다.[51]

'대륙 진출'이라는 일본 제국주의의 야심찬 계획 속에서 만들어졌던 조선의 철도는 군인과 자원뿐만 아니라 관광객들도 실어 날랐고, 이렇게 조성된 식민지 관광붐은 새로운 자극을 찾아 헤매는 일군의 '변태성욕자'들을 함께 운반했다. 철도 위의 '변태성욕자'들은 제국주의, 철도, 근대 관광의 교점에서 비로소 등장한, 그야말로 첨단의 존재들이었던 셈이다. 와다 헤이스케가 실행한 '변태성욕'의 '악취미'가 '키스 절취'라는 점 역시 첨단적이었다. 키스는 미국 영화의 유행과 함께 당대에 새로운 열광의 대상으로 떠오르고 있었던, 전적으로 새로운 촉각적 경험이었기 때문이다. 당시의 글들은 조선에는 전통적으로 키스에 비견할 풍속이 존재하지 않았으며, 입을 맞추는 일은 어머니나 할머니가 아기를 대상으로 하는 외에는 발견할 수 없었다고 설명한다.[52] 이처럼 키스는 당시에 특별히 서구적이고 첨단적인 성적 실천이라는 의미를 획득하고 있었다.

1938년 《조선일보》에 실린 "생식기능이 퇴화될수록 키스가 발달돼"라는 기사는 위와 같은 관점을 잘 대변한다. 기사에 따르면 모든 생물은 본능적으로 키스하는 법을 알고 있지만, 생식기능이 퇴화된 민족일수록 키스가 진정으로 발달되는 경향이 있다. 따라서 키스는 야만인보다는 동양인에게, 동양인보다는 서양인에게, 서양인 중에서도 프랑스인에게 가장 발달되어 있다.[53] 이러한 문명의 위계는 때로는 촉각과 후각 같은 감각의 위계를 통해서 설명되기도 했다. 1935년 《동아일보》에 실린 "키스의 역사"는 미개의 단계에 있는 인간일수록 후각에 중심을 둔 키스를 하는 반면, 문명화될수록 촉각에 중심을 둔 키스로 옮겨간다는 설명을 제시한다. 따라서 모든 인종과 민족이 키스를 하지만, 중국인이나 야만인은 후각 중심의 키스를 하며 서구인들은 촉각 중심의 키스를 한다.[54]

그림 19. "생식기능이 퇴화될수록 키스가 발달돼",《조선일보》1938년 6월 21일.

키스라고 하는 새로운 경험은 이렇게 당대의 야만과 문명, 동양과 서양, 후각과 촉각, 생식과 쾌락 같은 문화적 이분법 속에서 해석되었다. 당대 성과학의 관점에서 엄밀하게 정의한다면, 키스는 재생산을 목적으로 하지 않는 쾌락이라는 점에서 일종의 '도착'으로 분류될 수 있다. 하지만 식민지 조선에서 이 새로운 성적 실천은 첨단, 문명, 서양과 연결되는 상징으로 자리를 잡았다.

때로 이 첨단적인 성적 실천에 대한 열망은 새로운 강박의 형태로 나타나기도 했다. 1930년 서대문경찰서는 영국 영사관으로부터 정동 부근의 서양인들이 모여 사는 주택 지역에 출몰하여 여성들을 대상으로 "추잡한 행동"을 시도하는 남성이 있다는 제보를 받았다. 급히 배치되어 주변에 잠복하던 사복 경관들은 경성방송국 앞에서 젊은 서양 여성에게 덤벼드는 남성을 포착해 현장에서 체포했다. 그는 일정한 거주지나 직업 없이 떠돌아다니는 수원 출신의 박상용이라는 32세 남성으로, 낮 시간에는 주로 정동 부근에서 노숙하며 시간을 보내다 통행자가 많아지는 저녁 시간이면 서양인이 자주 출입하는 길목에 서서 서양 여성들을 노려왔다고 자백했다. 그런데 이 이야기에서 가장 흥미로운 것은 박상용이 자신의 동기를 고백하는 대목이다. 그는 "모르는 여자에게 억지로 키스를 한번 하면 성욕을 채우는 것보다 더 쾌감이 있다"며 "괴기염"을 토했다.[55] 거리에서 노숙을 하는 이 부랑아 청년에게도 키스, 특히 키스의 본고장이라 할 수 있는 서양의 여성을 대상으로 하는 키스는 단순히 "성욕을 채우는"[56]

야만적인 단계와는 비교할 수 없는 '쾌감'을 주는 근대적 체험이
었던 셈이다.

조선을 휩쓴 단어, '키쓰'

식민지 조선인들이 "키쓰에 관한 습관"들을 학습한 것은 주로
미국의 할리우드 영화를 통해서였다.[57] 조선에서 영화는 선풍적
인 인기를 누린 매체로, 1930년대 말 경성과 같은 대도시의 연간
영화 관객은 1100만 명을 넘을 정도였다.[58] 1937년 조선은 외화
배급사들이 도쿄, 오사카, 고베 다음의 유력한 시장으로 여길 만
큼 큰 수입 규모를 갖추고 있었다.[59]

당시에 수입된 영화는 대개 할리우드 영화였으며, 그 자체로
멜로드라마이거나 멜로드라마적 요소를 강하게 지니는 것들이
대부분이었다. 할리우드 영화가 식민지 조선에서 관습적으로 허
용되었던 것보다 훨씬 더 자유로운 애정 표현과 연애를 재현하
는 매체였다는 점을 고려해보면,[60] 이 영화들은 아직은 조선에서
낯설었던 근대적인 연애와 사랑의 방식들을 대중에게 전시하는
일종의 전람회장이었다고 볼 수 있다. 여학생들의 책상에 "테일
러나 다−빙과 같은 남자배우들의 브로마이드"가 붙어 있고 소
학생들 사이에 "아역스타 샤리 템플의 이름이 회자되는"[61] 할리
우드 배우들의 높은 인기 속에서, 이들이 연기하는 낭만적 사랑
은 곧 대중의 마음을 사로잡았다. 당대의 잡지에는 영화관에서
키스 장면이 나올 때마다 부인석에서 질식하는 듯한 외마디 소

그림 20.
"영화에 나타난 연예의 표현기교",
《조선일보》 1929년 2월 6일.

리가 들린다는 비난들이 종종 발견된다.[62]

    1937년 《동아일보》는 최근 할리우드 영화에서 선풍적인 유행을 끌고 있는 키스 유형을 소개하는 "키스표준형 6종"과 같은 기사를 게재하기도 했다. 이 기사는 최근 여성 관객의 변화된 키스 취향을 다음과 같이 설명하고 있다. "모던 여성들은 추장이 처녀를 약탈해다가 되는 대로 억지로 신비한 태도로 키쓰하는

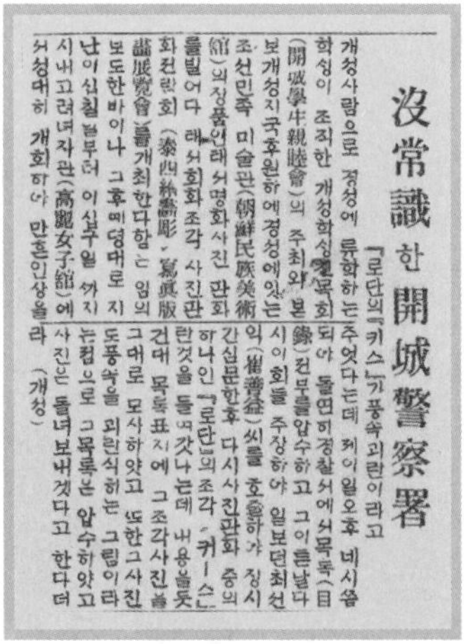
沒常識한 開城警察署

『로단』의『키스』가 풍속괴란이라고

개성사람으로 경성에 류학하는 학생이 조직한 개성학생친목회(開城學生親睦會)의 주최와 본보개성지국후원하에 경성에잇는 조선민족 미술관(朝鮮民族美術館)의장품인태서명화사진 판화를빌어다 태서회화조각 사진판화전람회 (泰西繪畵彫刻、寫眞版畵展覽會)를개최한다함은 임의 보도한바이나 그후때뎡대로 지난이십칠일부터 이십구일 까지 시내고려녀자관(高麗女子舘)에서성대히 개회하야 만흔인상을 주엇다는데 제이일오후 네시쯤 되야 돌연히경찰서에서목록(目錄)전부를압수하고 그이튼날다시이회를 주장하야 일보던최선익(崔善益)씨를 호출하야 장시간심문한후 다시사진판화 중의 하나인『로단』의조각『키-스』란것을 들며갓나는데 내용을듯건대 목록표지에 그조각사진을 그대로 모사하얏고 또한그사진도풍속을 괴란식히는 그림이라는점으로 그목록은 압수하얏고 사진은 돌녀보내겟다고 한다더라 (개성)

그림 21.
"몰상식한 개성경찰서. 로단의 『키스』가 풍속괴란이라고", 《동아일보》 1922년 7월 31일.

것은 시대착오라고 하여 기뻐하지 않는다. 그런 것보다는 청년이 조용하게 그 팔로 여자를 끌어안고 조용히 입술을 대는 그 정서적 감미에 도취하고자 하는 희망을 가지고 있다."[63] 그러나 현실에서 할리우드 영화를 통해 학습한 낭만적인 성적 실천을 실행에 옮기기란 쉽지 않았다. 왜냐하면 키스는 식민지 경찰에 의해 흔히 '풍속괴란'의 행위로 여겨졌으며, 적어도 공적 공간에서 드러나서는 안 될 행위로 취급되었기 때문이다.

1922년 태서회화조각 사진판화 전람회를 둘러싼 소극은 키스를 둘러싼 당시의 신경증적인 반응을 잘 보여준다. 경성에 유학 중이던 개성 학생들의 모임인 개성학생친목회는 동아일보 개성지국의 후원을 받아 3일 간의 일정으로 서양미술 작품을 찍은 사진을 전시할 예정이었다. 그런데 둘째 날 오후 4시쯤 돌연히 경찰이 전람회장에 출동해 전시물 전부를 압수하고 회장을

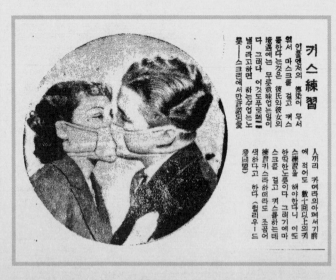

그림 22. "키스연습", 《조선일보》 1937년 5월 4일. 할리우드 배우들이 감기 예방을 위해 마스크를 착용한 채 키스 장면을 연습하고 있다.

호출하여 심문하는 사건이 벌어졌다. 경찰이 출동한 것은 전시 물품에 포함되어 있었던 로댕의 조각상 〈키스〉의 사진 때문이 었다. 개성경찰서는 이 조각상의 사진이 남녀가 키스하는 모습 을 형상화하고 있어 '풍속괴란'에 해당한다고 주장했다. 결국 전 시는 〈키스〉 사진을 제외한 후에야 계속 진행될 수 있었다.[44] 이 에 대해 여론은 "몰상식한 개성경찰서"를 비난했지만 사실 키스 에 대한 단속은 개성경찰서에서만 돌출적으로 일어난 것은 아 니었다.

영화에서도 키스는 그 인기에도 불구하고 항상 수난의 대상 이었다. 키스신은 지나치게 자주 검열되었기 때문에, 조선에서

그림 23. 《조선일보》 1932년 4월 29일자 콘돔 광고.
광고에 키스하는 연인의 모습을 삽입했다.

영화 검열관이 되기 위한 제1의 자격 요건은 키스를 싫어하는 사람이어야 한다는 우스갯소리가 인구에 회자될 정도였다. 이런 농담은 과장이 아니었다. 실제로 식민지 시대에 키스신은 폭탄 투척, 방화 장면과 나란히 검열을 통과하기 힘든 장면으로 손꼽혔다.[65]

키스는 예술을 통해서도 공공에 전시되는 것이 금지될 만큼 재현이 금기시되는 주제였기 때문에, 당연히 현실의 연애에서 이를 실천하고자 하는 커플들은 상당한 용기를 내야만 했다. 1938년 서대문정 네거리 약국 앞에서 입을 맞추던 공장사무원 남녀는 그 길로 경찰서에 끌려가 엄중한 취조를 받았다. 비록 유치장 신세가 되지는 않았지만 "가두에서 키쓰하는 것은 절대 불가"라는 경관의 엄중한 "설유"를 당한 후에야 석방될 수 있었다.[66] 이러한 에피소드는 일체의 폭력을 포함하지 않았다고 하더라도 공적 공간에서 이루어지는 성애적 친밀성의 표현들이 불법적인 것으로 취급되는 경향이 있었음을 보여준다. 이러한 표현들은 오직 한 부문에서만 합법적으로 유통될 수 있었는데, 그것은 역설적이게도 키스 직전의 남녀의 모습을 담은 콘돔 광고가 보여주듯이 상업화된 성의 영역이었다.

키스를 파는 시장

1934년 종로경찰서는 시내에서 성업 중인 카페들에 단속 방침을 전달했다. 이 방침에는 카페의 내부가 밖에서 들여다보이지 않도록 하라는 것과 영업시간이 새벽 2시를 넘지 말 것, 여급들이 집으로 돌아갈 때에 문밖에서 손님들과 "키스하거나 희작거리지 말 것"이 포함되어 있었다.[67] 이러한 풍경은 키스가 카페라는 새롭게 부상한 공간에서 거래되는 대표적인 '에로 서비스' 상품으로 등장했음을 보여준다.

19세기 서유럽에서 사교와 예술(문학)의 공간이자 철학적·정치적 토론이 이루어지는 대중적인 문화 공간이었던 카페는 제국 일본으로 유입되면서 여급이 시중을 들고 고객과 성애적 상호작용이 이루어지는 유흥 공간으로 재창조되었다. 1930년대 조선에서 이 근대적 유흥 공간은 일본인 거류지인 남촌 뿐 아니

그림 24. 살롱 아리랑의 개업 광고. 《조선일보》 1931년 8월 16일.

라 조선인 번화가인 북촌까지 성업을 이루었다.[68] 당대의 카페의 인기는 카페가 재즈 음악과 서양 춤, 서구 취향의 기호물로 채워진, 근대성 그 자체가 구현되는 장소였다는 사실과 연관되어 있다.[69] 하지만 무엇보다 카페가 판매하는 것은 연애였다. "연애를 파는 시장"이라는 당대의 언급에서도 볼 수 있듯이 이 새로운 유흥 공간은 학생, 샐러리맨, 지식인 문사, 영화업 종사자, 은행업자, 광산업자 같은 다양한 계층의 남성들이 여급을 대상으로 자유연애를 실험하는 일종의 "청춘의 위안지"로 여겨졌다. 따라서 남성들은 카페에서 술값을 수속비로 삼고 팁을 가격으로 치르면서 "밥보다 더 비싼 연애"를 구매했다.[70]

자유연애의 유사 파트너 역할을 했던 (때로는 실제 파트너가 되기도 했던) 여급은 다음과 같은 덕목을 갖출 것이 기대되었다. "화려, 애교, 첨단적 유행", 서구화된 치장, 그리고 "에로의 발산". 여급은 성매매라는 한계를 넘지 않는 범위에서 (실제로는 성매매로 종종 이어지기도 했지만) "특별한 조건이 없이, 가장 넓게 손님의 요구하는 에로의 써비-스에 종사"하는 여성들이었다.[71] 여급은 기본급이 전혀 보장되지 않았고 고객으로부터 받는 팁에 생계를 전적으로 의존해야 했기 때문에, 손님이 요구하는 '에로 서비스'를 거부하기 쉽지 않은 위치에 놓였다.[72] 유사 '자유연애'와 에로틱한 거래의 경계에 놓인 유흥 공간에서 키스는 새롭고 모던한 상품으로 취급되었던 셈이었다. 일단 상품이 되자 굳이 유사 '자유연애'와 구애 같은 군더더기의 형식 없이도 이를 성적 서비스로 요구하는 남성들이 등장했다. 1936년 군산 시내의 카페에 등장한 만취한 선원이 바로 그러한 손님이었다. 그는 카페 여급에게 키스를 청했다 거절당하자 달려들어 그녀의 코를 물어 카페를 유혈낭자의 아수라장으로 바꿔놓았다.[73]

어떤 남성 손님들은 어차피 유사 '자유연애'에 얽매일 필요가 없다면 굳이 카페에서 비싼 비용을 들여 키스할 필요가 없다고 생각하기 시작했다. 그들은 '연애를 파는 공간'이 아닌 일반 주점, 음식점, 요리점 같이 보다 저렴한 유흥 공간에서 일하는 여성들에게 키스를 요구했다. 이러한 의지를 관철시키는 과정에는 흔히 폭력이 동반되었다. 강제로 키스를 당하다 배를 눌리는 바람에 태아를 유산한 임신 8개월의 음식점 고용녀, 손님의 키스를 거부하다 혀의 절반을 물어뜯긴 강릉의 주점 작부, 사무원의 키스 요구를 거절했다가 정신을 잃을 정도로 구타당한 요릿집 기생 등 당시에 키스와 관련된 사건사고의 일람은 키스가 낭만적 사랑의 기표에서 떨어져 나와 유흥 현장에서 성애화된 노동 과정의 일부로 편입되는 이면에 놓여 있었던 사정을 보여준다.[74]

키스가 낭만적 이상인 동시에 상품의 위상을 갖게 됨에 따라 키스와 변태성욕 사이의 관계는 매우 흥미로운 방식으로 변주되었다. 한편으로 동의 없는 키스는 폭행과 협박을 직접적으로 동반하지 않은 경우에도 범죄로 여겨졌다. 기차 안에서 잠든 처녀의 "키스를 절취"한 와다 헤이스케가 외설죄로 검사국에 송치된 것도 바로 이 때문이었다.[75] 정동에 출현한 "서양 여자 전문의 키스광"과 1938년에 상류 가정의 부녀자들만 골라서 밤거리에서 "키스도적질"을 일삼던 부산 모회사 지배인 아들 역시 법적 처벌을 받고 "변태성욕한"으로 비난을 받았다.[76] 하지만 같은 행위라도 특정한 조건하에서 이루어지는 강제적 키스는 변태성욕이나 위법적 폭력으로 다루어지지 않았다. 앞서 키스를 거절했다 코를 물어뜯긴 여급의 사건 기사는 유혈이 낭자한 현장을 연출한 선원을 단지 "싱거운 작자"로 부르고 있을 뿐 아니라, "계집이 너무 깡충대도 이런 변을 당하는 일"이라고 오히려 피해자 여급을 책망하는 듯한 평을 덧붙이고 있다.[77] 이것은 범죄 피해를 판단하는 데 있어 여성의 사회적 계층과 지위에 따라 서로 다른 기준이 적용되는 경향이 있었음을 보여준다.

1930년대 조선에서는 카페 여급을 포함해 근대적인 서비스직이 본격적으로 등장하고 있었다. 전화교환수인 '할로 걸'이나, 백화점 물품을 판매하는 '데파트 걸', 극장표를 파는 '티겟 걸', 엘리

베이터를 운행하는 '엘레베타 걸', 자동차와 버스의 연료를 판매하는 '개솔린 걸'과 같은 새로운 직업들은 극심한 취업난과 제한된 일자리의 이중고를 겪고 있었던 조선의 여성들에게 매력적인 선택지였다.[78] 이런 일자리들은 20명의 점원을 뽑는데 중등학교 졸업생 180명이 지원할 정도로 경쟁률이 높고[79] 학력, 필기시험, 적성시험, 신체검사까지 보는 등 채용 조건도 까다로웠지만 흔히 "에로틱한 직업"으로 여겨졌다.[80] 사정은 보다 전문적인 기술을 요하는 직업에서도 별로 다르지 않았다. 자영업으로 한 달에 600원가량의 고소득을 올릴 수 있었던 여자 운전수들 역시 "히야까시나 좀 하자꾸나"[81]라는 마음으로 부르는 손님에 대한 고충을 토로했다.[82]

박람회 안내원들은 키스를 판매하는 "키스껄"이라는 소문에 시달리는가 하면, 여자 운전수들은 키스를 하려 달려드는 승객을 피하려다 충돌사고를 당하기도 했다.[83] 그런데 유흥 공간이나 공적인 노동 영역에서 이루어지는 이러한 행위들은 '변태성욕'이나 폭력으로 진지하게 고려되지 않았다. 이것은 식민지 조선에서 '변태성욕'과 폭력의 경계가 특정한 성적 행위의 유무나 행위를 둘러싼 강제성의 여부가 아니라, 피해 대상이 '어떤 여성인가'에 따라 결정되는 경향이 있었음을 보여준다. 사회는 이른바 '보호할 가치가 있는 여성'의 입술을 보호하는 데만 관심이 있었다. 카페 여급이나 여자 운전수처럼 노동하는 여성들은 이러한 보호를 받을 만한 가치가 있는 피해자로 간주되지 않았던 것이다. 이들 여성들에 대한 성적 접근은 정상적인 남성성의 범위 안

그림 25. "키쓰걸의 출현", 《조선일보》 1929년 2월 6일.

에 있는 일상적인 '히야까시(ひゃかし, 괴롭힘)'의 형태로 사회적으로 승인되었다.

변태성욕자의 얼굴들

지금까지 살펴보았던 바와 같이 1920~30년대 '변태성욕'의 경계는 사실상 매우 모호했다. 그럼에도 불구하고 식민지 조선에서는 '근대미문의 살인마' 이관규와 같이 이러한 유형의 범죄에 부합하는 선천적 범죄자의 전형 역시 함께 만들어지고 있었다. 실제로 1920~30년대는 범죄자가 가진 본질적인 차이를 과학적으로 규명하는 데 다양한 과학적 관심들이 기울어졌던 시대였다. 1930년 잡지 《별건곤》은 "감옥무용시대, 획시대적 홀몬요법"이라는 제목 아래 미국 샌프란시스코의 수감시설에서 수행된 한 건의 연구 결과를 소개했다. 기사에 따르면 연구팀은 수

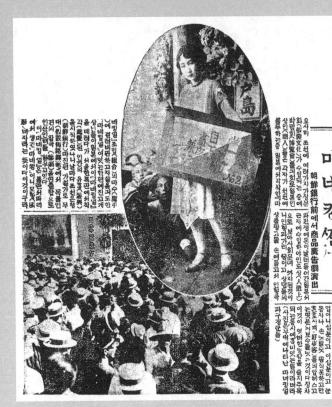

그림 26. 상품을 홍보하는 마네킹 걸과 이를 구경하기 위해 몰려든 인파들.
    《조선일보》1929년 9월 7일.

감자들에 대한 과학적 조사를 실행한 결과, 살인범들은 갑상선에, 위조 혹은 기타 재물에 관한 죄를 범한 이들은 뇌하수체에, 외설죄를 저지른 자나 변태성욕자는 겉으로는 이상이 없지만 생식선(남자는 고환, 여자는 난소)에 변형이 나타난다는 '사실'을 발견했다.[84] 이상의 연구는 범죄자가 정상인과 명백하게 구분되는 존재일 뿐만 아니라, 범죄는 타고난 신체적 차이의 결과이며 그렇지 않더라도 상습적인 범죄가 인간의 몸에 정상인과 구분되는 차이를 만들어낸다는 당대의 사고방식을 보여준다.

특히 당대 의학계가 정상인과 범죄자를 가르는 결정적인 차이를 유발하는 기관으로 두드러지게 주목했던 것은 뇌와 신경이었다. 많은 의학 전문가들은 동성애를 포함해 다양한 정신적·경제적·도덕적 비정상이 뇌병변과 신경장애로 인해 발생한다는 뇌질환 모델을 신뢰했다. 이러한 뇌질환 모델에 따르면 뇌와 신경의 장애는 유전에 의해 결정될 뿐만 아니라 트라우마, 자위, 알코올 중독, 약물 중독 같은 나쁜 습관에 의해 후천적으로도 촉발될 수 있다.[85] 이런 설명은 당시의 신문 보도 속에서도 발견할 수 있다. 앞서 기차로 대도시를 여행하며 여자의 엉덩이를 칼로 찌르는 등의 괴행을 저질러 온 일본인 "고등부랑자" 청년 와다 헤이스케는 검사국의 조사를 받는 과정에서 전 순사부장의 아들로 밝혀졌다. 상당한 배경을 가진 그가 이러한 종류의 범죄를 저지른 이유에 대해 그는 자신이 15세에 뇌막염을 앓은 바가 있고 계모로부터 지속적으로 학대를 받은 결과 정신이상이 생겨 작년 봄부터 젊은 여자를 보면 때때로 키스를 하고 싶은 충동이

일어났다고 "정신병학의 연구제목이 될 듯싶은 진술"로 자신을 변호했다.[86]

후천적으로 촉발된 이러한 유형의 변태성욕자들은 대중매체 속에서 다양한 방식으로 재현되었다. 1936년 3월 16일 낮 1시경 종로 화신백화점에서 중학생복을 입은 남학생이 물건 값을 흥정하는 여성들에게 달려들어 단도로 치마를 찢고 달아나는 사건이 일어났다. 벌건 대낮에 그것도 백화점에서 일어난 괴사건에 긴장한 종로경찰서원들은 일대를 수색해 발빠르게 범인을 체포했다. 체포된 범인은 모 중학교 3학년에 재학 중인 17세 조억만이라는 소년이었다. 그는 자신이 지난 보름간 백화점뿐만 아니라 종로 시내 각처를 배회하면서 20명에 달하는 여성들의 치마를 칼로 찢는 범행을 저질렀다고 자백했다. 기사는 경찰의 조사를 인용해 아직 어린 조억만이 이러한 범행을 저지르게 된 동기는 한 달 전쯤 여자에게 실연을 당한 후, 돌연히 "소질이 변하여" 젊은 여자만 보면 칼로 치마를 찢고서야 쾌감을 느끼는 버릇이 생겼기 때문이라고 설명했다.[87]

때로는 실연과 같은 직접적인 사건이 아니라 근대의 도시 경험 자체가 주는 자극이 개인들을 '신경병자'로 만들어냄으로써 '변태성욕'의 범죄자가 된다는 설명 방식을 취하기도 했다. 《동아일보》는 1934년 남의 집에 침입해 금품을 훔치다 체포된 21세의 안병태의 사연을 소개하면서 그가 "순진한 농촌 청년"이었지만 서울에 올라와 "도시의 못된 방면의 영향"을 받은 나머지 "일종의 변태적 부랑자"가 되었다고 설명한다. 그는 주색에

그림 27.
화신백화점
신문 광고.

빠졌고, 여학생의 꽁무니를 전문적으로 따라 다녔으며, 남의 집 담장을 넘어 부녀자가 자는 모습을 구경하는 등 "일종의 변태적 성욕자의 행동"을 일삼다가 결국은 주색에 필요한 돈을 마련하기 위해 절도까지 저지르게 되었다.[88] 특히 청소년기는 퇴폐적인 도시 문화, 올바른 성교육의 부재, 단란하지 못한 가정 환경, 질병과 같은 다양한 조건에 따라 '변태성욕'의 위험에 노출되기 쉬운 시기로 설명되며, 따라서 성인의 특별한 성적 보호와 지도가 요구되는 연령대로 강조되었다.

흥미로운 점은 이러한 후천적인 '변태성욕'의 촉발 원인에 대

그림 28.
"백주, 여자 치마를 칼로 찢은
괴한! 실연 끝에 변태적 범행인
듯. 알고 보니 모 중학생",
《동아일보》 1936년 3월 18일.

한 논의들이 주로 중간계층의 소년들에 집중되는 경향이 있었다는 점이다. 하층계급 남성들의 '변태성욕'은 거의 서사나 맥락을 부여받지 못하는 것으로 나타나는데, 그들은 '원래 변태성욕자'로 단정적으로 가정되는 경향이 있었다. 당대의 많은 이론들과 마찬가지로 성과학은 '문명화된 서구'라는 가정 뿐만 아니라 중산계급이 특별한 성적 도덕성과 고결함을 갖는다는 전제에 바탕을 두고 있었다. 이것은 대부분의 의사와 학자들이 백인 중산계급 출신으로, 자기가 속한 계급의 가치와 이해를 연구와 학설들에 반영했기 때문이었지만, 이러한 이유로 비유럽인뿐 아니라 자국의 하층계급 역시 전형적으로 비도덕적인 존재로 간주되었다. 당대의 의사들은 성적인 허용성과 관능이야말로 빈민과 노동계급의 특징이며, 중산층과 상류층만이 고결한 성도덕에 도달할 수 있다고 주장했다. 이렇게 강력한 계급적인 편향 속에서

'부도덕한' 성적 행위를 하는 중산계급 구성원은 주로 광인으로 다루어졌다. 하지만 같은 행위를 빈민이 했을 때, 그것은 부도덕한 계층적 본성의 발현이자 의지적인 선택으로 간주되었다.[89] 계급은 성을 둘러싼 범죄에 전혀 다른 서사를 부여하는 요소였다.

1931년 《조선일보》에 실린 "변태성 남편이 기처己妻를 난타"와 같은 기사는 하층계급 남성의 '변태성' 범죄에 서사를 부여한 매우 드문 예이다. 평안북도 정주군 임해면에 사는 26세의 청년 최창덕은 반년 전에 혼인한 17세의 아내의 머리에 돌을 던져 아내가 사망할 때까지 방치한 죄로 경찰에 체포되었다. 이 무지막지한 폭력의 이유는 단순했는데, 아내가 성관계를 거부했기 때문이었다. 최창덕이 던진 돌로 아내의 두개골이 15cm가량이나 깨졌지만, 그는 그녀가 죽음에 이르기까지 어떠한 치료도 하지 않았다. 일반 사람들이나 범인을 체포한 경찰 모두 이러한 "비인간적 행동"의 이유를 도무지 이해할 수 없었기 때문에 의사를 불러 최창덕의 정신 상태를 진단하도록 했지만, 검사 결과 그는 정신에 아무런 이상이 없었다.[90]

기사는 정신적 결함 대신에 "농촌의 빈한한 가정의 결혼난"으로부터 이 '변태성' 범죄의 동기를 설명하고자 했다. 최창덕은 가난한 가정에서 태어난 빈농 청년이었고, 25세가 되던 해에야 겨우 신부의 집에 보낼 선폐금을 마련할 수 있었다. 긴 노총각 생활을 해온 그는 결혼 후 난생처음 이성을 만나 성적 충동을 억누르지 못하는 "색광적 태도"를 보였지만, 나이 어린 아내는 그의 요구를 감당할 수 없었기에 부부 사이에는 불화가 잦았다.[91]

그러나 범죄의 동기를 사회경제적인 구조로부터 설명하려는 노력에도 불구하고, 이와 같은 서사는 역시 가난이라는 현실이 빈농 청년으로 하여금 안정적이고 규범적인 성애에 진입하는 것을 불가능하게 만든다는 동일한 결론에 도달한다. 결국 하층계급의 남성들은 언제나 '변태성욕'의 가능성과 밀착되어 있으며 이들의 성욕은 가정이라는 안전장치를 통해서도 완전히 봉합되기 어려울 만큼 파괴적인 사회적 위험이라는 계급적 전제는 도전받지 않았다.

위험한 남성성

1930년대에 들어 범죄 기사에 등장하는 '변태성욕'의 범주에는 뚜렷한 의미론적 변화들이 일어나기 시작했다. 1920년대에 다양한 성적 욕망의 변이들을 모호하게 지칭하는 용어였던 '변태성욕'은 1930년대 이후 특히 여성과 아동을 대상으로 저질러지는 무차별적 성범죄의 동의어로 사용되었다. 1930년대 범죄 기사에 주로 등장한 '변태성욕/변태성욕자'의 이미지는 다음과 같은 것이었다. 길을 가는 여자에게 덤벼들어 "여자의 하부에 손을 넛코 외설한 행동을 공연히" 하는 19세의 직공, 밤중에 여자만 자는 방을 "순례"하는 40세의 음식점 고용인, 과자점에서 해고된 후 관사를 돌아다니며 강도강간을 저지르는 전과 2범의 부랑자, 철도변에서 지나다니는 여성들을 대상으로 30여 회 이상 "폭행과 능욕을 계속적으로 감행"한 불량소년단의 단장, "19세의 색광소년" 등등.[92] 이러한 범죄의 주인공들은 전형적으로 낯선 외부인이자 특별한 성적 이상을 가진 개인으로 상상되었다. 또한 이들은 직공, 음식점 고용인, 부랑자, 불량소년단과 같은 모습으로 자신을 드러냈는데, 이것은 연쇄성범죄가 '변태성욕'의 범죄일 뿐만 아니라 하층계급 남성성과 긴밀하게 결부된 범죄로 그려졌음을 보여준다. 그런데 이 시기에 여성과 아동 대상의 성범죄에 관심이 고양된 것은 비단 식민지 조선에만 국한된 현상은 아니었다.

'변태성욕'으로 두 명의 남자아이를 강간하고 살해했다는 '근대미문의 살인마' 이관규가 언론에 등장한 것은 1931년이었다. 그해는 순진한 소녀들을 캔디와 풍선으로 유혹해 유괴하고 비정상적인 성적 욕망을 채우기 위해 살해하는 아동 연쇄살인마를 주인공으로 한 영화 〈M〉이 미국에서 개봉한 해이기도 했다. 뉴욕타임스가 〈M〉의 주인공과 같이 정신질환이 있는 남성들이 저지르는 성범죄를 더욱 집중적으로 조명하기 위해 별도의 성범죄 섹션을 만들었던 것 역시 바로 이 직후였다. 1935년에서 1939년까지 미국 다섯 개의 주(미시간, 일리노이, 미네소타, 오하이오, 캘리포니아)는 성범죄자를 막는다는 명목으로 '성적 사이코패스 법안'을 통과시켰는데, 이 법은 범죄자가 노출증, 소도미, 아동성추행, 강간 등 어떠한 죄목으로 유죄를 선고받든 정신과 의사가 성적 사이코패스로 진단하면, 완치가 선언될 때까지 주립 정신병원이나 감옥의 정신병동에 무기한 억류할 수 있도록 규정했다.[93]

그림 29. 프리츠 랑 감독의 1931년작 〈M〉의 미국 개봉 포스터.

전문가들 사이에서도 의견이 분분했던 '성적 사이코패스 법안'이 통과될 수 있었던 것은 대중이 성범죄에 느꼈던 극심한 공포심 때문이었다. 그리고 그 공포심이 향한 대상은 대공황으로 생계부양자의 위치를 상실하고 전통적인 가족을 꾸릴 수 없게 된 하층계급의 남성들이었다. 1930년대 미국 사회가 주목했던 성적 사이코패스는 가족의 경계와 사회적 통제의 너머에서 살아가는 남성이었으며, 실업자 남성이나 정착하지 못한 부랑자로 형상화되었다.[94]

1930년대 조선에서 연쇄성범죄를 저지르는 '변태성욕자'로 주로 상상되었던 것도 바로 이러한 남성들, 즉 '주소부정'으로 대변되는 일정한 거주지와 재산, 가족이 없는 부랑자들이었다.

1930년대 경성은 "대경성, 1년간 1만 명 증가. 도시로 도시로 몰려든다"[95] 같은 당대의 신문 제목이 보여주듯이 인구가 폭발적으로 증가하고 있었다. 1925년에서 1933년까지 8년 동안 경성부의 인구는 24만 5000여 명에서 38만 2000여 명으로 56% 증가했는데, 이러한 인구통계학적 변화의 이면에는 대공황으로 인한 쌀값의 폭락과 이에 따른 농촌 경제의 붕괴라는 경제적 현실이 놓여 있었다. 생계가 막연해진 농촌의 빈민들이 경성으로 올라와 도시 빈민이 된 것이다.[96]

하지만 하층계급의 남성성과 '변태성욕', 성범죄를 잇는 당대의 연상 속에서 빈민 남성은 조선의 최하층 계급이자 식민지 경제 체계의 희생자가 아니라, 안정된 가족의 울타리 외부에서 여성들과 아이들(남아를 포함하여)을 유혹하고 위협하는 위험한 성적 타자로 조명되었다. 실제로 1910년대부터 꾸준히 이루어져온 식민지 당국의 부랑자 취체(단속)는 그 억압적 성격으로 인해 대중의 잦은 항의를 받았다. 부랑자 단속의 근거가 되는 '경찰범처벌규칙'(1912)의 부랑자 규정("일정한 주소 또는 생업 없이 각 지방으로 배회하는 자")이 경찰에 의해 매우 자의적인 방식으로 전용되는 경향이 있었기 때문이다. 예를 들어 경찰은 1925년 '레닌 추도 1주년 기념식'에 참석한 마르크스주의자 청년들을 체포해 부랑자로 즉결처분했다. 이들 대부분은 주소와 직업이 있었다.[97] 이러한 사례는 부랑자 단속이 범죄를 예방한다는 취지를 넘어 식민통치에 저항하는 불온집단을 감시하고 규제하는 도구로 사용되었음을 보여준다.

그러나 1930년대에는 군사화의 진행과 함께 식민지 조선에서 검속의 규모와 횟수가 크게 증가했음에도 불구하고, 검속에 대한 비판을 거의 찾아볼 수 없게 되었다. 오히려 치안력의 강화를 요구하는 경향이 더욱 뚜렷하게 발견된다. 이러한 변화에는 억압적인 언론 환경뿐만 아니라 범죄 기사 등을 통해 고양된 범죄, 특히 성범죄에 대한 공포 역시 일정한 역할을 했을 것으로 추정할 수 있다. 범죄에 대한 사회적 공포는 부랑자를 사회의 불안 요소로 지목함으로써 이들에 대한 공권력의 개입을 정당화했을 뿐 아니라, 일상 공간에 대한 경찰력의 침투와 확대를 용이하게 만들었다. 결과적으로 공포에 대한 호소는 누구도 안전하게 만들지 못했다.

서구 성과학의 도착 범주들은 '변태성욕'이 식민지 조선에 뿌리내리는 과정에서 일방적으로 이식되지 않았다. 성적 정상/변태의 기준은 근대적 법을 통해 구축된 불법/합법의 경계와 상호작용을 하면서 조선의 관습과 식민지라는 독특한 조건 안에서 새롭게 해석되고 조정되었다. 연령과 폭력을 둘러싼 모호한 기준들이 보여주듯이 이 경계는 매우 불투명했으며 대상에 따라 유동적으로 적용되기도 했다. 그럼에도 불구하고 '변태성욕'을 저지르는 범죄자의 전형은 보다 뚜렷한 형태로 자리 잡아가고 있었다. 이 '선천적인 범죄자들'은 흔히 하층계급 남성성과 연관되어 있는 것으로 상상되었다. 1930년대에 비등하는 '변태성욕' 성범죄에 대한 공포 속에서 식민지 최하층 남성들은 식민지 경제 체계의 희생자가 아니라 위험한 성적 타자로서 재규정되었다.

다음 장에서는 이러한 위험 인구를 관리한다는 명목으로 이루어진 일상의 단속들이 개인의 몸뿐만 아니라 당대의 성별 경계들이 만들어지는 데 있어 어떠한 영향을 미쳤는지에 대해 검토해보고자 한다.

3장

단속되는 몸

이 장에서는 식민지의 공적 공간에서 이루어진 몸에 대한 일상적인 단속들, 특히 1920~30년대 조선에 존재했던 다양한 크로스드레싱 관행들에 대한 단속에 초점을 맞춘다. 이러한 실천이 경찰력에 의해 처벌의 대상으로 포착될 뿐 아니라, 병리의 징후로 의미화되는 과정을 살펴봄으로써 이것이 급격히 변화하는 당대의 성별 관계에서 어떤 의미를 갖는지 검토해보고자 한다.

'총각처녀'의 사연

1925년 《동아일보》는 기이하고 신기한 이야기들을 모아 연재하는 "기담·애화·진문·일사" 코너에서 흥미로운 한 인물을 소개하였다. 그 주인공은 이준식이라는 이름의 47세 "늙은 처녀"로 30년을 지속해온 '남장' 덕분에 재녕읍 일대에 모르는 사람이 없다는 유명인이었다.[1] 17세에 이준식은 동학혁명을 피해 피난하는 과정에서 "과년한 처녀"의 신상을 걱정하는 부모의 권유로 처음으로 상투를 틀게 되었으며, 피난에서 돌아온 뒤에도 특별한 이유를 대거나 선언을 하지 않고 "남장"을 지속했다. 하지만 이준식이 "총각처녀"로 불리는 것은 단순히 남복을 하고 있다는 사실 때문만은 아니었다. 그/녀는 평소 과묵한 성품으로 여성들과는 교류가 없을 뿐 아니라, 어린 시절부터 사서삼경에 능통하고 최근에는 불교를 믿기 시작해 시간이 날 때마다 불경을 탐독하는 등 출중한 학식을 지닌 인물로 소개된다. 또한 이준식은 효성 또한 지극해서 부모가 식사를 하는 동안에는 무릎을 꿇고 곁

그림 30.
"실질적 여장미남.
"실업애들"의 허영도 아니요.
팔십 노부를 봉양키 위하야.
이십 미남 써비스껄로",
《조선일보》 1935년 6월 13일.

을 지키다 부모가 상을 물린 다음에야 비로소 따로 식사를 했다.

이상의 설명은 이 '총각처녀'가 단순히 남성의 복장을 착용하는 것을 넘어서 당대의 양반 남성에게 기대되는 특정한 남성성을 수행하고 있음을 보여준다. 실제로 이준식은 상투를 트는 것으로 남장을 시작했지만, 양반 남성들이 단발령으로 상투를 자르자, 자신의 상투 역시 잘라버렸다. 이준식이 '남성'으로 참조한 대상은 어디까지나 "시속남자", 바로 당대의 변화하는 양반의 남성성이었기 때문이다. 이 기사에서 가장 흥미로운 부분은 '총각처녀'의 남성성 수행이 가문 안에서 사회적으로 인정되었다는 점이다. 이준식의 집안은 1년에 쌀 200여 석(400가마니)을 거둬들일 만큼 재력 있는 양반으로 설명되는데, 문중에서 그/녀는 "남자 대우"를 받고 있었다. 기사는 그/녀가 최근에는 금강산 등지까지 여행을 다녀왔다고 소개하고 있다.

이러한 크로스드레싱cross dressing의 사례는 1930년대 신문에서도 발견할 수 있다. 1935년 《조선일보》는 경상남도 산청군 길가의 한 술집에서 여장하고 "써비스 걸"로 활약하고 있는 경미개라는 이름의 20세 "미남 술장사"를 소개했다. 둘째 아들이었던 경미개는 어린 시절부터 "여복"을 입혀 키워지는 바람에 동리 사람들도 모두 여자로 알고 있었으며, 머리 모양은 물론 얼굴이나 음성, 체격, 행동까지 "여자와 흡사"한 "미인"이었다. 4년 전인 16세에는 동리의 여관에서 여급으로 일하던 중 만난 모 청년과 열렬한 사랑을 속삭이다 남자인 것이 발각되는 바람에 실연을 당하기도 했다. 경미개는 여장을 하고 술집 "써비스 걸"로 나선 이유에 대해 빈곤한 가정에서 70 노부를 봉양할 수 없기에 "생활수단으로 여장"을 한 것이라고 답하고, 돈을 모으면 머리를 깎고 장가를 들 것이라는 선언을 덧붙였다.[2] 이러한 기사들은 당시에 출생시 지정된 성별이 아닌 삶을 살아가는 사람들의 존재가 적어도 촌락공동체 안에서는 여전히 관습적으로 용인되었을 가능성을 보여준다. 물론 앞으로 살펴볼 것처럼 이러한 삶의 방식은 1920~30년대에 점점 더 안전하지 않은 것이 되어가고 있었다.

의복의 횡단과 경계의 횡단

1920~30년대 조선의 거리에서 목격되는 의복은 식민지의 혼종성을 투영하고 있었다. 식민지 조선에서는 한복을 입고 게다를 신은 여인, 일본 옷을 입고 태극선을 든 청년, 단발 양장에 아

이 업은 여인, 한복을 입고 부츠를 신은 여인 등을 쉽게 찾아볼 수 있었다.[3] 식민지 조선의 사람들은 근대적인 것과 전통적인 것 사이에서, 때로는 조선·일본·중국 어느 편으로도 명쾌하게 규정할 수 없는 민족적 신체의 경계 사이에서 모호한 방식으로 존재했다.

피부색이나 외모로는 민족들 간의 차이를 구별할 수 없는 특수한 식민지의 상황 속에서,[4] 크로스드레싱 실천은 단순히 공적 거리에 등장한 "꼴불견"[5] 이상의 심각한 문제를 만들어내기도 했다. 1928년 1월 《동아일보》는 부산 부두에서 한 명의 조선 여자가 검거되었으며 신체검사 결과 "당당한 남자"로 판명되었다는 소식을 전했다. 사건의 주인공은 경상북도 의성군이 고향인 박용수라는 이름의 21세 청년으로, 그는 당시의 빈곤한 다른 조선인 노동자들처럼 일본으로 건너가기 위해 고향을 떠나 부산에 도착한 참이었다.[6] 아마도 그는 시모노세키와 부산을 연결하는 관부연락선을 타고 일본에 도착해 광산이나 공장에 취업할 계획이었을 것이다.

그런데 관부연락선에 별도의 수속 없이 탑승이 가능했던 일본인 승객들과는 달리, 조선인들은 미리 준비한 도항증명서를 수상경찰서에 제시해야만 배에 탑승할 수 있었다. 이 도항증명서를 발급받는 과정은 매우 까다로웠다.[7] 1925년 10월부터 실행된 일본의 도항제한정책은 무허가 노동자 모집에 의해 도항하는 자, 일본에서의 취직이 불확실한 자, 일본어를 해독할 수 없는 자, 필요한 여비 이외의 소지금이 10원 이하인 자, 아편중독자

등에게 증명서를 발급해주지 않도록 규정하고 있었다. 이 정책이 엄격하게 적용되었기 때문에 1925년부터 1929년 말까지 5년 동안 관부연락선에 탑승을 거부당한 조선인들은 거의 14만 명에 달했다.[8]

박용수가 여장을 한 것은 바로 이 "도항저지"를 피하기 위한 것이었다. 그는 부산으로 오는 길에 여자의 경우 도항이 그다지 까다롭지 않다는 말을 듣고, 어떻게든 일본으로 건너가겠다는 마음으로 여자로 변장하고 증명서를 발급받으러 갔다. 그는 수상서원에게 "우리 남편과 일본으로 가고자 하오니 보내달라"고 말했다. 하지만 수상서원은 여자의 옷을 입었지만 "언어행동이 아무리 보아도 여자 같지 않아" 보이는 박용수를 의심스럽게 생각했기 때문에, 즉각 검거해 신체검사를 받도록 했다. 결국 박용수는 관부연락선에 탑승하는 대신에 밀항을 시도한 죄로 구류형에 처해졌다.[9] 밀항과 관련된 이러한 에피소드는 "바꿔 입을 수 있는 것"이라는 의복의 유동적이고 불안정한 특성[10]을 둘러싸고, 크로스드레싱을 통해 위계적으로 설정된 집단의 경계들을 통과passing하려고 시도하는 사람들과 그 경계를 감시하는 사람들 사이에 놓여 있었던 긴장을 보여준다. 그리고 이러한 크로스드레싱을 둘러싼 각축은 비단 국경 혹은 민족의 경계에서만 일어난 것은 아니었다.

過渡期? 망둥期?

꼴 不 見 大 會

安 朴 生

그림 31. 거리에 나온 사람들의 혼종적 복식을 보여주는 그림.
"과도기? 망둥기? 꼴불견대회",《별건곤》1927년 7월호.

그림 32. "낙엽지면 긔여나오는 것들", 《별건곤》 1927년 10월호.

고구라 양복을 입은 여학생

크로스드레싱 실천과 관련해 사회적 논란을 불러일으킨 대표적인 집단은 바로 '신여성'이었다. 조선 최초의 "단발낭"으로 알려진 기생 출신의 신여성 강향란은 1922년 "남자양복에 캡 모자"를 쓴 차림으로 정측강습소에 등교해 남학생들과 함께 수업을 받음으로써 세간에 화제를 모았다.[11] 한복에 갓을 쓰고 다니는 남성이 조선인, 화복和服을 입은 남성이 일본인으로 식별될 수 있다면, 양복, 그것도 남성용 양복을 입은 채 거리에 나타난 이 여성의 정체성은 어떻게 정의될 수 있을까? 아마도 그녀에게 적합한 정체성은 바로 근대적 개인일 것이다.[12]

강향란은 자신이 "단발"을 하게 된 계기에 대해 실연으로 자살을 시도하다 실패한 후, "남자에게 의지를 하거나 남에게 동정을 구하는 것은 근본적으로 잘못된 일"이라는 깨달음을 얻었기 때문이라고 답한 바 있다.[13] 전통적으로 긴 머리는 여성성의 상징으로 여겨져왔으며, 따라서 긴 머리를 자르는 행위는 단지와 함께 굳센 사랑의 맹세를 의미했다.[14] 강향란은 이제 그 머리를 연인이 아니라 자기 자신을 위해 자름으로써 경제적·정서적으로 남자에게 의지하지 않는 독립적인 개인으로 살아가겠다는 결기를 표현했던 것이다. 강향란의 단발은 자신 역시 "남자와 똑같이 살아갈 당당한 사람"이며 "남자와 같이 살아 보겠다"는 일종의 근대적 '개인'으로서의 자기선언이었던 셈이다.[15]

식민지 조선에서 여성의 양장은 남성의 양장과는 달리 특수

그림 33.
정측강습소 통학 당시 남자 양복을
입고 모자를 쓴 강향란의 모습.
《동아일보》 1922년 6월 22일.

한 직업여성(카페 여급, 기생 등)의 상징으로 받아들여졌으며, 이것
은 강향란이 여성의 것이 아닌 남성의 양장을 선택하게 된 요인
중 하나였을 것이다. 그리고 남성 양장은 그 자체로 자신의 첨단
적 취향을 드러내고 과시하는 실천이기도 했다. 실제로 강향란
은 조선 최초의 '단발낭'으로 불렸음에도 불구하고 이후의 단발
을 한 다른 신여성들과는 스타일에서 거의 공통점이 없는데, 왜
냐하면 그녀는 여성용 단발을 한 것이 아니라 이발관을 찾아 모
던 남성들의 머리 모양대로 잘랐기 때문이다. 1923년 러시아어
를 배우기 위해 상해 유학길에 올랐을 때, 그녀는 더 이상 단발
을 하지는 않았지만 여전히 남자 양복을 즐겨 입었다.[16]

"남자양복에 캡 모자"를 쓴 채 남학생들과 함께 수업을 받은 강향란의 도전은 당시 다른 여성들에게 깊은 인상을 남겼음이 분명하다. 불과 2년 후에 함경북도 출신의 고학생 황육진은 강향란과 마찬가지로 머리를 자르고 남자 양복을 입은 채 강향란이 다녔던 정측강습소에서 등교를 시작했다.[17] 기사에 따르면 황육진은 강제로 학업을 중단하고 시집을 보내려는 부모에 맞서기 위해 직접 자신의 손으로 머리를 자르고, 무작정 집을 나와 경성에서 고학 생활을 시작했다. 강향란과 황육진의 서사는 당대 신여성들의 '남장'이 무엇보다 그들에게 예정된 여성의 삶에서 벗어나 새로운 인생을 기획하려는 의지, 그리고 근대적 배움을 향한 열망과 결부된 사건이었음을 보여준다.

하지만 '남장'을 통해 공고한 성별 특권의 경계를 통과하려는 신여성들의 시도는 곧 저항에 부딪혔다. 《시대일보》는 1924년 경성 수송동의 중동학교에서 일어난 일대 소란에 대해 보도했다. 기사에 따르면 사건은 학교로 걸려온 한 통의 이상한 전화로 시작되었다. 전화를 건 익명의 인물은 "중동학교에서는 여자도 공부를 시키오?"라고 물은 뒤 어째서 여자를 가르치느냐고 다짜고짜 따져 묻기 시작했다. 난데없는 항의를 받은 학교 당국자들은 제보의 진위를 파악하기 위해 전교생을 집합시켜 일일이 검사를 한 결과 학생들 사이에서 "머리를 쌩뚱 깍고 고구라 양복에 학생 모자를 쓴 남학생 같은 여학생" 한 명을 발견했다. 이 여학생은 바로 정측강습소를 다니던 함경북도 출신의 17세 고학생 황육진이었다. 학교 당국자는 중동학교는 남학교이기 때문에 여

그림 34. "남장한 단발처녀와 중동교의 큰 두통. 단발한 황육진은 입학코자 야단",
《동아일보》1924년 9월 13일.

성이 다닐 수 없으며 다른 여학교로 전학할 수 있도록 도와주겠다고 제안했다. 하지만 황육진은 "나도 남자처럼 공부를 하겠소. 나는 죽으면 죽었지 다른 데로 갈 수는 없소"라고 뜻을 굽히지 않았다는 것이다.[18]

이 사건을 우발적인 에피소드로 소개하고 있는 《시대일보》의 보도와 달리, 같은 날 《동아일보》 기사는 이날의 소요가 '남장' 여학생의 처리 문제를 둘러싼 누적된 갈등의 한 국면이 터져 나온 것에 불과하다는 사실을 보여준다. 《동아일보》에 따르면 황육진이 중동학교 입학을 위해 학교장을 방문했던 것은 사건이 일어나기 1주일 전의 일이었다. 학교장은 여학생의 입학을 불허한다는 의사를 밝혔지만, 황육진은 이에 불복하고 1주일 동안 매일 학교로 통학해 교실에서 남학생들과 함께 수업을 들었다. 기사는 황육진의 예기치 않은 등교로 학생들 사이에 불평을 품은 이들이 속출했을 뿐 아니라, 이로 인해 여러 가지 말썽이 일어나 장안에 큰 이야깃거리로 회자되고 있었다고 소개하고 있다.[19] 이러한 사실로 미뤄볼 때 학교 측이 문제의 중심에 있었던 황육진의 등교 사실을 전혀 인지하지 못하고 있었을 가능성은 낮아 보인다. 황육진의 인터뷰에 따르면 사건 당일 평소와 마찬가지로 등교해 세 시간 수업을 마쳤을 때, 갑자기 2000여 명에 이르는 전교생이 한꺼번에 그녀의 교실로 몰려들었으며 그녀를 겹겹이 에워싸고 항의하는 소동을 일으켰다는 것이다.[20] 다분히 조직된 것으로 보이는 이 집단적 실력 행사는 학교의 입장 표명을 이끌어내 황육진의 등교는 공식적으로 금지되었다.

황육진이 정측강습소 시절부터 '남장'을 한 채 등교해 그 사실이 일반에 잘 알려져 있었다는 점을 생각해보면, 정측강습소에서 가능했던 통과가 왜 이 지점에서 좌절되는지 궁금해진다. 그 이유는 바로 황육진이 기왕에 다니던 정측강습소를 그만두고 다른 여학교가 아닌 중동학교로 반드시 전학하고자 했던 동기와 연관되어 있다. 그것은 중동학교가 기초교육 수준의 교육을 제공하는 비공식적 기관이었던 사설 강습소와는 달리, 초등교육과 중등교육뿐만 아니라 고등교육 과정을 갖추고 있는 교육기관이었으며 강습회의 강사 수준 역시 높은 것으로 정평 나 있었기 때문이다. 당시 여학교는 전체 수업의 1/3을 가정생활에 필요하다고 간주되는 수예, 재봉, 가사와 같은 실기 위주의 과목들에 할당하고 있었을 뿐 아니라, 같은 교과목이라도 남학생들과는 다른 교과서로 배웠으며 수업시수 역시 다르게 할당되는 형편이었다.[21] 이런 조건들은 높은 학구열을 가진 황육진에게 마땅치 않게 생각되었을 것이다. 사실 여학교로의 전학이 가능할지 역시 불확실했다. 실제로 강향란은 재학 중이던 배화여고에서 퇴학 처분을 받은 바 있는데, 퇴학의 사유는 "머리 깎은 여자는 다닐 수가 없다"는 것이었다.[22] 당시의 여학교는 '근대적 개인'을 만들어내기보다는 '현모양처'와 '근대적 주부'를 육성하는 데 그 목표를 두었으며, 따라서 단발한 여학생은 여학교의 교육 목표에 상응하는 자격을 갖추지 못한 이로 간주되어 교육 기회에서 배제될 수 있었다.

크로스드레싱을 통해 성별화된 특권의 재분배에 도전했던 신여성들의 시도는 중동학교에서의 소요가 보여주듯이 강한 저항에 부딪혔으며 성별의 경계는 엄격하게 재확인되었다. 실제로 여성들의 통과는 매우 불안정한 것일 수밖에 없었다. 근대적 배움을 추구하는 신여성이자 '남자 양복'을 입은 이들은 식민지 조선에서 지나치게 눈에 띄었기 때문이다. 몰래 촬영한 강향란의 등굣길 모습이 기삿거리가 되어 신문에 실렸던 것과 마찬가지로, 황육진 역시 정측강습소 통학 시절부터 존재 그 자체로 "일반사회에서 일종 특이한 이야기거리"였던 유명인이었다.[23] 이들은 결코 크로스드레싱을 통해 자신이 동일시하고 싶어 하는 집단의 일원(남성)으로 보일 수 없었으며, 오히려 이 경계 자체를 심문하고 이에 깊은 불안을 드리우는 위협적인 존재로 여겨질 수밖에 없었다. 만약 여성이 과거 시험에 비견되곤 했던 당시의 치열한 입학시험에서 남성과 나란히 경쟁할 뿐 아니라,[24] '남자 양복'을 입고 같은 교실에서 같은 교과를 공부할 수 있다면 여성과 남성 사이의 본질적인 차이는 어디에서 발견될 수 있는가?

이와 같이 성별의 경계를 둘러싼 신경증적 불안은 당대의 다양한 텍스트들에서 두드러지게 발견된다. 1928년 잡지 《별건곤》의 "신유행예상기"는 "기괴천만한 중성남녀의 떼"라는 만평에서 단발머리에 안경, 파이프 담배, 단장을 착용한 여성과 장발에 하이힐, 실크스타킹을 신고 여자의 목소리로 사랑을 구걸하는 남성의 모습을 그려 넣었다. 남성과 마찬가지로 단발을 하고 스포츠를 즐기는 모던걸과 여성처럼 머리를 기르고 외모 치장에 몰두하는 당대의 모던보이에 대한 비판이 최종적으로 당도하는 곳은, 외형적인 차이들과 함께 남성과 여성의 본질, 사회적 역할, 최종적으로는 성별 권력의 차이가 사라질지 모른다는 불안이었다. 그것은 "수염난 남자가 버선짝을 기우고 유지청년일수록 아궁이와 도마 옆을 떠나지 못하고, 여자가 선술집 안주를 얻어다가 아이를 임신하고 누워있는 남편에게 가져다"줄지 모르는 미래에 대한 두려움을 반영한다.[25]

여성적인 것과 남성적인 것을 구분해주던 전통적인 성별의 표지들은 더 이상 같은 방식으로 기능하지 않았다. 지식인들은 양성 간의 가시적인 차이가 점점 소거되는 경향을 남성성이 손

그림 35. "기괴천만 중성남녀의 떼"라는 제목이 붙은 삽화. 《별건곤》 1928년 1월호.

상되는 징후로 받아들였다. 김해춘은 1927년 《별건곤》의 "남녀 양성미와 그 성쇠"라는 글에서 극도로 발달된 문명은 남성과 여성의 미의식을 "퇴폐"하게 만드는데, 이러한 경향이 특히 남성미의 유린에 집중된다고 주장했다. 노동과 훈련을 통해 "무장적 용사의 기질과 육체"와 남성미로 돌아갈 것을 역설하는 그의 글은 당대의 '중성화' 경향을 향한 불안과 분노를 드러낸다.[26] 여성의 남성화는 남성의 여성화를 가져오며 남성의 남성성을 손상시킨다. 이들에게 있어 남성성과 여성성은 항상 일종의 '제로섬'으로 경험되었다.[27] 스타일을 둘러싼 논쟁은 의복이 한 겹의 옷에 불과한 것이 아니라 규범, 집단 간의 권력의 위계, 그리고 정체성 경계와 밀접하게 연관되어 있음을 보여준다. 그리고 여성과 남성의 역할의 재분배와 정체성의 규정이 새로운 사회적 쟁점으로 부상하기 시작한 근대의 문턱에서, 의복의 경계는 어느 때보다도 첨예한 관심과 경합의 대상이 되고 있었다.

변태성욕과 목도리 도둑

하늘색 바탕에 자주색 금이 그어진 양복을 입고 유행의 첨단을 달리는 넥타이, 구두와 모자로만 꾸민 채 단장을 내두르며 한밤중에 본정통 중심가를 산책하는 "유한마담", 단발에 맥고모를 쓰고 남자 양복을 입은 채 일자리를 찾아 평양역에 도착한 "청상과부", 대낮에 남장을 한 채 사진관에서 손목을 마주 잡고 사진을 찍는 지역 부녀회의 회원들.[28] 이러한 인물들은 당대의 거리에서 젠더 표현gender expression[29]을 둘러싸고 진행되고 있었던 다양한 도전들의 양상을 보여준다.

그럼에도 불구하고 1920~30년대는 이러한 수행들이 '변태성욕'의 의미망 안으로 포섭되기 시작한 시대이기도 했다. 이 유형의 변태성욕의 스펙트럼 극단에는 1930년 잡지 《별건곤》에 소개된 "변태성욕의 인도인" 같은 인물이 있었다. 기사에 따르면 그는 일본에 와서 7년 동안 280개의 여자 속옷을 훔쳤으며, 이것을 재료로 방석, 잠옷, 서커스 무대용 피에로 의상, 인도의 명물인 터번을 만들어왔다. 그는 자신의 애장품들을 밤낮으로 애무하다 경찰에 체포되었다.[30] 1929년에 《조선일보》 기사에 등장한, 여자의 수의를 좋아해서 "여자의 묘를 파고 수의를 훔치는" "극

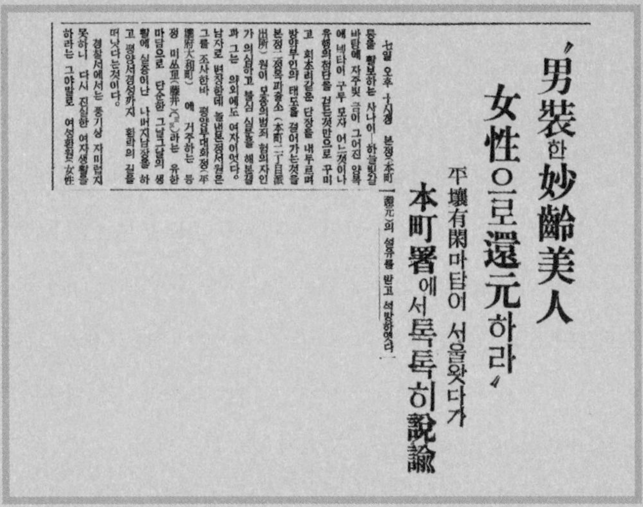

"男裝한妙齡美人
女性으로還元하라"
平壤有閑마담이 서울왓다가
本町署에서톡톡히說諭

七일 오후 十시경 본정(本町 …還元)의 설유를 받고 석방하엿다
등을 활보하는 사나이—하늘빛갈 바탕에 자주빗 즐이 그어진 양복에 넥타이 구두 모자 어느것이나 유행의첨단을 걷는것만으로 구미고 회本리같은 단장을 내두르며 방약무인의 태도로 걸어가는것을 본정二정목파출소(本町二丁目派出所)원이 모종의범죄 혐의자인가 의심하고 불심 심문을 해본결과 그는 의외에도 여자이엇다。 남자로 변장한데 놀래본정서원은 그를 조사한바 평양부대화정(平壤府大和町)에 거주하는 릉정 미쓰포(藤井□□)라는 유한마담으로 단순한 그날그날의 생활에 실증이난 나머지남장을 하고 평양서경성까지 환락의 길을 떠낫다는것이다。
경찰서에서는 풍기상 자미럽지 못하니 다시 진실한 여자생활을 하라는 그야말로 여성환원(女性

그림 36. ""남장한 묘령미인. 여성으로 환원하라" 평양 유한마담이 서울 왔다가", 《동아일보》 1937년 8월 9일.

단의 변태성욕환자" 역시 유사한 유형으로 분류될 수 있다.[31] 하지만 실제 조선의 현실에서 이런 '변태성욕'의 수집광들의 주요 수집품으로 여겨졌던 것은 속옷이나 수의가 아니라 목도리, 특히 여성의 목도리였다.

1933년 1월 새벽 출근 중이던 한 제사공장(실공장) 여직공은 원정 1정목(현재 용산구 원효로 1가) 대로변을 지나고 있었다. 그런데 갑자기 회색 모자에 검정 외투를 입은 괴한이 달려들어 그녀가 목에 두르고 있던 털목도리를 강탈해 달아났다. 신고를 접수한 경찰은 전날 광화문통 체신국 앞에서 벌어진 여우털 목도리 강탈 사건과 동일한 '변태성욕자'의 범행으로 추정하고 수사에 착수할 것이라고 발표했다. 경찰이 범인을 '변태성욕자'로 추정한 이유는 단순했는데, 양쪽 모두 피해자가 "묘령여자"인데다, 도난당한 물품이 모두 목도리였기 때문이었다.[32] 이 사건이 '변태성욕'의 범죄로 해석되었던 맥락을 이해하기 위해서는 당시 목도리에 부착되었던 사회문화적 의미들에 주목할 필요가 있다. 사실 목도리는 1920~30년대 조선에서 대중화된 패션 아이템이었다. 1938년 전개된 소학교 물자절약운동의 내용 중에는 남녀 학생들의 목도리 착용을 금지한다는 규정이 포함되어 있었다.[33] 이로 미뤄볼 때 남녀 아동들 사이에서도 목도리의 유행이 두드러진 현상이었을 것으로 추측할 수 있다. 당대의 신문 사회면에는 목도리를 복면 대용으로 두르고 강도를 저지르는 강도범이라든가, 목도리로 상대를 교살한 살인범, 자결하기 위해 목도리로 목을 매는 자살자 등 다양한 상황에서 목도리가 등장하는데, 이는 남녀노소, 빈자와 부자를 가리지 않고 목도리가 일상적인 아이템으로 착용되었음을 보여준다.

목도리의 유행 속에서 모던한 멋을 추구하고 패션의 욕구를 지닌 이들은 여우 목도리나 수달피 같은 보다 고가의 목도리를 착용함으로써 자신의 취향을 타인과 구분 짓고자 했다. 당시 여우 목도리의 가격은 하나에 40, 50원 정도였으며, 보다 희귀한 은호[34] 목도리의 경우 작은 사이즈는 200원에서 큰 사이즈는 500~600원, 최상품의 경우 1000여 원에 달했다.[35] 1933년 기준 조선의 성인 남성 공장 노동자의 하루 임금이 85전, 성인 여성 공장 노동자의 임금이 하루 46전에 불과했다는 점을 고려해

그림 37. 여우 목도리 유행을 풍자한 안석영의 만평. 《조선일보》 1932년 11월 24일.

볼 때,[36] 여우 목도리는 상당한 사치품이었음을 알 수 있다. 그런데 목도리는 이렇게 높은 가격에 비해 절도와 운반이 용이했기 때문에 강·절도범들이 노리는 주요한 표적이 되기 십상이었다. 실제로 당시의 신문 사회면에는 자동차, 백화점, 관공서, 길, 집안과 같이 다양한 장소들에서 발생한 목도리 도난 사건이 빈번하게 등장한다.[37] 그리고 이들 목도리 절도사건 피해자의 다수는 남성들이었는데, 절도범은 특별히 남성의 목도리라고 해서 차별할 이유가 없었기 때문이다.

그럼에도 불구하고 당대의 지배적인 문화적 도상 안에서 목도리, 특히 고가의 목도리는 신여성 혹은 모던걸의 상징물로 재현되는 경향이 있었다. 신여성은 흔히 "굽이 높은 양화를 신고

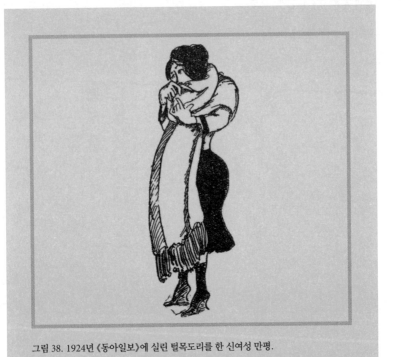

그림 38. 1924년 《동아일보》에 실린 털목도리를 한 신여성 만평.

이상한 머리를 꽂고 한 짐이나 되는 목도리를 매고서 사거리 장
터만 왔다 갔다"하는 존재로 묘사되었다.[38] 이러한 이미지는 목
도리가 신여성의 사치와 허영, 유행에 대한 맹목적 추종을 매개
하는 대표적인 문화적 상징의 하나로 즐겨 사용되었음을 보여
준다. 당시 목도리에 부여된 이 독특한 상징성으로 말미암아 동
일한 목도리 절도는 피해자의 성별에 따라 다른 방식으로 분류
되었다. 남성이 피해자인 경우 이런 유형의 강·절도 사건은 일
말의 고민도 없이 금전적 동기의 범죄로 여겨졌다. 하지만 피해
자가 여성인 경우에는 '변태성욕자'의 소행이라는 해석이 붙었

다. 광화문통 체신국 앞에서 여성이 강탈당했던 목도리는 여우털 목도리로 고가의 제품이었다. 한편 여공이 강탈당한 목도리는 털실 목도리였지만, 당시 여공 월급에 대비해서는 분명 비싼 제품(3원 50전)이었다.[39] 절도범들은 체포되는 법이 없었고, 따라서 스스로 범죄의 동기나 자신이 가진 욕망에 대해 진술할 기회역시 없었다. 따라서 변태성욕과 목도리 절도를 연관시킨 것은 특정한 물품을 '여성적인 것'으로 정의할 뿐만 아니라 이러한 물품에 각종 성애적 의미와 성적 쾌락들을 투사한 당대의 문화적 상상력이었다고 할 수 있다.

목도리 절도를 둘러싼 소극은 이제 여성적으로 간주된 의복에 비대칭적이고 성애적인 의미와 상상력들이 부착되기 시작했음을 보여준다. 그리고 이러한 시대에 여성의 의복을 입는 남성은 더 이상 단순히 한 겹의 옷을 걸친 존재로 여겨질 수 없었다. 이제부터 살펴볼 춘천의 '여장한 미남자'의 사례는 '여장'을 둘러싼 변화하는 인식을 잘 보여준다.

변장하는 심리

1929년 9월 4일 오후 5시경 화천읍내 시장의 가장 번화한 거리 한복판에서 한바탕 소동이 벌어졌다. 소동의 주인공은 흰 저고리에 검정 통치마를 입고 머리에 수건을 쓰고 손에 흰 양산을 든 최신 신여성 스타일의 두 여성이었다. 이들 중 한 명을 수상하게 여긴 동네 주민들은 이들에게 다가가 다짜고짜 성별을 물었다. 그러자 질문을 받은 문제의 "미인"은 주저함 없이 자신이 남자라고 대답했다. 수상한 여장미남의 출현 소식은 곧 화천경찰서에까지 전해졌다. 조선박람회[40]를 1주일 앞두고 경계태세에 돌입해 있던 경찰은 대경실색해 의문의 "미인"의 소재를 급히 추적하고 소환 조치를 취했다.

조사 결과 그는 춘천읍내에 사는 김창룡이라는 이름의 17세 청년으로 이웃집에 사는 친구가 친정이 있는 화천읍에 방문하는 길에 적적할까 봐 함께 따라나선 것으로 밝혀졌다. 춘천읍에서 온 다른 사람들의 증언에 따르면, 김창룡은 "춘천사람이면 대개 다 아는" 유명인으로 어린 시절부터 여장을 했고 "말과 태도"에서 "여자와 조금도 다름이 없"어서 작년에는 모 중학교 생도가 김창룡을 연모하다가 발각되어 학교에서 퇴학을 당한 일까지 있었다. 김창룡은 과거에는 하녀로 일했으며 최근에는 "여자의 옷"을 입고 요리점에서 음식을 만들고 있었다. 신원이 확실하다는 것을 확인한 경찰은 구류 조치를 내리지는 않았지만 "남자가 여자의 행세를 하는 것은 불가"하다고 훈계하고 당장 여자의 옷을 벗도록 명령했다. 김창룡은 다음 날 새벽 화천읍에 올 때 입고 온 치마와 양산을 싸든 채 "남자의 옷"을 입고 춘천으로 돌아갔다.[41]

이 에피소드는 '여장'을 둘러싼 당대의 변화하는 인식을 보여준다는 점에서 흥미롭다. 김창룡은 어린 시절부터 여장을 해 "춘천사람이면 대개 다 알" 정도로 신원이 알려져 있었지만 여자 옷을 입고 하녀로 일하거나 요리점 일을 구하는 데 특별한 제약을

學生通學服…
家庭婦人…
散步할때…
玄服자작

그림 39.
《별건곤》1928년
5월호에 실린
신여성들의 일반적인
복장으로, 춘천의
'여장한 미남자'의 외향
묘사와 거의 일치한다.

받지 않았다. 또한 그/녀는 모 관청에 다니는 모씨의 부인이 친정에 방문하는 길에 친구로서 동행하기도 했다. 당시는 젊은이들 사이에서 '자유연애'가 유행했지만, 이에 대한 반감으로 공원에서 청춘 남녀가 함께 있는 모습을 발견하는 것만으로도 "풍기도덕상 불온"하다며 집단 린치를 가하는 것과 같은 사건들이 빈발했던 시기이기도 했다.[42] 촌락공동체 안에서 남녀유별은 여전히 중요한 원리로 강조되었다. 이러한 사회 분위기 속에서 결혼

그림 40.
"여장한 미남자를 연모한
생도출학. 남자로 태여나서
얼골이 절색이요",
《동아일보》 1929년 9월 4일.

한 여성이 친정 방문길 여정에 동반할 동무로 김창룡을 선택했을 뿐만 아니라 이러한 선택이 허용되었다는 사실은 김창룡이 일종의 공인된 동성 친구로 이해되었으리라는 추측을 가능하게 한다.

이것은 앞서 47세의 '총각처녀' 사례가 보여주는 바와 마찬가지로, 출생시 지정된 성별이 아닌 삶을 선택하고 살아가는 사람들이 촌락공동체 안에서는 여전히 사회적으로 인정되었을 가능성을 보여준다. 그러나 김창룡에 대한 기사는 또한 '여장'에 대한 사회적인 인식이 급격히 변화하고 있다는 사실 역시 분명하게 드러낸다. 기사는 출신이나 신원, 사건 당시의 상황 등을 전달하는 데 그치지 않고 그/녀의 삶의 이력에 대한 세세한 정보를 독자들에게 제공한다. 이때 정보의 선별 기준은 바로 김창룡과 일반 여성 사이의 유사성이었다. 김창룡은 어린 시절부터 "남자의 태도"가 전혀 없었고, 음성이 완전히 "여성의 음성"이었으며, 여자 동무들과만 교제해 왔고, 요리를 만드는 데 재능이 특별히 뛰어났다는 것이다.[43] 이러한 서사 속에서 김창룡의 '여장'은 더 이상 우발적인 사건이 아니라 그/녀의 생애 전체를 통해서만 이해될 수 있는 행위이자, 김창룡의 특별한 내면성(즉 여성적 내면성)을 드러내는 징후로 간주된다. 그리고 김창룡에게 반한 모 중학교의 생도가 학교에 발각되어 퇴학을 당했다는 이야기가 보여주듯이, 이는 결국 동성에 대한 특별한 성적 선호와 연관되는 것으로 간주되었다.

유사한 맥락에서 1938년 《동아일보》의 "변장하는 심리"는 크로스드레싱을 하는 인물들을 다음과 같이 설명하고 있다. 첫 번째 유형은 "정신병적 변장자"들이다. 이들은 주변 사람들의 주의를 끄는 것을 즐기는 성벽을 가진 히스테리 환자들로, "남장미인"인 신여성들의 대부분이 이러한 부류에 속한다. 두 번째 유형은 "선천적 성욕의 이상"으로 인한 "병적변장"을 하는 "변태 성욕적 변장자"들이다. 이들은 의복뿐만 아니라 태도, 언어, 재봉, 부엌일, 유희 등 전부 "여자의 풍습(여자의 경우 거동, 언어, 흡연, 음주, 기마 등 "남자의 풍습")"에서 무한한 쾌감을 느끼는 자들로 동성애("동성상애증同性相愛症")의 한 유형이다.[44]

이처럼 '여장'을 '동성애'의 한 징후로 보는 관점은 사실 외신 기사를 경유해 이른 시기부터 조선에 소개되었다. 《동아일보》는 1925년 소창 지역의 한 부대에서 일등졸(이등병)이 부대의 반장을 칼로 찌르고 달아난 살인미수 사건을 소개했다. 기사는 사건의 동기를 짝사랑으로 추정했는데, 문제의 일등졸이 "국극의 여배우 노릇"을 한 일이 있는 "변태성욕의 남색한"이라는 사실이 이를 뒷받침하는 근거로 주장되었다. 이러한 해석 안에서 "국극의 여배우 노릇"은 더 이상 전문적인 수행이나 직능의 일부로 이해되지 않았다. 그것은 단지 "남색한"이라는 그의 진정한 본성을 드러내는 징후가 된다.[45] 김창룡을 둘러싼 언론의 보도 방식은 이러한 크로스드레싱에 대한 인식이 조선 안에 상당 부분 현지화되었음을 보여준다. 하지만 보다 주목할 점은 김창룡의 존재가 화천읍의 소동에서 보듯이 공적 공간에서 경찰력의 단속의 대상으로 직접적으로 포착되기 시작했다는 사실이다.

무엇이 '위험한' 변장인가

1938년 1월 31일 밤 9시경 서대문 봉래정 파출소 앞에서 순찰을 서던 경관은 거동이 몹시 수상해 보이는 한 명의 "미인"을 발견하고 신원을 조사하기 위해 그녀를 불러 세웠다. 양머리에 양장을 하고 "신여성 같이 보이는 외모"를 한 이 여성은 신원조사에 응하는 대신에 "분명한 남자의 목소리"로 유창한 조선어를 구사하면서 조선인 경관들은 불량하고 친절하지 않다며 호통을 쳤다. 이에 경관은 그녀를 즉시 공안방해로 체포해 경찰서에 인치했다. "여자이냐? 남자이냐"라는 질문이 수차례 반복되었지만, 그녀는 그저 자신을 "환자 밑에서 심부름을 하는 사람"이라고 답할 뿐이었다. 결국 취조 진행이 어렵다고 판단한 경관들은 형사대를 그녀의 원적지로 파견해 신원을 조사하는 한편, 다음 날 경찰의를 불러 신체조사를 통해 그녀의 '진정한 성별'을 규명하기로 결정했다.[46]

경관이 화천읍에 온 김창룡과 서대문서의 '괴미인'을 단속하고 취조한 법적 근거는 '경찰범처벌규칙'으로 추정된다. 일본의 '경찰범처벌령'에 기반을 둔 조선의 '경찰범처벌규칙'은 독일의 '위경죄'를 모델로 만들어진 것으로, 구류 혹은 과료에 해당될 만한 가벼운 범죄들을 처리하기 위해 프랑스와 독일 등 일부 유럽 국가들에서 운용된 법이었다.[47] 그러나 이 '위경죄'에는 보다 주목할 만한 특징이 존재한다. 이 법은 범죄의 처벌이 아니라 예방에 중심을 두고 집행된다는 것이다. 실제로 '위경죄'는 당대 범죄학의 변화하는 관심을 반영하고 있었다. 전통적으로 범죄학의 고전학파는 범죄와 처벌의 관계, 즉 범죄에 적절한 처벌을 적용하는 것에 관심을 집중해왔다. 이러한 구도 안에서 처벌을 받는 대상들은 거의 중요하게 다뤄지지 않았으며, 이들은 오직 법적 책임능력과 관련해서만 고려의 대상이 되었다. 하지만 체사레 롬브로소Cesare Lombroso를 중심으로 근대에 새롭게 부상한 실증학파 범죄학은 '범죄자'라는 전적으로 새로운 변수를 도입했다. 실증학파는 과학적 측정을 통해 개별 범죄자의 타고난 사회적 위험성을 파악할 수 있다고 주장했다. 이러한 관점에서 본다면 개인이 가지고 있는 위험은 아직 범죄를 저지르지 않을 때조차도 이미 선천적으로 존재하는 것이었다. 실증학파의 이론이 주

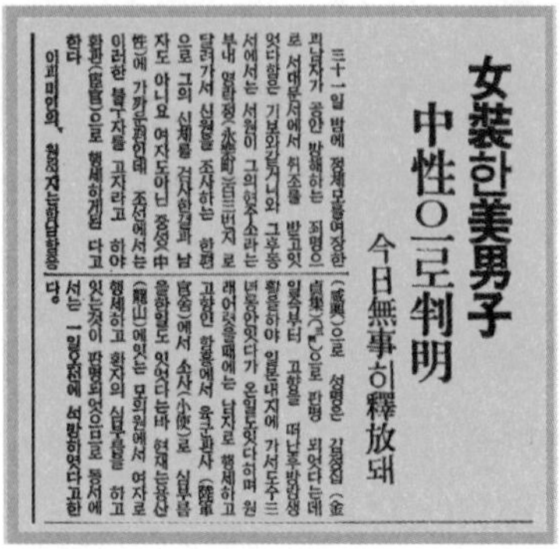
女裝한美男子
中性으로判明
今日無事히釋放돼

그림 41.
"여장한 미남자. 중성으로 판명",
《동아일보》 1938년 2월 2일.

목을 받게 됨에 따라 국가의 기능이 사후적으로 범죄자를 처벌하는 데 그쳐서는 안 되며, 예방에 중심을 둔 법 집행이 중요하다는 점이 강조되기 시작했다. 따라서 국가는 사회의 안전을 위해 잠재적인 위험을 가진 개인들을 어떻게 식별하고 이들의 권리를 어느 정도까지 제한할지에 관심을 기울이게 되었다.[48]

경범을 둘러싼 각국의 다양한 처벌 규정들은 이러한 예방적 법 집행들과 연관되어 있었다. 경범을 처벌하는 조항들은 이미 "법익을 침한 행위"가 아니라 경찰의 판단에 따라 "법익을 침해할 우려가 있는 행위"에 주로 적용되었다. 또한 경범을 다루는 법들은 가벼운 범죄를 다룬다는 이유로 절차적 보호를 제공하는 공식 재판 대신 즉심을 동반하는 것이 일반적이었다. 이러한 방식은 경찰로 하여금 구형과 선고를 모두 독점하게 함으로써 실질적으로 사법권을 행사할 여지를 제공했다.[49] '위경죄'가 가진 자의적 특성은 특히 식민지 조선의 상황에서 더욱 극대화되었다. 조선에서는 본국 일본과 달리 즉심재판제도를 통해 다룰 수 있는 사건의 범위에 일반 형사 사건까지 포함되었을 뿐 아니라, 공식 재판 없이 무려 3개월까지 징역형을 선고할 수 있는 등의 막강한 재량이 부여되었다.[50]

특히 일본 제국주의가 가속화되는 1930년대 이후에는 조선의 거리에서 '경찰범처벌규칙'을 적용한 취체와 단속이 더욱 일상화된 것으로 보인다. 1939년 12월 31일에 이르면 하룻밤 동안 경성 시내에서만 1000여 명이 넘는 사람들이 부랑자로 체포되어 구금되는 지경에 이르렀다. 1937년 《동아일보》에 실린 일제단속 관련 기사를 참조하면, "수배인물의 발견과 범죄예방"을 표방하며 경관들이 상밥집(음식점), 숙옥(여관), 엿집, 빈집, 공사밥집, 다리 밑을 돌며 체포했던 것은 다음과 같은 인물이었다. 모던한 남색 양복에 컴비 구두를 신은 "그럴듯한 스마트 보이", 점잖게 앉아 긴 담배를 뻑뻑 빨고 있는 "갓을 쓴 영감", 소매를 어깨까지 걷어 올린 "요다모노"(불량소년)풍 젊은이, 기다리는 가족들로 인해 안절부절못하며 "나리님, 언제나 집에 갈 수 있습니까"라고 성가시게 질문을 던지는 일용 노동자 등. 이날 검거로 경찰은 453명 중 병역검사를 받지 않은 재조 일본인 23명을 발각했다고 발표했는데, 이는 병역기피자의 색출 역시 이러한 일상적 단속의 주요한 동기였음을 보여준다.[51]

'여장의 미남자'는 단속 대상에 포함된 이질적인 인물군 중 하나였다. 그/녀가 감시와 예방적 구금이 필요한 대상이 된 것은 일차적으로 '여장'이 법을 침해할 '우려'가 있는 잠재적 행위로 판단되었기 때문으로 볼 수 있다. '여장'은 자신의 목적 달성

그림 42. "룸펜 일중대",《동아일보》1937년 11월 2일. 일제검속에 걸려 서대문서에
      구금된 사람들을 촬영한 사진.

을 쉽게 하기 위해서 혹은 타인을 기만하기 위해서 사용하는 "변장"[52]이라는 의혹을 받았으며, 절도, 탈영, 병역기피, 밀항, 스파이 행위와 같은 다른 범죄를 위한 예비적 실행으로 추정되기도 했다. 하지만 일단 일상의 영역까지 침투한 경찰력은 범죄 가능성과 무관하게 크로스드레싱 행위 그 자체를 훈육과 처벌의 대상으로 삼았다. 앞서 언급한 춘천의 김창룡의 사례는 이를 잘 보여준다. 김창룡은 어린 시절부터 지속적으로 여장을 해온 결과 춘천 사람들이면 대부분 잘 알 정도로 유명한 인물이었다. 그렇다면 촌락공동체 안에서 김창룡의 '여장'이 신분 위장의 수단으로 쓰일 가능성은 매우 낮다고 볼 수 있다. 왜냐하면 이미 알고 있는 이들을 상대로 자신의 신분을 기만한다는 것은 불가능하기 때문이다. 그럼에도 김창룡의 본적지에 있는 춘천서 경관들은 김창룡을 일상적으로 수십 차례 소환해 "여성의 옷"을 벗으라고 "설유"해왔다.[53]

이것은 크로스드레싱의 단속이 범죄를 예비하는 단계로서의 '변장'을 막는 소극적인 차원을 넘어, 성별에 적절하다고 간주되는 복장과 삶의 방식을 신체에 관철하는 훈육의 수단으로 사용되었음을 보여준다. 실제로 신분 위장을 목적으로 하는 변장을 금지한다는 명목으로 만들어진 크로스드레싱 단속 조항이 젠더비순응자들의 단속에 전용되는 것은 조선만의 독특한 경험은 아니었다. 미국은 다수의 주들에서 1850년대부터 '자신의 성별에 속하지 않는 옷'을 입고 공공장소에 등장하는 행위를 불법으로 처벌해왔으며 심지어 이 조항을 20세기 중반까지도 부치 레즈비언들, 트랜스젠더 여성들, 드랙을 하는 게이 남성들을 체포하는 데 활용했다.[54] 이 법은 미국 트랜스젠더 액티비즘 탄생의 상징이 된 1966년 카페테리아 폭동과 1969년 뉴욕 스톤월 항쟁을 촉발시키는 도화선이 되었다.[55]

결과적으로 '경찰범처벌규칙'은 거리에서의 단속을 통해 법적 성별, 정체성, 의복이 일치하지 않는 이들을 식별해내고 처벌함으로써 무엇이 한 성별에 적절한 의복이며 삶의 형태인지를 규정하는 데 깊숙이 개입했던 셈이다. 공적 공간에서 강화된 단속은 단속의 대상이 되는 이들의 삶에 커다란 곤경을 불러일으켰음이 분명하다. 김창룡은 화천서로 소환된 해 5월에 이미 경성에서도 유사한 상황을 경험한 바 있었다. 결정적인 차이점은 김창룡이 경성에서 "남자의 옷"을 입고 있었다는 데 있다. 경성에 업무를 보기 위해 출발하려던 그/녀는 소문을 듣고 역까지 출동한 춘천서의 경관들로부터 상경 조건으로 반드시 "남자의 옷"을 입으라는 경고를 받았다. 할 수 없이 경관의 권고대로 "본색대로"의 "남자 옷"을 입고 경성에 간 김창룡은 곧 종로 부근에서 경관에게 체포되었다. 경관은 김창룡을 경찰서에 구금했는데 그 이유는 "여자가 왜 남자로 변장하였느냐"는 것이었다.[56] 어린 시절부터 여자로 살아온 김창룡이 '남자의 옷'을 입는 것은 오히려 남장한 여자처럼 부자연스러워 보였기 때문이다. 이것은 성별 경계를 신체로 완벽하게 체현하지 못하는 김창룡과 같은 인물들은 이제 '남자의 옷'을 입든 '여장'을 한 채로든 안전하게 공적 공간에 존재할 수 없음을 보여주었다.

그네 위의 에르퀼린 바르뱅

서대문서에 등장한 '여장한 미남자'의 기사에서 주목할 점은 모호한 신체들에 대한 법적 단속이 최종적인 단계에서 성별 검진이라는 의학적 판정을 포함하게 되었다는 것이다.[57] 1938년 《동아일보》의 "변장하는 심리 (하)"라는 기사는 "변태성욕적 변장자"가 단지 이성의 심리적 특징을 공유하는 것만이 아니라, 의학적 차원에서 이성의 신체적 특징(수염, 음성, 후두의 구조, 피부, 피하지방, 유방, 뼈와 근육의 상태, 허리의 형상) 역시 두드러지게 발달하는 경향이 있다고 설명했다. 이들을 해부해본 결과에 의하면 남자는 "의학적으로 여자로 결정됨에는 꼭 필요한 조직"(아마도 난소나 자궁)이, 여자는 "고환의 조직"이 배 속에서 발견되었다는 것이다. 따라서 기사는 "무엇이 그로 하여금 여장을 시키었나" "어째서 그 여자는 남장을 했던가?"의 답은 생식선의 불완전한 발달("생식선으로부터 분비되는 호르몬의 일종의 악희惡戲")로부터 찾을 수 있다고 주장했다.[58]

이러한 설명은 크로스드레싱을 인터섹스intersex의 신체적 차이들이 외적으로 드러난 형태로 설명한다는 점에서 흥미롭다. 실제로 "공안방해"의 죄명으로 서대문서에서 취조를 받은 "여장한 괴남자"는 검사 결과 "남자도 아니요 여자도 아닌 중성에 가까운 편"이라는 진단을 받은 후 곧 석방되었다.[59] 크로스드레싱이 병리화되고 범죄와 연관되기 시작한 시대에, 자신의 이성 복장을 유일하게 무해한 것으로 주장할 수 있었던 이들은 "남자도 아니요 여자도 아닌 중성"[60]의 몸을 가진 이들 뿐이었다. 그러나 이런 조치가 이러한 몸들에 대한 사회적인 인정을 의미하는 것은 아니었다. 한편으로 이러한 몸들은 성별을 중심으로 구축되고 있었던 근대적 제도의 공백에서 살아간다는 점에서 문제적인 존재들이었다. 남녀로 구별될 수 없는 아이는 성별 표기를 필수적인 정보로 요구하는 출생신고 체계에 포함될 수 없었고, 따라서 출생신고를 할 수도 없었다.[61] 마찬가지로 이들은 사법적 처벌의 대상으로 다루어지기도 어려웠다. 1930년 부산경찰서는 양말 120원어치를 절도한 22세의 배갑술이라는 청년을 체포했는데, 체포 후 신체를 검사한 결과 그는 "남녀양성의 인물"로 판명되었다. 배갑술을 여성으로 취급해 다른 여죄수들과 같은 감방에 두어야 하는지 아니면 남자감방으로 보내야 하는지를 결정하는 문제는 형무소 측의 큰 "두통거리"가 되었다.[62]

때로 이들은 제도의 공백에 사는 인물일 뿐만 아니라 제도가 확립하고자 하는 모든 경계들을 넘나들고 불안정하게 하는 존재들이기도 했다. 서대문서 "괴미인"의 생애 서사는 특히 하층계급 인터섹스의 삶에서 두드러진 특징인 유동성을 잘 보여준다. 경찰대가 원적지로 출동해 수집한 정보에 따르면, "괴미인"은 34세의 김정집이라는 인물로 함경남도 함흥 출신이었다. 하지만 어린 시절부터 고향을 떠나 방랑 생활을 해왔으며, 일본으로 건너가 3년간 생활한 후 돌아왔다. 김정집은 어린 시절에는 육군관사에서 소사로 심부름을 하며 "남자로 행세"했고, 현재는 용산의 모 의원에서 "여자로 행세"하며 환자의 심부름을 하고

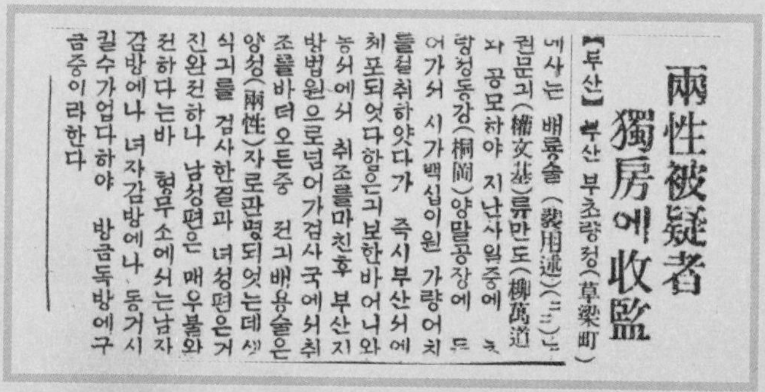

兩性被疑者 獨房에 收監

【부산】 부산 부초량정(草梁町)에사는 배룡술(裵用述)(二三)는 권문긔(權文基)류만도(柳萬道)와 공모하야 지난사월중에 초량청동강(桐岡)양말공장에 드러가서 시가백십이원 가량어치를절취하얏다가 즉시부산서에 체포되엇다함은긔보한바어니와 동서에서 취조를마친후 부산지방법원으로넘어가검사국에서취조를바더오든중 권긔배용술은 양성(兩性)자로판명되엇는데 생식긔를 검사한결과 녀성편은거진완전하나 남성편은 매우불완전하다는바 형무소에서는남자감방에나 녀자감방에나 동거시길수가업다하야 방금독방에구금중이라한다

그림 43. "양성피의자 독방에 수감",《동아일보》1930년 1월 24일.

있었다.[63]

이러한 삶의 유동성은 1938년 여주에서의 소동에서처럼 보다 극적인 형태로 나타나기도 했다. 1938년 여주경찰서는 고용인으로 일하는 25세 청년 윤재호를 "공안방해" 혐의로 긴급히 소환했다. 소환의 이유는 윤재호가 여주 지역에 파다하게 퍼진 괴소문의 주인공이라는 사실 때문이었다. 소문에 따르면 윤재호는 5개월 전부터 항문에서 5~6일 동안 피가 나기 시작해 그 후로 매달 주기적으로 출혈을 해왔으며, 이와 함께 몸에도 변화가 일어나 말씨와 몸짓이 흡사 여자 같아졌다는 것이다. 그런데 그는 최근 동리 남성과 "사랑(?)"을 속삭인 후 "월경(?)"이 갑작스럽게 그치고 배가 불러오는 증상이 나타나기 시작했다. 이 이야기는 즉시 남자가 "여성의 특권을 침범하여 월경을 시작하다가 필경은 잉태(?)까지 하였다"는 "세계의학사상 공전의 괴이한" 소문이 되어 결국 경찰서장의 귀에까지 들어가게 되었다. 경찰서로 소환된 윤재호는 소문의 진위 여부를 규명하기 위한 조치로 수원도립의원의 산부인과에 있는 사토 박사의 출장 검진을 받기로 결정되었다.[64] 윤재호가 직면한 문제는 성장하면서 진행된 몸의 변화가 태어날 때 부여된 법적 성별과 일치하지 않는다는 것이었다. 실제로 출산을 한다면 그는 기존의 법 체계 안에서 '어머니인 남성'이라는 기묘한 위치를 점하게 될 터였다. "남자와 여성의 생식기를 겸비한 사람"[65]이라는 의미에서 '반음양'으로 지칭되었던 인터섹스는 성별을 중심으로 구축되고 있었던 근대국가에 있어 일종의 골칫거리가 되고 있었다. 명확히 분류할 수 없고 식별되지 않는 이들의 몸은 근대적인 통치 제도들 안에서 그 위치가 새롭게 고정되어야만 했다. 그러기 위해서 가장 먼저 필요한 것은 이 몸들이 지닌 '진정한 성별'이 어느 쪽인가를 규명하는 일이었다.

미셸 푸코Michel Foucault는 에르퀼린 바르뱅Herculine Barbin의 회고록에 붙인 서문에서 인터섹스에 있어 '진정한 성별'이 문제로 제기되는 과정을 분석한 바 있다. 에르퀼린 바르뱅은 생물학적 성별에 대한 생물학 이론들이 폭발적으로 증가하기 시작한 19세기 말에 살았던 '양성구유자hermaphrodite'였다. 그녀는 여자와 남자 어느 쪽으로 명확히 구분할 수 없는 생식기를 지닌 채 태어났지만, 산파로부터 출생시 여성으로 판정되었고 여성으로 성장했다. 그러나 성인이 된 후에 의사는 그/녀를 남성으로 다시 진단했다. 에르퀼린 바르뱅은 의사가 자신에게 일방적으로 부여한 정체성에 적응할 수 없었기 때문에 30세에 자살로 생을 마감

그림 44. "의학계에 더진 진사실. 이십오세 남자임신", 《동아일보》 1938년 2월 8일.

했다. 미셸 푸코는 우연히 공중위생부의 기록보관소에서 에르
퀼린 바르뱅이 남긴 회고록을 발견했고 이 회고록에 자신의 서
문을 첨부해 출판했다.[66] 그는 서문에서 수 세기 동안 서구 사회
에서 양성구유자는 두 개의 성을 함께 가진 존재로 인식되어 왔
다고 지적한다. 그러나 근대 국가의 행정적 통제 형태들이 한 몸
속에 두 개의 성이 존재할 수 있다는 생각을 거부하게 됨에 따
라, 모든 사람들이 오로지 하나의 성을 가진다는 사고가 확립되
기 시작했다는 것이다. 따라서 이제 양성구유자에게 필요한 조
치는 그/녀의 몸이 가진 '진정한 성별'이 무엇인지를 찾아주는
일이 되었다. 그리고 에르퀼린 바르뱅의 사례가 보여주듯이 '진
정한 성별'을 판단하는 권위는 본인이 자신을 어떻게 정체화하

고 있는가와 무관하게 과학적 권위로 무장한 새로운 의학 전문
가 집단의 판정에 귀속되었다.

1933년 개천 군우리 공설시장에서 발생한 소동은 식민지 조
선 역시 '진정한 성별'에 대한 신경증적인 관심이 등장하기 시작
했음을 보여준다. 당일 공설시장에서는 수많은 사람들이 운집한
가운데 그네 타기 대회가 벌어지고 있었다. 경기장에 "꽃도 부러
울 18세의 여자 한 사람"이 등장해 뛰어난 그네 솜씨를 선보이
고 있을 때, 갑자기 관중 중 누군가로부터 "남자다" "남자라네"
라는 수군거림이 시작됐다. 장내는 곧 소란스러워졌고 사방에서
구경꾼들이 그녀가 실제로 남자인지를 확인하기 위해 모여들었
다. 마침 대회에 출장을 나와 있었던 경관은 소란을 진정시키기
위한 방법으로 즉시 그녀를 경찰서로 연행했다. 신원조사 결과
그녀는 한 가정의 아내로 신원과 거주지가 확실한 인물이었다.
그러나 경관은 여기에서 조사를 그치지 않았다. 그는 "생김생김
에 있어서 의심되는 점이 많다"는 판단 아래 그녀의 생식기 검
사에 착수했다.[67]

그네 타기 대회에 참가한 여성은 범죄와 직접적인 관련이 없
었지만, 모호한 성별로 인해 "공안방해"라는 죄목으로 체포되었
다. 그녀의 모호함은 이제 과학적인 생식기 검사를 통해 공공연
하게 해명되어야만 하는 공적인 관심사가 된 것이다. 생식기 검
사에 착수한 경관은 인터섹스의 소인을 육안으로 확인했으나
이에 만족하지 않았다. "얼마간 남자에 가까운 듯도 하나 생식기
가 하도 기형적"이기 때문에 자신의 능력으로는 이 여성의 '진정

그림 45. "여자행세 십팔 년 만에 근네 뛰다 남자로 탄로?",
《동아일보》 1933년 6월 20일.

한 성별'을 판정할 수 없다고 판단한 그는 의사에게 정밀한 진단

을 의뢰했다. 그리고 출장 검진을 온 의사는 그녀가 "간신이 남

자"라는 결론에 도달했다. 의사의 선언은 그네 뛰기 대회의 주

최 측에 즉각적인 효력을 발휘해, 주최 측은 여성만이 출전하도

록 되어 있는 규정을 들어 그녀의 예선 통과 기록을 즉시 말소했

다.[68] 하지만 이 진단은 그네 뛰기 기록보다 훨씬 근본적인 방식

으로 그녀의 삶에 영향을 미치게 될 터였다. "여자행세 십팔 년

만에 근네 뛰다 남자로 탄로?"라는 신문 기사 제목이 보여주듯

이, "간신이 남자"라는 의학적 판정은 그녀가 자신의 성별을 인

식하고 정의해온 방식을 송두리째 부정했다. '진정한 성별'이 무

엇인지를 결정하는 권한은 오로지 의사에게만 부여되었다.

근대적 통치 체계로 편입하는 '괴인'들의 신체

'진정한 성별'을 단순히 선언하는 데 그치지 않고 이것을 신체에 고정시키고자 하는 일련의 '치료적' 노력 역시 이 시기 동안에 이루어졌다. 호르몬 기전의 발견과 같은 당대의 기술적 발전은 몸을 '교정'할 가능성을 새로이 열어주었다. 1910년대에 오스트리아 출신 내분비학자 오이겐 슈타이나흐Eugen Steinach는 이른바 성호르몬이라 불리는 테스토스테론과 에스트로겐이 신체 형태에 끼치는 영향을 발견하고,[69] 이를 바탕으로 동물을 대상으로 한 '성전환'에 성공하는 성과를 거두었다. 이후 호르몬에 대한 새로운 지식에 바탕을 둔 수술은 점차 그 대상의 범위를 동물에서 인간으로까지 확대해나갔다. 1915년에는 고환이 미발달했거나 부상이나 질병으로 고환을 상실한 남성들에게 건강한 남성으로부터 추출한 잠복 고환이나 숫양·유인원의 고환 등을 이식하는 수술이 집도되었고, 여성을 대상으로 한 난소 이식 수술 역시 시도되었다.[70] 흥미롭게도 이러한 수술들은 '변태성욕'을 위한 중요한 '치료'의 방법으로 여겨지기도 했다. 동성애자 남성들은 동성애를 '치료'하기 위해 고환을 제거하고 그 자리에 이성애자 남성의 고환을 이식하라는 의사의 권유를 받았다.[71]

'치료'는 일부 국가에서는 '범죄 예방'의 한 방법으로 제도화되었다. 예를 들어 일본은 1920년대 중반에 늘어나는 "변태성욕자

소년범"들의 범죄로 골머리를 앓고 있었다.[72] 1924년 요코하마 시내에서는 5개월간 부녀자의 국부만을 노려 상해를 입힌 사건이 37건이나 연쇄적으로 발생했는데, 필사의 추적 끝에 체포한 범인은 과자 만드는 집에서 고용살이를 하고 있는 16세의 소년이었다.[73] "여자의 얼굴을 상하게 하고 머리를 베이는" 것과 같이 무차별적으로 발생하는 '변태성욕자 소년범'의 범죄 증가에 대응하기 위해 1925년 일본 오사카 소년심판소는 주목할 만한 결정을 내린다. 재판소 촉탁의인 사노 의학박사로 하여금 상습적인 성범죄 이력이 있는 16세의 "변태성욕자"이자 "다소 저능아"인 소년을 부모의 동의하에 거세수술을 하도록 위탁한 것이다. 기사는 수술 경과가 좋을 시 변태성욕 범죄에 대한 예방적 조치로서 수술을 확대적용할 계획이라고 밝히고 있으나 더 이상 추가 보도는 이어지지 않았다.[74] 이러한 기사는 일본에서 1941년 공식적으로 '국민우생법'이 제정되어 정신질환이나 신체장애를 가진 국민들에 대한 강제 단종수술이 체계적으로 집행되기 이전에도, 지역 재판소의 재량으로 단발적인 시도와 실험들이 이루어져왔음을 보여준다.

호르몬 기전에 대한 지식의 축적은 합성 호르몬의 발명, 새로운 성형외과 기술의 발달과 결합하면서 '성전환수술'이라는, 인간의 신체에 근본적인 변화를 가능하게 하는 새로운 기술적 조건을 만들어냈다. 그리고 일본에서 이 수술은 특히 인터섹스의 신체를 근대적 통치제도 안에 안전하게 재위치시키기 위한 '치료'의 일환으로 빠르게 제도화되었다. 1921년《동아일보》는

24세까지 "계집노릇"을 해오다 별안간에 남자가 되었다는 가메오라는 일본인의 사연을 소개했다. 기사에 따르면 가메오는 인터섹스(기사의 표현을 빌자면 "여자로는 병신인 것")의 신체를 가진 인물로, 여성으로 키워졌으며 "계집종"으로 일하는 동안 한 남성과 연애를 하기도 했다. 연애가 파탄에 이른 후 비관자살에 실패하고 근심 속에 살던 가메오는 우연히 의사로부터 "남성가반음양男性假半陰陽", 즉 '진정한 성별'이 남성에 가까운 "반음양"이라는 진단을 받게 되었다. 기쁜 마음으로 남성이 되는 수술을 받은 가메오는 수술에 성공해 "훌륭하게 남자"가 되었다.[75]

기사에서 가메오가 도쿠시마현의 한 병원에서 수술을 받은 것으로 설명하는 시점은 당시로부터 4년 전, 즉 1917년이다. 이로 미루어볼 때 식민지 본국인 일본에서는 최소한 1910년대 후반부터 인터섹스를 대상으로 한 '치료'적 목적의 수술(당대의 표현을 빌리자면 "성전환수술")이 집도되었음을 알 수 있다. 그런데 기사는 보다 흥미로운 후일담을 들려준다. 수술을 받아 이제 "훌륭한 남자"가 된 가메오는 기사의 작성 시점에서 한 여성과 결혼을 앞두고 있었다. 하지만 그는 여전히 호적에 여성으로 등재되어 있었기 때문에, 여성과 여성의 결합이란 이유로 민법상 혼인이 불가능한 상황이었다. 이러한 충돌을 해결하기 위해 가메오는 자신의 거주지역인 도쿠시마현 시의소에 호적정정, 즉 자신의 법적 성별을 변경해줄 것을 요구했다. 이에 시의소는 가메오를 진찰한 병원장의 진단서를 제출받아 그가 "훌륭한 남자"가 되었음을 의학적으로 인증하는 절차를 거친 후, 호적상의 성별

그림 46.
"여자가 변하야 남자로.
이십사세까지 계집노릇한
「가메오」란 일본인의 긔사",
《동아일보》1921년 7월 8일.

과 여성형이었던 이름을 변경하도록 허락해주었다. 가메오는 호적 변경이 완료된 다음 날 징병검사에 참여했으며, 신체검사에서 면제 판정을 받았다.[76]

1935년에도 이와 유사한 맥락에서 진행된 한 건의 소송을 발견할 수 있다. 1935년 《동아일보》는 "일찍이 우리가 들어보지 못하던 진기한 소송사건"이라는 설명과 함께, 30년 동안 여성으로 살아온 주인공이 남성으로 인정해달라는 소송을 도쿄지방

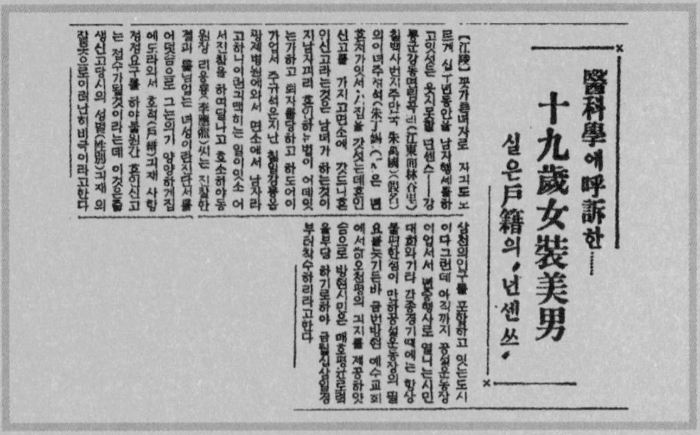

醫科學에呼訴한……
十九歲女裝美男
실은戶籍의'넌센쓰'

그림 47. "의과학에 호소한 십구세 여장 미남. 실은 호적의 "넌센쓰"", 《조선일보》 1935년 4월 12일.

재판소에 제출했으며 며칠 전 1회 공판이 열렸다는 소식을 전했다. 그는 출생시에 국부가 완전히 발육되지 않은 상태로 산파의 판정을 통해 여성으로 입적되었다. 하지만 성장함에 따라 "일상 동작은 틀림없이 남성과 같이 변화"했기 때문에, 결국 4년 전에 한 의학박사로부터 수술을 받고 "전혀 남자"가 되었다. 그가 이번 도쿄지방재판소에 소송을 제출한 것은 언제까지 "여자 행세"를 할 수 없으니 아버지에게 "맏아들로 인정"해줄 것을 요구하는 일종의 장자지위 확인소송이었다. 기사에 따르면, 첫 재판은 수술을 집도한 의학박사의 증언과 본인의 증언으로 진행되었다. 의학박사는 "4년 전에 제1회 수술을 하였던 것이 그 후에 경과가 극히 좋아서 지금은 어디로 보든지 훌륭한 남성"이라고 선언함으로써 그의 성별을 의학적으로 "증명"했다. 이어서 회색 남자 양복을 입고 법정에 나온 당사자는 재판장으로부터 "자기 자신이 남자라고 인식을 한 때는 어느 때인가"를 질문 받고, "어렸을 때부터 동무는 남자뿐이오, 그때부터 남자라는 것으로 알았습니다"라고 응답함으로써 어린 시절부터의 생애 서사를 통해 자신의 '진정한 성별'을 "증명"하였다.[77]

위의 두 재판의 사례는 '성전환수술'이 단순히 의료적인 처치의 차원에서 그치는 것이 아니라 병역 의무, 재산권, 상속권, 투표권의 재조정과 밀접하게 연동된 사회적 사건으로 다루어졌음을 보여준다. 일본은 의학적 개입을 통해 인터섹스 신체들을 두 개의 성별 체계 안으로 '교정'하는 성전환수술을 발전시키는 것과 나란히, 이들 '교정'된 신체를 근대적 통치 체계 안에 안정적으로 편입시키기 위한 일련의 제도적 중재 절차들 역시 빠르게 정비해나가고 있었다.

식민지 조선에서도 성별과 관련된 행정적 과정에 있어 의학의 권위가 증대되는 경향들을 발견할 수 있다. 1935년 강릉에서 혼인신고를 위해 면사무소에 방문한 19세의 여성 주정석은 예상치 못하게 서류의 접수를 거부당했는데, 그 이유는 출생신고 당시의 실수로 인해 호적상 성별이 남성으로 잘못 기재되어 있었기 때문이었다.[78] 하지만 호적상의 오류는 바로 수정될 수 없었다. 1922년 제정 시행된 '조선호적령'은 호적정정을 위한 절차로 관할 지방법원(혹은 지청)의 심사와 허가를 요구하고 있었기 때문이다.[79] 따라서 주정석은 법적 성별정정을 위한 첫 번째 절차로 읍내의 병원을 방문해야 했다. 그녀는 의사로부터 "진찰한 결과 틀림없는 여성"이라는 진단서 한 통을 발급받았으며, 이 진단서를 근거로 "호적 기재사항 정정요구"를 제출했다.[80] 근대 법·제도와 의학의 전문적 권위는 이분법적 성별체제를 중심으로 긴밀하게 결합되고 있었다.

'중성인간'과 성전환수술

1938년에 드디어 조선에서도 첫 번째 '성전환수술'이 집도되었다. 첫 번째 수술의 주인공은 강원도 출신의 18세 최남성(가명)이었다. 그는 직접 경성제국대학 부속병원 송정외과를 찾아와 수술을 의뢰했다.[81] 기존의 인터섹스들이 불심검문과 같은 공권력의 강제를 통해 언론에 포착되었던 데 반해, 그는 자발적으로 병원 문을 두드렸으며 '치료'를 위해 직접 수술을 의뢰하였다.

1930년대 조선의 신문지상에는 체코슬로바키아, 덴마크, 이탈리아 등 세계 각지에서 집도된 '성전환수술' 소식들이 자주 보도되고 있었다. 이 첨단적 수술에 대한 정보는 조선의 독자들에게 일종의 '에로 그로'한 볼거리로 제공된 것이었다. 대부분의 기사들에는 "3년 동거한 기처 알고 보니 남자" "남자가 여자가 되어 다시 시집간 이상한 이야기" "기괴! 작일의 여학생 금일엔 당당남아. 이상의 애인은 의조흔 급우"와 같은 선정적인 제목이 달렸다.[82] 1936년 《동아일보》 "과학소식"은 이제 "세상에서는 여자가 남자가 되는 일은 그리 이상할 것이 없"기 때문에, 더욱 새로운 이야기로 여자가 남자가 되면서 동시에 10살을 더 먹은 사

례를 소개하겠다고 선언하기도 했다.[83]

그러나 비록 '에로 그로'한 선정성에 초점이 맞추어져 있기는 했지만, 이러한 기사들은 조선의 독자들에게 인터섹스의 존재와 이들을 치유한다는 새로운 수술에 대한 정보에 친숙해지는 통로가 되었다. 특히 식민지 본국인 일본에서 이루어진 수술과 소송 등 성공한 수술의 스토리는 청년으로 하여금 '치료'에 대한 희망을 품게 하는 데 중요한 역할을 했을 것이다. 실제로 언론에 보도된 최남성의 수술 사례는 곧바로 다른 수술의 동기가 되었다. 수술이 성공적으로 이루어졌다는 기사가 보도된 다음 날, "외형여자이면서 남자의 중성인" 19세의 김옥례가 부민병원 부인과를 찾아와 또 다른 수술을 의뢰했다. 그녀는 조선에서 이루어진 두 번째 수술의 주인공이 되었다.[84] 이러한 장면은 식민지의 열악한 의료적 상황으로 인해 식민지 본국인 일본보다는 지연되기는 했지만, 스스로의 신체를 '기형'으로 인식할 뿐만 아니라 의료적 수단을 통해 이를 치료하고자 하는 적극적인 욕망을 지닌 인터섹스 당사자가 식민지 조선에서도 등장했음을 보여준다.

1938년 성전환수술과 관련해 등장한 인터섹스의 기사들은 단순히 진기한 존재로 이들을 다루었던 1920년대 기사와 분명히 구분되는 특징을 보인다. 《동아일보》 "기담·애화·진문·일사" 코너가 1925년에 해주읍에서 발견한 한 인터섹스를 소개한 방식은 다음과 같다.

그림 48.
"조물주의 영역을 현대의학이
침범. 중성인간을 수술.
남자로 완전변작",
《동아일보》 1938년 5월 1일.

진문이라 할가? 명물이라 할가? 해주읍내에는 한낫 의문의
사람이 있으니 그는 사나이도 아니요 계집애도 아니요 어른
도 아니요 아이도 아니며 정신이 성한 사람도 아니오 미친
사람도 아니다. 그는 지금 시내 일본인 설옥여관에서 심부
름을 해주고 있는 연안읍 출생 박흥룡(21)이라는 젊은 사람
이니… 그는 남자용의 누른 빛나는 신식 편상화編上靴를 신고
남자용의 명지바지 저고리를 입은 후에 분홍빛 물들인 삼팔
목도리를 목 위에 휘휘 둘렀으며 검누런 머리털은 기름을 잔
뜩 바른 후에 층층 땋아 가지고는 그대로 반달 모양으로 휘
감아 넘기고 말았다. 그리고는 길쭘하고도 해맑은 얼굴빛과
가늘고도 맵시 있는 말소리며 발자취마다 궁둥이를 사뿐거
리는 걸음걸이 모양 등의 온갖 것은 어디로 아무렇게 뜯어본
다 하여도 갈데없는 여자인 것이 분명하다. 그리하여 해주성

의 주민들은 모두 이 사람을 가리켜서 남복을 입은 여자라 하며 웃고 놀리며 이상스러운 한 가지 화초라고 한다. 그러나 이에 한 가지 큰 난문이 있는 것은 대관절 그의 신체구조가 어떠한 것을 알 수 없는 것이니 그는 남자탕에서 남자들과 가치 목욕을 할 때에도 항상 남의 눈을 꺼리는데 혹 어떤 사람의 말을 들어보면 신체의 구조가 남자와도 방사하나 틀리는 점도 많다 한다.[85]

하지만 1938년의 기사는 1925년의 기사에는 거의 주목되지 않았던 부분, 바로 당사자들이 인터섹스로 살아가면서 경험하는 고통을 중점적으로 부각하고 있다.

강원도 출생으로 최남성─가명(18)이라는 청년은 출생 이래 엄연한 남자로서 처세하여 오고 또 꽃 같은 처녀와 결혼하야 반년 간이나 결혼생활까지를 하여오던 터이었으나 전기한 바와 같이 그는 완전한 남자가 아니고 모든 외관은 남자로 가식되었으나 그의 숨은 곳에는 요도까지 통하여 있는 여자의 기구를 겸비하고 있어 남자로서나 여자로서나 완전한 성능을 발휘치 못한 관계로 드디어 숨기려 하던 그의 노력도 어접잖은 결혼생활을 하던 중 천작의 비밀이 탄로되어 그의 배우자는 이혼까지를 하고 말았다. 그 후 그는 인위적 죄악이 아니건만 세인에 대할 면목이 없어 실내에 칩거하야 우울의 세월을 보내다가 지난 삼월 상순경에 경성제국대학부속

병원 송정외과에 수술을 의뢰하였다.[86]

이들은 더 이상 "한 사람으로서 남자도 되고 여자도 되여 자유자재케 하는 괴이한 괴인들"[87]이나 "사나이도 아니요 계집애도 아니요 어른도 아니요 아이도 아니며 정신이 성한 사람도 아니요 미친 사람도 아"닌 미지의 두려움을 불러일으키는 존재로 다루어지지 않는다. 대신 "기형"의 신체로 말미암아 세상으로부터 버림받고 "비관하고 매일 눈물만 흘리며" "실내에 칩거하야 우울의 세월을 보내는" 병자의 모습으로 전형화되었다.[88]

또한 기사들은 인터섹스의 신체 구조를 알 수 없는 "한 가지 큰 난문"으로 남겨두었던 과거와는 달리 이들의 몸이 드러내는 차이와 집도되는 수술의 내용을 되도록 상세하게 독자들에게 전달하는 데 집중하고 있다.

> 송정 박사의 집도와 김웅규 씨의 협조로 지난 삼월 중순경에 제일차 수술을 하야 요도가 통한 여자의 거구를 미봉하고 요도를 남자의 음경을 통하게 하였다. 그리고 지난 십칠일에 제이차 수술을 하야 두 쪽으로 되어 잇는 고환랑을 하나로 만든 동시에 왜소한 음경을 길고 크게 만들엇다. 그런데 그 후 경과가 대단히 양호하여 완전한 남자로서 성능을 충분히 발휘할 수 있도록 변조시키어 소기의 목적을 달성하였다.[89]

과거의 "난문"은 이제 "요도" "고환랑" "왜소한 음경" "남자의 성기와 부속물"과 같이 구체적인 신체적 차이를 통해 규명되는데, 이것은 의사라는 과학적 전문가의 매개를 통해 가능해진 변화였다. 이렇게 인터섹스가 갖는 몸의 차이와 수술의 내용이 중계되면서 이들은 새로운 앎의 대상으로 포착되는 동시에 관음증적 오락으로 소비되었다. 실제로 조선의 첫 번째 '성전환수술'은 당시 경성제국대학 송정외과의 조수였던 조선인 의사 문인주에 의해 수술기로 출판되어 화제 속에 판매되었다.[90] 이렇게 '성전환수술'을 중심으로 재확립된 서사 속에서 인터섹스의 몸은 수술을 통해 "광명의 천지로 인도"[91]되고 구원받아야 하는 대상이자, 근대 과학의 성취와 식민지 의학의 발전을 과시하는 장으로 위치된다.

물론 현실에서 대부분의 인터섹스의 삶은 여전히 수술과는 무관한 채로 남아 있었다. 경제적 자원을 가지지 못한 하층계급 인터섹스들에게 있어 수술처럼 상당한 비용을 요구하는 의학적 개입은 실질적인 대안이 될 수 없었기 때문이다. 그럼에도 불구하고 의료 규범적인 여성/남성 몸 모델을 통해 분류될 수 없는 신체가 일종의 '불구자'일 뿐만 아니라 치료할 수 있고 치료되어야만 한다는 사고는 분명 당대에 큰 영향을 미쳤다. 이것은 인터섹스 당사자들의 몸뿐만 아니라 사회 전체에 두 개의 성별 정체성과 이에 상응하는 두 개의 신체, 그리고 두 개의 배타적인 삶의 방식만을 자연적이고 유일한 질서로서 새겨 넣는 과정이기도 했다.

이 장에서는 크로스드레싱에 대한 단속을 통해 여성과 남성의 몸에 대한 의료 규범적인 경계가 생산되는 방식들을 살펴보았다. 식민지 정부는 '경찰범처벌규칙'을 통해 공적 공간에서 법적 성별, 정체성, 의복이 일치하지 않는 이들을 식별하고 처벌함으로써, 무엇이 한 성별에 적절한 의복이며 삶의 형태인지를 규정하는 데 깊숙이 개입했다. 동시에 인터섹스의 신체는 '성전환수술'과 같은 의료적 개입을 통해 두 개의 성별 체계에 기반을 두고 구축되고 있는 근대적 통치 체계 안에 적합하도록 '교정'되었다. 이것은 직접적으로 인터섹스 당사자들의 몸에 통제력을 행사하는 과정이었을 뿐만 아니라 사회 전체에 두 개의 성별 정체성과 이에 상응하는 두 개의 신체, 그리고 두 개의 배타적인 삶의 방식을 확립하는 과정이었다.

다음 장에서는 식민지 조선의 사회적 현실에서 특별한 영향력을 갖게 된 성의 의료화를 중심으로 정상적인 것과 병리적인 것의 과학적 기준을 발견하고자 했던 당대 의료 전문가들의 시도를 살펴보고, 그러한 경계 구축의 불안정함이 갖는 의미에 대해 검토해보고자 한다.

| 4장 |

욕망의 통치

이 장에서는 식민지라는 특수한 조건이 낳은 제약과 함께 1920년대 후반부터 두드러지게 목격되는 성의 의료화 경향에 주목하고, 이것이 당대의 섹슈얼리티 지형에 미친 영향을 검토하고자 한다. 성에 대한 자기관리 담론의 대중화가 건강/병리라는 새로운 기준을 통해 성별화된 욕망의 생산에 연루되는 방식을 살펴보고, 그러한 경계에서 생산된 불안정함의 의미에 대해 질문해볼 것이다.

'여성 실격'의 건강진단서

1935년 세계 언론의 이목은 1932년 올림픽 800미터 육상 경기에서 세계신기록을 세운 체코슬로바키아 선수 제나 쿠브코바Zdena Koubková의 '성전환수술' 소식에 집중되어 있었다.[1] 제나 쿠브코바는 의사로부터 인터섹스라는 진단을 받은 뒤 수술을 받고 이름 또한 제넥 쿠베크Zdeněk Koubek로 바꾸었다. 제나 쿠브코바의 새로운 삶뿐만 아니라 그가 "여성시절"에 세웠던 세계신기록을 어떻게 처리할 것인가는 언론의 뜨거운 관심사였다.[2]

그런데 제나 쿠브코바의 수술 소식이 조선에 소개된 지 채 한 달이 지나지 않은 시점에서, 《동아일보》는 국내에서도 유사한 예가 발견되어 "일대 쎈세이슌"을 일으키고 있다고 보도했다. 기사의 따르면 이 "쎈세이슌"의 주인공은 전라북도 이리읍의 조선요리점에서 작부로 일하는 정덕순이라는 20세 여성이었다. 그녀는 건강진단서 작성 과정에서 자궁이 없다는 사실이 발견되어 의사로부터 "여성이 아니고 남성"이라는 판정을 받은 참이

그림 49. "여자가 남자로. 이십년간 여성이 여성에서 실격. 이리의 작부에
남성의 낙인", 《동아일보》 1936년 1월 29일.

었다. 하지만 이러한 진단이 '성전환수술'과 같은 '치료'로 이어
지지는 않았다. 포주를 위시한 주변인들은 그녀가 계속해서 작
부 생활을 할 수 있도록 하기로 결정했는데, 왜냐하면 경제적 자
원이 없는 그녀가 남자로 살아가는 것은 틀림없이 생활상 비참
을 가져올 것으로 생각되기 때문이었다.[3] 그런데 이리읍의 작은
조선음식점에서 일하던 20세의 여성은 왜 돌연 의사로부터 이
러한 성별 판정을 받게 되었을까? 이 여성의 경험은 식민지 조선
에서 실행된 생체정치의 한 차원과 밀접하게 맞물려 있다. 미셸

푸코는 죽이거나 살게 내버려두는 주권자의 생사여탈권에 기초한 전통적 권력이 생명을 보호하고 육성하는 권력으로 이동하는 과정을 분석하면서, 양적인 증감의 차원에서 뿐만 아니라 출생률, 이병률, 수명, 생식력, 건강 상태와 같은 고유한 변수들과의 관계 속에서 이해되기 시작한 '인구'라는 새로운 개념의 출현에 주목한 바 있다.[4]

일본은 서구식 근대화와 제국주의화를 추진하는 과정에서 이러한 인구의 개념을 빠르게 흡수했던 비서구 국가 중 하나였다. 일본은 1870년대에 프로이센 등 유럽 국가들로부터 공공보건체계들을 수입하면서 보호하고 육성하며 개선해야 할 사회적 유기체로서의 인구라는 개념을 함께 가져왔으며, 이에 기반을 두고 국민의 건강을 조사·관리·통제하는 강력한 수단들을 발전시켜나갔다. 그중 대표적인 것으로 1872년 징병령과 함께 실시된 20세 남성들에 대한 신체검사제도를 들 수 있다. 전쟁이 없는 기간 동안 실질적으로 징집된 남성의 수는 소수에 머물렀지만, 징집 연령에 도달한 모든 남성들은 징집을 위한 신체검사라는 명목으로 의학적인 검사를 받아야 했으며, 이렇게 모인 데이터는 건강 상태에 따라 네 단계로 분류되어 집적됨으로써 성인 남성의 신체를 통계화하는 데 활용되었다. 징집 연령에 해당하는 남성들만 받았던 신체검사는 1900년을 기점으로 전국 모든 학교의 생도들을 대상으로 확장되었다. 이것은 군사력으로 전환될 수 있는 남성의 신체에 대해 일본 정부가 특별한 관심과 관리 및 개선의 의지를 가졌음을 보여준다.[5]

식민지 조선에서는 중일전쟁 발발로 조선인의 신체가 직접적인 징발의 대상이 된 1937년 이전까지 전염병 이외에 체력과 복지의 문제에 대해서는 직접적인 개입이나 투자가 거의 이루어지지 않았다.[6] 그러나 관리되어야 하는 자원으로서 조선인 성인 남성의 신체에 대한 관심은 1920~30년대에도 지속적으로 발견할 수 있다. 조선에서 성인 남성의 신체검진이 제도화된 것은 징병제가 실시되는 1944년부터였다. 하지만 식민지 정부는 이미 1913년부터 관·공립학교 학생을 대상으로 정기적인 신체검사를 제도화하고 있었고, 이를 1921년에는 사립학교로, 1937년에는 대학으로 확장하였다. 매년 4월 한 차례 치러지는 신체검사에서는 신장, 체중, 가슴둘레, 척추, 체격, 시력, 안질, 청력, 이질, 치아, 질병 등의 열한 가지 항목을 측정했으며, 그 결과를 조선총독부 관보에 상세하게 기록·공개·집적하였다.[7]

1916년에 조선에서 시행된 공창제와 창기의 성병검진 의무화 조치 역시 인구에 대한 관심의 연장선상에서 이해할 수 있다. 식민지 정부는 성병 확산을 막는다는 명목으로 전염성 질병이 있다고 판정받은 창기는 완치되었다는 진단을 받지 않고는 창기업을 할 수 없도록 규정했다. 이러한 조치는 여성의 몸을 1차적인 성병의 진원지로 간주할 뿐만 아니라, 군사력과 노동력으로 전환될 수 있는 성인 남성 인구의 관리라는 관점에서 이 질병에 대한 대응책이 구축되었음을 보여준다.[8] 이리읍의 조선음식점에서 작부로 일하던 정덕순의 일상에 의사의 '건강진단서'가 개입된 것은 바로 성병검진 의무화 조치 때문으로 추정할 수 있다. 식민지 정부는 국가가 성매매를 통제하는 공창제를 통해 성병의 위험을 제거할 수 있기를 기대했지만, 공창에 등록된 여성들에게 강제적인 성병검사를 하는 방식은 성병을 예방하거나 매춘업의 성장을 억제하는 효과를 내지 못했다. 여성들은 갇혀서 생활해야 하는 공창보다 자유로운 조건에서 노동이 가능하고 더 어린 나이(16세)에 취업이 가능한 카페 여급, 작부, 기생이 되는 것을 선호하였다. 이 집단에 속한 여성들의 비공식적인 성매매 참여가 증가함에 따라, 전체 매춘업 규모뿐만 아니라 조선의 성병전염률은 오히려 증대일로에 서게 되었다. 결국 1930년대에 식민지 정부는 공창뿐만 아니라 사창 역시 단속의 대상에 포함시켰으며, 일부 지방에서 여급의 건강진단서 제출을 제도화했다.[9] 이러한 성병 검진제도는 '질병에 오염된' 위험한 신체뿐만 아니라 정덕순처럼 예기치 않게 여성 그 자체로부터 '탈락한' 신체들이 발견되는 장이기도 했던 것이다.

흥미로운 점은 식민지 정부의 꾸준한 관리 의지에도 불구하고 성병이 식민지 통치 기간 내내 조선에서 심각한 사회 문제였다는 것이다. 성병은 1920~30년대 동안 결핵·소화기병과 나란히 조선인들을 괴롭힌 대표적인 질병으로, 1928년 《동아일보》는 "화류병 환자"(성병 환자)의 수가 조선의 청년 이상 인구의 50% 이상이라는 추정치를 내놓기도 했다.[10] 당시의 심각한 상황은 1933년 《조선일보》에 실린 신의주의 "일대 아수라장"에 대한 보도를 통해서도 확인할 수 있다. 사건의 중심에 있었던 것은 신의주에 위치한 한 제지공장이었다. 이 공장은 원목을 융해하

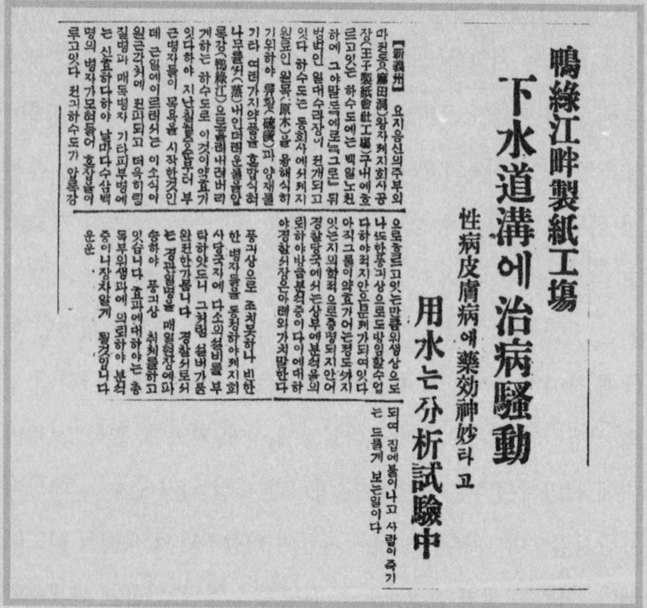

鴨綠江畔製紙工塲

下水道溝에 治病騷動

性病皮膚病에 藥効神妙라고

用水는分析試驗中

【新義州】 요지음신의주부외마전동(麻田洞)왕자제지회사공장(王子製紙會社工場)구내에흐르고잇는 하수도에는 백일노천하에 그야말로『에로그로』뒤범벅인 일대수라장이 전개되고잇다 하수도는 동회사에서제지원료인 원목(原木)을 용해식히기위하야 류황(硫黃)과 양재물기타 여러가지약품을 혼합식혀나무를쩌(蒸)내인더러운물을압록강(鴨綠江)으로흘려내려버리게하는 하수도로 이것이약효가잇다하야 지난칠월중순부터 부근병자들이 목욕을 시작한것인데 근일에이르러서는 이소식이원근각처에 전파되고 더욱히림질병과 매독병자 기타피부병에는 신효하다하야 날마다수삼백명의 병자가모혀들어 혼잡을이루고잇다 전긔하수도가 압록강으로흘르고잇는만큼위생상으로나또한풍긔상으로도방임할수업다하야적지안은문제가되여잇다 아직그물이약효가어는정도까지잇는지의학적으로증명되지안어경찰당국에서는상부에분석을의뢰하야방금분석중이다이에대하야경찰서장은아래와가치말한다

풍긔상으로 조치못하나 비한한 병자들을 동정하야제지회사당국자에 다소의설비를 부탁하얏드니 그처럼 설비가듬완전한가봅니다 경찰서로서는 경과일반을 매일현장에따송하야 풍긔상 취체를하고잇습니다 효과에대하야는 총독부위생과에 의뢰하야 분석중이니장차알게 될것입니다 운운

되여 집에불이나고 사람이죽기는 드믈게 보는일이다

그림 50. “압록강 반제지공장 하수도구에 치병소동. 성병 피부병에 약효신묘타고. 용수는 분석시험중”, 《조선일보》 1933년 8월 29일.

는 과정에서 사용된 유황과 양잿물(수산화나트륨) 등의 약품을 압록강으로 흘려보내기 위해 하수도를 설비하고 있었다. 그런데 한 달 전부터 이 하수도에서 나오는 폐수가 임질과 매독을 비롯한 각종 피부병에 약효가 있다는 소문이 일반에 퍼지기 시작했다. 급기야 인근 주민뿐만 아니라 타지의 환자들까지 몰려들어 매일 300명에 달하는 사람들이 공장의 하수도에서 벌거벗고 목욕을 하는 “에로그로 뒤범벅”의 상황에 이르렀다는 것이다. 이 “치병소동”이 위생과 풍기상의 문제로까지 비화되었기 때문에 소관 경찰서는 "풍기단속"을 명목으로 경관 한 명씩을 매일 현장에 파견하는 한편, 총독부 위생과에 샘플 분석을 의뢰해 폐수의 의학적 효과를 규명하겠다는 입장을 내놓았다.[11]

이미 '살바르산' 같이 매독을 치료하는 특효약이 발명되었고 의학적 차원에서 다양한 성병치료법들이 획기적인 성과들을 보여주고 있기는 했지만, 성병의 치료에 드는 비용은 빈곤한 조선인 일반이 부담하기에는 너무 비쌌다. '치병 소동'에서 보듯이 여전히 많은 이들은 치료를 위해 미신적이고 불확실한 민간요법에 의지했다.[12] 하지만 성병이 확산된 보다 근본적인 이유는 식민지 정부의 성병예방책이 성매매 여성의 강제 검진에만 제한되어 있다는 점에 있었다. 일방만을 대상으로 하는 성병검사는 전염을 근본적으로 차단할 수 없었을 뿐만 아니라, 정부의 관리 영역을 벗어난 사창이나 밀매음에서 높은 전염률이 나타나는 것을 막을 수 없었다.

성병예방을 위한 가장 효율적인 접근은 위험군에 대한 선별검진이 아니라 개개인의 성의식과 위생 관념을 교정함으로써 스스로 예방 대책을 실천하도록 하는 것이었다. 특히 당대에 성병이 화류계의 이미지와 직결되었기 때문에(이른바 '화류병'), 치료비를 감당할 수 있는 사람들조차도 사회적 낙인이 두려워 적극적으로 치료에 나서지 못하는 형편[13]이었다는 점을 고려해본다면 이러한 교육의 중요성은 더욱 컸다. 성병 감염을 줄이기 위해서는 성병을 예방과 치료가 가능한 '질병'으로 인식시키는 '계몽'의 과정이 필수적이었다.

박람회의 풍기문란

위생박람회는 이러한 국가적 계몽이 이루어지는 주요한 학습의 장이었다. 1883년 베를린에서 처음 시작되어 1887년부터 도쿄 등 일본 각지와 조선에서 개최되기 시작한 위생박람회는 식민지 시기 동안 조선의 대중들에게 위생 관념을 보급하는 중요한 국가적 이벤트였다.[14] 박람회는 글자를 해독할 수 없거나 교육 수준이 높지 않은 대중들도 쉽게 전시의 메시지를 이해할 수 있도록 모형, 표본, 사진 등을 적극적으로 활용하는 방식으로 이루어졌다. 예를 들어 출산과 관련한 세션에서는 자궁, 난소 등을 그림이나 인체 모형으로 만들어 보여주었다. 1921년 조선의 첫 위생박람회[15] 기사들은 전시된 물품의 목록을 다음과 같이 소개하고 있다. "실물해골과 인체모형, 보건위생 관련 식물자양물, 임산부의 배 속의 태아실물, 화류병 및 전염병과 관련된 실물."[16] 이러한 일람으로 미루어볼 때 조선 위생박람회 역시 모형과 표본 위주로 전시가 구성되었음을 확인할 수 있다. 볼거리와 즐길거리가 적었던 시절에 활동사진 상영을 동반한 박람회는 민간의 큰 관심을 끌었는데, 1921년 경성에서 열린 첫 위생박람회에는 매일 평균 6000명의 관람객이 다녀갈 정도로 대성황을 이루었다.[17]

이러한 호응에 힘입어 경성부 위생계는 다음 해인 1922년에 두 번째 위생박람회를 기획하였다. 전체 5일간의 일정으로 계획된 박람회는 심야에 방문하는 관람객들을 위해 야간 운영을 병

그림 51. 1922년 위생박람회가 열린 경성도서관.

행하기로 결정했으며, 이를 위해 박람회가 열리는 경성도서관에 전등을 설치하기로 계획했다. 그런데 개막 직전 주최 측은 예기치 않은 곤란에 부딪히게 되었다. 관할인 본정경찰서가 전시품 일부를 "풍속문란"으로 진열금지 조치를 내린 것이다.[18] 당시 위생박람회에서 주로 출품을 했던 쪽은 제약업체들이었다. 제약업체는 전시물을 제작한 후 직접 소규모의 위생전람회를 개최해 전국을 순회하였는데, 1922년 경성 위생박람회는 오사카 '인단본포'[19]가 진행하는 지역 순회 전람회의 일환으로 개최된 것이었다. 따라서 일본에서 사용되었던 전시물들이 그대로 사용되었다. 그런데 식민지 본국인 일본에서는 문제가 없었던 전시물들 중 "여자의 음부 등을 실물과 같이 만들어 전염병의 계통과 그 형용을 자세히 알도록 한 모형" 30여 개가 급작스레 풍속문란

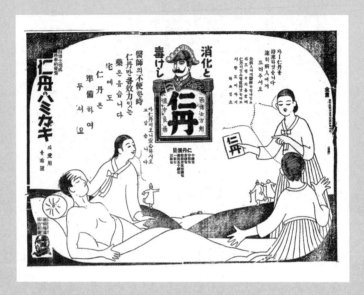

그림 52. 1922년 경성 위생박람회에 독점 출품한 제약사 인단의 신문 광고.

혐의로 전시에 제동이 걸렸던 것이다.

당시에 지목된 전시물품이 어떤 형태였는지는 구체적인 자료가 남아 있지 않다. 다만 1921년 《조선일보》에 소개된 도쿄 위생박람회 기사를 통해 당시 전시품의 대략적인 내용을 추측해볼 수 있다. 정충과 난자, 임질균 등을 현미경으로 직접 관찰할 수 있도록 만든 모형, 성병 감염으로 부패해가는 남녀의 성기를 재현한 모형, 그리고 화려한 의복을 입은 기생의 마네킹을 통해 성기 부분에서 매독균이 움직이는 것을 관찰할 수 있도록 한 모형 등.[20] 1922년 경성 위생박람회에서 전시하고자 했던 모형들도 이와 거의 유사한 형태였을 것으로 추정된다. 결국 경기도 경찰부까지 파견되어 다시 면밀한 검사를 진행했지만, 전시불가 판정은 변하지 않았다. 최종적으로 전시는 30여 개의 표본들을 제외한 채 진행되었다.[21]

식민지 시대 위생박람회에 대한 연구들은 조선뿐만 아니라 대만에서도 식민지 본국인 일본의 위생박람회와 분위기나 내용면에서 결정적인 차이들이 발견된다고 지적한다. 일본의 위생박람회들이 주로 '에로 그로'한 장치들을 동원하는 노골성과 흥행에 초점을 둔 행사였던 데 반해, 대만과 조선의 박람회는 "교실같이 점잖은 전시"의 기조로 이루어졌다.[22] 이러한 차등적인 검열의 적용은 식민지 시기 조선의 섹슈얼리티의 담론장이 갖는 성격을 이해하는 데 중요한 단서를 제공한다.

'미성숙한 조선인'이라는 신화

사실 일본 국내에서도 모든 관람객이 평등하게 적나라한 성병 모형을 관람할 수 있었던 것은 아니었다. 1926년에 일본에서 열렸던 명치옥 위생박람회의 출품 규정에 따르면 "풍속 혹은 질서를 문란케 하거나 위생을 해칠 우려가 있는 것"으로 판단되는 모형은 출품이 금지될 수 있었다. 그런데 흥미롭게도 같은 규정은 예외 역시 함께 명시해두고 있다. 이러한 모형이라 하더라도 경찰의 허가를 얻어 '특별실'에 진열하는 경우는 전시가 가능하다는 것이다. 실제로 1926년 오사카 위생박람회에서 성병에 감염된 여성의 마네킹 모형은 "어린이 관람금지"라는 팻말이 붙은 채 특별실에 전시되었다.[23] 별도의 특별실을 운영하는 관행은 위생박람회뿐만 아니라 박람회 일반에 적용된 검열의 방식이었던 것으로 보인다. 예를 들어 1895년 일본 교토에서 열린 내국근업박람회에서는 한바탕 소동이 벌어졌는데, 박람회의 일부로 개최된 미술전람회에 나체화가 전시되었기 때문이었다. 유럽풍의 나체화는 일본의 풍속을 해치므로 시기상조라는 격렬한 논쟁이 오간 끝에, 이후로 나체 조각은 별도로 마련된 '특별실'에 전시되는 것으로 일단락되었다. '특별실'에 전시되지 않는 경우에는 사진 촬영이 금지되었고 경찰이 이를 직접 단속하는 방식으로 관리되었다.[24]

나체화를 둘러싼 '내지' 일본의 검열은 로댕의 조각상 〈키스〉의 도록조차 전시를 금지했던 식민지의 검열 방식과는 분명한 차이를 드러낸다.[25] '풍기문란'의 단속을 명목으로 한 검열은 일본과 조선 모두에서 실시되었지만, 전시불가 판정을 받았던 조선과는 다르게 일본에서는 '특별실'이라는 제한된 조건에서 관람이 가능했다. 관람인의 자격은 성인으로서의 객관적 지위를 보증하는 연령과 '특별실' 관람에 필요한 부대비용을 추가로 지불할 수 있는 경제적 능력을 통해 규정되었다. 이때 검열의 권력은 전시물의 선정성을 연령에 따라 등급화하고, 사진과 같은 매체를 통한 대량복제 및 유통을 금지하는 방식으로 작동했다. 반면에 식민지 조선에서는 별도의 '특별실'이 운영되지 않았는데, 여기에는 모두가 함께 전시물을 관람할 수 없는 일종의 '금지의 평등주의'가 적용되었던 셈이다.

이러한 차이는 1차적으로는 민간 위생조합이 주최했기 때문에 언제나 수익성을 고려해야 했던 일본과는 달리, 관(주로 지역 경찰)에 의해 위생박람회가 개최됐던 식민지 조선의 상이한 조건으로 인한 것으로 보인다. 무료입장을 전제로 운영된 조선 위생박람회에서 수익성은 중요하게 고려되지 않았다. 따라서 별도의 '특별실'을 운영해야 할 경제적 유인은 존재하지 않았다. 하지만 보다 근본적으로는 피식민지인을 바라보는 제국 특유의 관점이 작용한 결과로 볼 수 있다. 식민지 시기 위생 정책에 대한 연구들은 조선의 위생 행정 전반이 대한제국 시기나 당대 일본과 비교해 훨씬 불완전하고 억압적인 방식으로 집행되는 경향이 있었음을 지적해왔다. 그리고 이것은 흔히 '식민지인의 차이', 즉 조선인이 가지고 있는 특유의 '미성숙함' 때문이라는 주장을 통해 정치적으로 정당화되었다. 총독부 관리들이나 일본인 학자들은 조선인 절대 다수가 계몽되지 못해 미신과 관습에 사로잡힌 미숙한 존재이기 때문에 이미 성숙한 근대인인 일본인과는 다르게 취급해야 한다고 생각했다.[26] 탈식민주의 이론가 아시스 난디는 피식민지인을 아동과 동일하게 간주하는 이러한 인식이 근대 식민지 체제들 안에서 거의 예외 없이 발견된다고 지적한 바 있다. 적절한 사회화 과정을 통해 성숙과 성장을 해야 하는 '아동'의 존재와 이들을 돕는 책임을 가진 주체로서의 '성인'으로 상징되는 성장과 발전의 테마는 식민과 피식민의 관계에 손쉽게 유비되었다. 식민지인의 차이는 야만의 상징인 동시에 아동의 미성숙함에 대한 대응물로 간주되곤 했다.[27]

1920~30년대를 특징짓는 식민지 당국의 일상적인 가부장적 성 통제는 이러한 인식의 직접적인 산물로 볼 수 있다. 당시의 풍기단속은 허가받지 않은 성매매('사창')를 단속하는 차원을 넘어 일상의 다양한 차원까지 규율했다. 실제로 기사들은 금전을 매개하지 않은 남녀 관계 역시 경찰의 일상적인 단속의 대상에 포함되어 있었음을 보여준다. 경찰은 1922년부터 혹시 일어날지 모르는 "남녀의 추한 행동"을 방지한다는 명목으로 당시에 젊은 연인들이 주로 방문하는 데이트 코스들(삼청동 솔밭, 남산공원, 한강철교, 장충단 등지)마다 야간에 형사대를 배치해 감시했다.[28] 길가에서 키스하던 남녀가 서로 연행되어 "가두에서 키스하는 것은 절대 불가"라는 엄한 훈계를 듣고 풀려나거나,[29] 밀밭 근처에서 사랑을 속삭이던 젊은 여인들이 우연히 지나던 학생의 신고

여보게손이
차서더못
세게네

보여긔 늬뛰여도
입 아 줄 사여
ㄴ수 ㅅ 사람 도
러가세그려

·······손련송라마 능껏히쳔쳔 능서ㅁ는열人行====行流돈구암

그림 53. 마라톤의 유행을 풍자한 만평. 《별건곤》 1927년 11월호.

로 출동한 경찰에 체포되는 풍경[30]은 이 시대에 '자유연애'의 이
상을 실현하는 것이 얼마나 어려운 일이었는지를 잘 보여준다.

심지어는 "추한 관계"가 발생할 위험이 있다는 이유로 여름
철이면 조선인을 대상으로 "야만적 장속(비치는 여성의 옷과 남성의
상반신 탈의 등)"에 대한 단속이 진행되기도 했다.[31] 유사한 이유로
1934년에는 시내에서의 마라톤 연습이 금지되었는데, 마라톤
이 국민 보건상 큰 이점이 있음에도 불구하고 "시내 대로를 빨가
벗은 채" 뛰어다니기 때문에 풍기상 좋지 못하다는 이유에서였
다.[32] 이러한 양상의 풍기단속은 피식민지인들이 아동과 마찬가
지로 이성적 판단과 결정의 주체가 될 능력을 결여한 존재로 간
주되었음을 보여준다. 위생박람회의 '특별실' 입장이 금지되었

던 일본의 아동들과 마찬가지로 피식민지인들은 스스로의 욕망과 근대가 가져올 성적 위험으로부터 보호되어야 했다. 피식민지인은 일종의 '성장하지 않는 아이들'이었던 셈이다. 조선에서 '성'이 논의된 것은 이러한 식민지적 제약 속에서 구성된 담론장을 통해서였다.

양성문제 특집호와 불순혈설의 시대

식민지 조선에서 성에 대한 논의들은 1920년대 후반 '에로 그로 넌센스' 문화의 부상이라는 상업화된 조건과 함께 폭발적으로 증가하기 시작했다. '본격 취미 잡지'를 표방한 《별건곤》이 1929년에 자신들의 표현을 빌리자면 "될 수 있는 데까지 정중하게 성교육의 재료를 취급"한 '양성문제 특집호'를 발간한 것은 결코 우연이 아니었다. 이 잡지는 당대에 '에로 그로'한 취향과 '성교육' 담론, 그리고 이제 막 조선에서 부상하기 시작한 신진 의료 전문가 집단을 잇는 가교가 되었다. 엄청난 상업적 성공을 거둔 것으로 알려진 '양성문제 특집호'[33]의 가장 두드러진 특징은 필진의 면면에서 나타난 변화였다. 그동안 주로 교육자들이 성 관련 글들을 생산했던 데 반해, '양성문제 특집호'에는 독일 베를린대학에서 의학박사 학위를 취득한 이갑수, 독일 프라이부르크 의과대학에서 세균학으로 의학박사 학위를 취득한 정석태, 일본 치바의전을 졸업하고 당시 인제병원에 재직 중이던 의사 주영선, 교토제국대학에서 의학박사 학위를 취득한 박창훈, 조선인 최초의 산부인과의 신필호와 같은 의료 전문가들이 대거 참여했다.

'양성문제 특집호'는 취급하는 내용에서 있어서도 청소년들을 대상으로 한 '성교육'의 실시 방법과 내용 같은 기존의 교육적 논의에 한정되지 않았다. 특집호는 "진찰실에서 본 노처녀와 『히스테리』 너무 늦는 결혼의 해" "성욕의 생리와 심리 – 남녀양성의 성욕고性慾苦" "세계적 최신 발명 – 삼십분 간에 태중의 남녀를 아는 법" "특히 주의할 여성과 금욕생활" "세계 진기 이혼소송 – 처녀 비처녀의 감별 문제"와 같이 다양하고 광범위한 주제를 다루었으며, 일반 대중을 수신인으로 상정하고 성에 대한 지식을 전달했다. '양성문제 특집호'에서 두드러지게 발견되는 성담론의 주도권 교체는 1930년대에 각 신문사에 의해 운영된 '의학상담란'을 통해 뚜렷한 흐름으로 자리 잡게 된다.

그러나 이러한 변화는 모종의 인식론적 전환, 즉 성에 대한 윤리적·도덕적 접근에서 의학적·생리적 접근으로의 전환[34]과 같은 이분법을 통해 명쾌하게 구분할 수 있는 성질의 것은 아니었다. 1930년대에도 여전히 비의료인 지식인들은 '성교육'에 대해 발언권을 가졌으며, 자신의 주장을 정당화하는 데 의학적 전거를 동원했다. '불순혈설'을 둘러싼 논쟁은 지식인 그룹 내부에서의 담론의 혼재를 잘 보여준다. '불순혈설'은 여성이 한 명 이상의 남성과 성관계를 하면 혈액 중에 이미 성관계를 한 남성의 혈액이 남아 '순혈한 혈통'의 아이를 낳을 수 없다는 이론으로 1920년대 조선에서 크게 유행하였다.

그림 54.
"엇지하리까? 과부장가를
드니 맘이 꺼름직하다",
《조선일보》1934년 12월 12일.

1934년 《조선일보》 상담코너 "엇지하리까?"란에는 '불순혈설'
과 관련된 흥미로운 사연이 등장한다. 사연의 주인공은 본처와
이혼하고 "과부장가"를 든 29세의 남성으로, 그는 재혼한 아내
가 이미 한 번 결혼한 경험이 있는 "과부"로 "정조를 파괴"한 일
이 있다는 점 때문에 이것을 항상 "더럽게 생각"해 불만과 고통
에 시달리고 있었다. 그런데 그의 고통은 최근 《조선일보》 학예
면에 실린 '불순혈설' 관련 기사를 읽은 후로 한층 더 심해졌고,
이에 대응책을 질문하기 위해 편집부로 사연을 보낸 것이었다.[35]
이러한 사례는 당대의 신문·잡지가 통속화된 성과학 지식들을

독자들에게 보급하는 중요한 통로로 기능했을 뿐만 아니라, 이 지식들이 때로는 독자들의 인생에 있어 중대한 결정을 내리는 계기가 될 만큼 진지한 계기로 받아들여졌음을 보여준다. 이 청년의 질문에 대해 상담자는 준엄한 꾸짖음으로 답했다.

왜 당신도 한 번 장가를 들었던 남자인데 과부된 부인만을 흠으로 잡으십니까? (…) 옛날의 썩은 정조를 버리고 새로운 정조론을 배우지 않으면 안 되겠습니다. 그리고 서양 학자 중에서 남자의 정충이 화학 작용을 일으키고 그 화학 작용이 오래 보전되어 새 남편에게서 낳은 아이들이 전 남편의 모습을 닮는 수도 있다고 떠든 사람이 있습니다. 본지에서는 그 말이 하도 재미있으니까 그저 그런 학설도 있다고 소개한 데 지나지 않습니다. 그러나 그 학설을 반대하는 학자가 더 많습니다. 그런지 안 그런지도 자세히 모르는 학자님네의 잠꼬대에 속아서 당신의 전 가정을 불행하게 만들어서는 안 됩니다. 과부장가 드는 사람이 당신 이외에도 좀 많습니까? 왜 당신 혼자만이 불안을 가지고 고통을 느낄 것은 무엇입니까?[36]

상담자는 '불순혈설'이 수많은 과학적 학설 중 하나에 지나지 않으며, 이러한 "학자님네의 잠꼬대"를 진실로 받아들여서는 안 된다고 충고한다. 대체 "과부장가"를 드는 이들이 얼마나 많은데, 본인 혼자 "정조"에 얽매여 불필요한 불만을 가지고 고통을 느낀단 말인가! 1930년대에 의료 전문가들은 시중에 유포되어 있는 '불순혈설'이 과학적 근거를 결여하고 있다는 점을 직접 언급하기도 했다.[37] 하지만 의사들의 비판이 곧장 의학적으로 권위 있는 해석으로 수용된 것은 아니었다. 실제로 '불순혈설'을 주장한 일본의 대표적 논자인 하부토 에이지 역시 의학박사이자 당시 일본을 대표하는 성과학자이기도 했기 때문이다. 조선의 의료 전문가들이 불순혈설을 부정하는 견해를 밝힌 이후에도 김문식은 1937년 《동아일보》 논설에서 이를 인용하고 있다. 여성의 정조는 "출산하는 자녀에게 순수한 혈통을 전하려는 자연의 욕과 자기자신을 깨끗하게 바르게 지키려는 자연명령"이며, 그 근거는 "1인 이상의 남성과 관계한 부인의 혈액 중에는 남성혈액이 작용하야 혼란을 일으"킨다는 과학적 사실이다.[38]

'불안'과 '고통'을 불러일으키는 '불순혈설'에 대한 학예면 기사와 이를 준엄하게 꾸짖는 상담란이 한 지면에 공존하는 풍경이 보여주듯이 서로 다르고 때로 상충되는 학설들이 전문가의 과학적 권위라는 이름하에 나란히 공존하고 있었다. 사실 당시 조선의 의료 전문가들이 젠더와 섹슈얼리티의 문제에 대해 보수적인 대중들보다 반드시 더 나은 이해를 가지고 있었던 것도 아니었다. (대부분의 서구의 성과학자들이 그랬던 것처럼) 많은 경우 이들은 자신에게 익숙하지만 이미 시효가 다한 전통적인 성별 규범을 의학이라는 근대적 언어를 동원해 재조립하는 데 관심을 가지고 있었다. 과학과 유사과학, 윤리적·규범적 주장과 의학적·과학적 지식 사이의 경계는 실질적으로 매우 모호했다.

마찬가지로 1920년대 후반부터 대중 잡지에 범람하기 시작한 '성교육' 지식들 속에서 포르노그래피적인 것과 계몽적인 것을 구분하는 것 역시 어려웠다. 상업적인 포르노그래피와 계몽 담론이 혼재하는 경향은 의료전문가들이 필진으로 대거 참여한 '양성문제 특집호'의 글의 목록을 통해서도 확인된다. "양성미兩性美 해부. 어떤 것이 미인인가" "남성이 여성에게 정조를 강요하는 이유. 혈통을 순결히 하기 위한 일부일부一夫一婦" "오대도시 미인평판기" "맹수의 정적생활情的生活" "진문, 괴견. 각국남녀 성생활 견문기" "진기 연애전람회 뒤푸리" 등등. 노처녀, 히스테리, 성욕고性慾苦, 태아 감별, 처녀 감별법, 미인 평판기, 정조, 타국의 성생활 견문기 등등. 이러한 '성교육' 특집의 구성은 식민지 조선에서 성지식이 잡지의 주된 구매자로 상정된 남성 독자의 '에로 그로'한 취향과 결합해, 계몽과 통속적 오락 사이의 어딘가에서 소비되었음을 보여준다. 그리고 이처럼 증대되는 성의 의료화와 상업화 경향은 조선에서 전에 없이 새로운 근심의 주체들을 만들어내고 있었다.

"음경단소에 어떠한 치료를 가하면 좋겠습니까"

1935년 《동아일보》의 한 남성 독자는 성생활과 관련된 고민에 대한 해답을 구하기 위해 신문 의학상담란에 엽서를 보냈다. 그는 신경쇠약, 성욕부진, 조루와 같은 자신의 증상을 설명한 후 한창 신문에 광고되고 있는 "호리크진공기"가 과연 조루를 치료하는 데 효능이 있느냐는 질문을 덧붙였다(아마도 이것이 이 엽서

그림 55. "지상병원", 《동아일보》 1935년 7월 17일.

의 주된 용건이었을 것이다).[39] 마찬가지로 같은 해 평안남도의 김＊진이라는 미혼의 22세 청년은 15, 16세부터 자위를 시작했는데 이때문에 4년 전부터 신경쇠약을 일으키고 있으며 "음경까지 단소"하다고 호소하는 사연을 같은 "지상병원" 꼭지에 보냈다. 그리고 역시 상담의에게 다음과 같은 질문을 남겼다. "음경단소에 어떠한 치료를 가하면 좋겠습니까 그리고 "호리크" 진공기는 어떠합니까?"[40]

1930년대 신문에서는 위와 같은 독자문답 형식의 의학지식 코너들을 손쉽게 발견할 수 있다. 《동아일보》는 1930년대부터 1940년대까지 "지상병원"을, 《조선일보》는 1930년대 동안 "가정의학" 코너를, 《조선중앙일보》는 1933~35년에 "위생문답" 코

너를 정기적으로 연재했다. 이러한 코너들은 서양의학과 관련된 지식을 대중에 보급하고 의료와 건강에 대한 인식 변화를 돕겠다는 취지로 기획되었다.[41] 1930년을 전후로 이러한 기획이 집중적으로 나타날 수 있었던 것은 조선에서도 보통학교 교육의 확대로 1930년대 초반경이 되면 문해력과 글쓰기 능력을 가진 독자층이 형성되기 시작했기 때문이다. 1930년 기준 의사 1인이 담당해야 하는 조선인 인구가 3만 명꼴이었던 조선의 열악한 의료 현실[42]에서 의학상담란은 독자들이 자신이 가지고 있는 의료 관련 정보를 전문가에게 검증받고 질병에 대한 조언을 구할 수 있는 매우 효율적인 통로였다.[43]

이 의학상담란은 식민지 정부의 통제나 훈육과는 전혀 다른 경로를 통해 새로운 '자기관리'의 주체들이 등장하고 있음을 보여준다.[44] 의학상담란이 원활하게 운영되기 위해서는 무엇보다 증상을 질병으로 이해할 뿐만 아니라 진단에 대한 지식을 가지고 있는 독자의 존재가 필수적이었다. 의학상담란은 직접 문진이 아니라 신문지상에서 이뤄졌기 때문에 지면상의 제약을 받

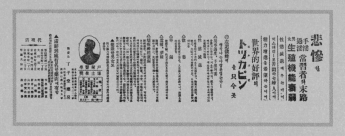

그림 57.《동아일보》1931년 12월 24일자에 실린 '자양강장제' 도쓰가빈 광고.
"비참한 수음 과음 상습자의 말로. 남녀 생식기능 쇠약"이라는 문구가 쓰여 있다.

을 수밖에 없었다. 따라서 유용한 상담을 받기를 원하는 독자는 자신의 증상을 병명과의 연관 속에서 미리 예측하고 문의하는 능력을 가지고 있어야 했다. 이런 능력은 1933년 9월 이후《동아일보》가 "지상병원"에 밀려드는 투고를 효율적으로 분류하기 위해 엽서를 보낼 때 반드시 병명을 쓰도록 규정하면서 더욱 필수적인 것이 되었다. 그뿐만 아니라 의사에게 병에 대한 문의를 구하기 위해서는 자신이 경험하고 있는 증상들을 서양 의학의 프레임을 통해 객관적으로 설명할 수 있어야 했다.[45]

이런 관점에서 앞선 상담 내용을 검토해보면 독자가 스스로의 병명을 '신경쇠약'으로 정의하고 이와 관련된 자신의 증상(조루, 불임, 음경단소)을 나열한 후 "'호리크 진공수치기'로 조루증을 고칠 수 있습니까?" "'호리크 진공기'는 어떠합니까?"와 같이 병원을 방문하지 않고도 주변에서 쉽게 구할 수 있는 약재의 효능에 대해 질문하고 있다는 점에서 요구된 상담의 형식을 충실하게 구현하고 있다는 점을 발견할 수 있다.

물론 현실에서 대부분의 독자들이 자신의 증상과 '신경쇠약'이라는 '진지한' 병명을, 더 나아가 서양 의학의 프레임과의 연관성을 인식하게 된 것은 신문의 하단을 빼곡히 채운 자양강장제(정력제)와 성기능 장애 치료제(호리크 진공수치기) 등의 광고 덕분이었다. 이러한 광고들은 으레 "모 의학박사의 최신 학설에 기반한 발명"과 같이 전문가의 직함을 인용해 제품의 과학성과 효능을 주장하는 동시에 "비참한 수음 과음 상습자의 말로. 남녀 생식기능 쇠약"(도쓰가빈 광고) "수음난행 방사과도는 양기부족으로"(노이루정 광고)와 같은 위협적인 문구를 통해 독자들에게 일상적인 성적 관행들이 치명적인 질병의 원인이 될 수 있다는 불안을 불어 넣었다.

생식기성 신경쇠약 남편과 히스테리 아내

'신경쇠약'은 《동아일보》 "지상병원" 란에 온 독자 문의 중 여타의 질병들을 제치고 가장 많이 상담된 질병이었으며,[46] 특히 그중에서 '생식기성 신경쇠약증'은 가장 많은 문의가 집중된 주제였다. 현재에는 생소하기 짝이 없는 이 '생식기성 신경쇠약증'이란 대체 어떤 병일까? 경성제대 암정내과 의사 김동익의 정의에 따르면, "생식기성 신경쇠약"이란 "방사과도, 수음, 부자연한 성교 등"으로 발생하는 질병으로, 먼저 "생식기성 신경의 신경쇠약"을 일으켜 결과적으로 "전신 신경쇠약"으로 확대되는 질병이다.[47] 사실 '생식기성 신경쇠약'이라는 질병의 정의가 갖는 모호함은 '신경쇠약증'이라는 규정 자체에 고유하게 내재된 특징이기도 했다.

'신경쇠약'은 1869년 조지 밀러 비어드가 처음 진단명으로 사용한 것으로, 생리학적·해부학적 관점에서 신체 조직에 아무런 이상이 없는데도 기능에 장애가 나타나는 현상을 지칭하기 위해 도입된 의학 용어였다.[48] 이러한 용례에 비추어 본다면 '생식기성 신경쇠약증'이란 엄밀한 의미의 의학적 진단명이라기보다는 생리학적·해부학적으로 그 이유를 분명하게 알 수 없는 성기능 장애 전반을 모호하게 포괄하여 지칭하는 용어라고 추정해 볼 수 있다. 식민지 조선에서 '생식기성 신경쇠약증'에 대한 두려움은 일종의 신드롬을 일으켰다. 경성제대 의사 김동익은 '생식기성 신경쇠약증'에 대한 의학상담란 문의가 쇄도하는 것을 넘어, 이 질병으로 진찰을 받기 위해 병원을 찾아오는 사람이나 심지어 사적으로 비밀리에 문의하기 위해 병원과 자택 주변을 서성이는 남성들의 수가 놀랄 만큼 많다고 토로했다.[49]

사실 '생식기성 신경쇠약'의 원인이 된다는 "방사과도, 수음(자위), 부자연한 성교" 등은 그 성격상 정의 내리기 매우 모호한 것이었다. "방사과도"에서 '과도'란 어느 정도의 빈도를 가리키는 것인지, 자위는 1회만으로도 위험한지 혹은 장기간 지속될 때 위험성이 있는지, "부자연한 성교"에서 '부자연'이 의미하는 바는 무엇인지, 무엇 하나 객관적인 정의를 내리기 어려운 것들이었다. 이러한 질병의 성격은 대중의 불안감을 더욱 증폭시키는 방향으로 작동했다. 의사 김동익은 자위를 하면 '생식기성 신경쇠약'에 걸린다는 지식이 퍼지는 바람에 사람들이 불필요한 공포심에 사로잡히고 있으며, 이에 따라 근래에 자위보다 오히려 자위에 대한 공포로 '신경쇠약'이 되어 찾아오는 환자들이 더 많을 정도라고 한탄하기도 했다.[50] 질병의 치명성의 기준에서 본다면 그다지 심각하지 않은 이 병이 왜 신경쇠약까지 불러일으킬 만큼 강박적인 두려움의 대상이 되었던 것일까? 이에 대한 답변은 다음의 독자 상담 내용에서 찾아볼 수 있다.

> 신경쇠약
>
> [문] 저는 이십사세의 남자입니다. 삼년 전부터 신경쇠약으로 고생하다가 지금은 성욕까지 약하여 방사에 늘 조루가 되어 만족한 감이 없으며 결혼한 지 사년이나 되었는데 출산도 없으니 어찌하면 좋습니까? '호리크 진공수치기'로 조루증을 고칠 수 있습니까? 또 저의 처도 점점 정이 벗어려저 가니 여자에 대하야 불만족하여 그럴까요? 그리고 어떤 사람이 냉수마찰을 하라고 하기에 시작하였더니 치질이 생겼으니 어떻게 치료하며 또 치질에 냉수가 괜찮겠습니까? (금화 **석)[51]

'생식기성 신경쇠약'에 걸린 이 24세의 남성은 성욕이 약하고 조루가 잦은 자신의 성생활 패턴으로 인해 2세 출산이 불가능할지도 모른다는 불안감과 아내에게 만족감을 주지 못해 애정을 잃을지도 모른다는 두려움에 시달리고 있었다. 이 질병은 신체를 통한 개인적인 고통이 아니라, 아버지와 남편 같이 전통적으로 규정된 남성의 역할을 훼손하는 위협으로 경험되었던 것이다. 실제로 당대에 자양강장제와 성기능 장애 치료제 광고들은 병의 치료를 통해 회복되는 것이 "남성적 전능력"이며, "성기의 무능과 성욕의 쇠약"이 "남자의 대적大敵"이라는 메시지를 반복적으로 발신했다.[52] 이렇게 능동적인 성능력을 남자다움과 남성성, 남성의 사회적 역할과 연결 짓는 의미 체계 안에서 '생식기성 신경쇠약'을 통해 궁극적으로 위협당한다고 믿어지는 것은 남성이라는 정체성 그 자체였던 셈이다.

성이 의료화되는 시대에 남성들만이 이러한 정체불명의 질병에 시달렸던 것은 아니었다. 여성들 역시 생리학적·해부학적 이유로는 설명할 수 없는 기능장애에 시달렸다. 이러한 증상이 여성 편에서 발견되었을 때, 이 증상은 흔히 '히스테리'라는 이름으로 불렸다.[53] 1929년 잡지 《별건곤》에는 의사인 필자가 진찰실에서 만난 한 히스테리 여성의 치험례를 소개한 "진찰실에서 본 노처녀와 『히스테리』. 너무 늦는 결혼의 해"라는 제목의 글이 실렸다. 환자는 관훈동에 사는 조모라는 당시 21세의 처녀로, 그녀는 태어난 후부터 최근까지 별다른 질병을 앓은 일 없는 건강한 여성이었다. 하지만 병원을 방문하기 몇 달 전부터 다음과 같은 이상 증상이 발현되기 시작했다. 심하지는 않지만 원인을 알 수 없는 두통, 불면, 잦은 악몽, 사물에 대한 지나친 몰두, 과도한 기쁨과 슬픔을 오가는 감정 상태, 심장의 고동 소리가 크게 들리는 증상 등. 그녀가 의사까지 찾게 된 결정적인 원인은 유동식을 먹어도 전혀 소화가 되지 않아서 식사를 할 수 없다는 데 있었다. 필자는 환자를 세밀하게 진찰했지만 어떠한 생리학적·해부학적 이유도 발견할 수 없었다. 그래서 그는 이 것이 "처녀시대에 걸리기 쉬운 일종의 신경쇠약이라 할지 좀 더 나아가서 히스테리"라는 결론에 도달한다. 도저히 약으로 치료 할 수 없는 병이라고 생각한 그는 약의 복용을 중지시키고 "치 료 겸" 결혼을 시키라는 비의학적 처방을 내렸다. 그리고 몇 달 후 정말 결혼을 한 그녀는 모든 고통이 하룻밤에 씻은 듯이 없 어지고 몸도 비대해져 병이 나기 전보다 몇 곱이나 건강해졌다 는 것이다.[54]

'히스테리'를 여성의 '금욕'이 낳은 부정적인 결과 나타나는 증 상으로 바라보는 견해는 같은 잡지에 실린 의학박사 박창훈의 "특히 주의할 여성과 금욕생활"에서도 확인된다. 박창훈은 "혼 인적령기"가 지나도록 결혼을 하지 않은 여성은 생리적 자연의 요구를 억제할 수가 없기 때문에 남성보다 극심한 "일대 위험 기"에 놓이게 되며, 빈혈, 신경통, 월경부정, 생식기관 위축과 함 께 "히스테리"를 앓게 된다고 주장했다. 그리고 "히스테리"에 걸 린 여성은 아마도 "비자연의 짓"(자위)에 빠지거나 "훌륭한 광녀 狂女로 행세"하게 되거나, 그렇지 않으면 혼외정사와 같은 "패륜 의 행위"를 저지르게 될 것이다.[55] 하지만 이러한 '히스테리'가 반 드시 미혼의 여성에게만 발생하는 질병으로 여겨졌던 것은 아 니었다.

1933년 《동아일보》는 "십팔세 소부 방화광. 성적관계의 방 화"라는 제목으로 5개월 동안 상습적으로 방화를 저지른 범인

十八歳少婦放火狂

性的關係의放火
五個月間五十七回
어린男便의性的不滿所致로
活動延人員五千名돌파

그림 58.
"십팔세 소부 방화광. 성적관계의
방화. 오개월간 오십칠회",
《동아일보》 1933년 10월 20일.

이 체포되었다는 소식을 전했다. 5월에 시작되어 10월까지 이
어진 방화는 특히 추석을 앞둔 5일간 매일 10~30분 간격으로
이어져 동리 주민들을 공포에 떨게 했다. 큰 규모의 불은 아니
었지만 57회 가까이 달하는 잦은 방화 횟수 때문에 주민들은
언제 일어날지 모르는 방화의 두려움으로 말미암아 제대로 잠
을 이루지 못하는 형편이었다. 경찰은 필사적으로 검거에 노력
했지만, 범인의 정체는 오리무중이었으며 그동안 방화로 불을
끄기 위해 동원된 인원만 5000명에 달했다. 주민들은 이 불을
"귀신화", 즉 "귀신의 불"이라고 부르기 시작했다. 그런데 어느
날 순찰을 돌던 한 경찰은 운 좋게도 우연히 처마에 불을 놓고
있던 범인을 현장에서 발견하게 되었다. 급히 체포해 취조한
결과 범인은 바로 그 집의 주인이자 결혼 1년차인 18세의 "어
린 소부"인 것으로 드러났다. 57회에 달하는 방화는 모두 그녀
의 집과 인접한 이웃집 두 채에만 집중되어 있었다. 기사는 이

그림 59. "남성성기 단소기능장해는 부인을 히스테리가 되게 해",
《동아일보》 1933년 1월 20일.

여성이 57회나 방화를 저지른 범행 동기에 대해 가장 "신빙할 만한 것"으로 가정경제가 넉넉했지만 남편이 1년이 넘도록 "생식기능이 전혀 없어" "히스테리의 발작을 일으킨 탓"이라고 설명했다.[56]

실제로 남편에 대해 '성적 불만'을 품은 아내가 방화를 저지른다는 범죄 서사는 이러한 유형의 범죄에 대한 일종의 권위 있는 해석처럼 사용되었다. "벙어리요 생식기 불구자"인 남편에게 이혼을 당하기 위해 방화를 일곱 번이나 하고 "철창에 우는 여자", 남편이 "생식기 불구자"임을 알고 "비관 끝에" 이혼할 계획으로 자기 집에 불을 지른 결혼한 지 반 년 된 새댁 등.[57] '히스테리'에 사로잡힌 기혼 여성들은 불만족스러운 성생활로 병들게 된 여성들, 즉 '생식기성 신경쇠약' 남편의 아내들로 그려졌던 셈이다.

아내들의 '남편교정술'

당대의 지식인들이 이상적인 가족 모델로 구상했던 것은 서구의 핵가족을 모델로 한 '신가정'이었다. '신가정'은 전통적인 가족과는 달리 부부 간의 상호 배려와 정서적 친밀성, 애정에 바탕을 두고 만들어지는 새로운 가족 관계를 의미했다. 이 '신가정' 안에서 성생활은 부부 사이의 정서적 친밀성을 강화하기 위해 빼놓을 수 없는 요소로 강조되었다.[58] 이러한 맥락에서 1930년대 신문과 잡지에는 부부 간의 안정적인 성생활이 건강에 미치는 긍정적인 영향을 강조하는 글들이 종종 발견된다.

1936년 《조선일보》에 실린 "성생활은 수명에 해될까 – 그러나 독신은 더 오래 못 산다"라는 기사는 성생활이 수명에 해롭다는 전통적인 믿음("색을 탐내면 단명한다고 옛적부터 말하여 내려왔고")을 논박한다. 기사는 철저한 고찰을 위해 통계를 참고해야 한다고 언급했으면서도 구체적인 전거나 수치를 인용하지 않은 채 어느 국가, 어느 민족의 통계를 보든지 오히려 반대의 결과를 확인할 수 있다고 단언한다. 미혼자는 기혼자보다 훨씬 더 일찍 죽고, 이혼한 사람, 홀아비, 과부 등은 부부 생활을 하는 사람보다 먼저 죽는다. 필자는 이러한 차이가 나타나는 이유로 정신적 위안과 함께 부부 간의 적당한 성생활이 "성욕에 대한 번민"을 막고 육체적 만족을 줌으로써 "우리의 생활작용을 극히 자연스럽게 원만"하게 만들기 때문이라고 분석했다. 결혼이 수명 연장에 가져오는 이득을 생각할 때 반대자들이 주장하는 결혼의 위험

그림 60.
"성생활은 수명에 해될까 –
그러나 독신은 더 오래 못 산다",
《조선일보》 1936년 1월 1일.

("복잡한 가정 생활이나 생산(출산)에 의한 위험") 쯤은 전혀 문제도 되지 않는다는 것이다.[59] 같은 지면에서 의학박사 김성진 역시 극단적인 금욕은 오히려 수명에 해롭고 과도한 성생활 역시 수명을 단축하므로, "중용의 길"로 "자연스러운 부부생활"을 하라고 권하고 있다.[60]

흥미로운 점은 여기에서 언급되는 '자연스러운 부부생활'이 전통적인 방식의 부부생활과는 분명히 다르다는 데 있다. 단적으로 김성진은 같은 글에서 "재래 조선관습"처럼 "부부각거 생활”은 찬성할 수 없다고 분명히 밝히고 있다.[61] '자연스러운 부부 생활'이란 '자연'이 아니라 '신가정'에 진입하려는 남녀가 새롭게 학습해야만 하는 근대적인 성생활의 방식이었다. '신가정'은 부부 간의 상호 배려와 정서적 친밀성, 애정을 강조했지만,[62] 한편으로는 뚜렷이 이분화된 성역할 모델에 바탕을 두고 있었다. 남편과 아내를 상반되면서도 보완적인 역할로 전제하는 '신가정'의 이상은 '자연스러운 부부생활'에 대한 기대에도 반영되었다. 1933년 잡지 《신여성》의 "남편교정술"은 '신가정'에서 기대된 욕망과 역할의 성별 분업을 잘 보여준다. 필자는 "수상한 곳"(에로틱한 서비스를 판매하는 유흥산업)에 유혹당하기 쉬운 본능을 가진 남성들을 '신가정'에 적합한 남편으로 "교정"하기 위해서 '신가정'의 아내들은 "'잇트'와 '에로'를 겸비한 '세계제일의 뱀프'" 같은 새로운 미덕을 체현해야 한다고 주장한다. 이 문장 속에서 "잇트"는 섹시함과 매력을, "에로"는 에로틱함을, "뱀프"는 요부를 의미한다. 즉 아내는 카페에서 제공되는 것과 동일하게 섹시하고 에로틱한 매력을 발산하는 요부 역할을 가정에서 수행할 수 있어야 한다는 것이다.[63]

'신가정'의 아내는 성적인 존재로서 남성에게 충분히 유혹적이되 수동적인 성적 객체의 위치를 유지해야 했다. 이러한 '신가정'의 성적 규범은 보다 과학적인 언어를 통해 정당화되기도 했다. 의사 정석태는 남성과 여성의 차이는 정자와 난자의 성질 차이에 의해 결정된다고 주장했다. 남성의 성욕은 난자 안으로 돌입하는 정자의 성질을 따라 능동적이고 적극적인 반면, 여성의

그림 61. 날이 다르게 확장되어가는 카페와 가정 사이의 긴장을 포착한 삽화.
《조선일보》 1933년 1월 15일.

성욕은 요구에 응하는 난자의 수동적 성질에 따른다는 것이다.
그는 이 차이가 성욕뿐만 아니라 신체와 정신을 지배하게 됨으
로써, 양성에 서로 다른 본성과 사회적 역할을 부여하게 만드는
결정적인 자연적 요인이라고 보았다.[64]

　남성의 성욕에 적극성과 공격성을, 여성의 성욕에 수동성과
방어적 성격을 할당하고 이것을 자연의 원리이자 사회적 당위
로 전제하는 이러한 발상은 당대의 서구 성과학자들 사이에서
도 널리 공유되고 있었다. 저명한 독일의 성과학자 크라프트에
빙은 성욕에서의 성별 차이가 "원래의 사실 또는 타고난 조건"

그림 62. "성적불만과 불감증에"라는 카피가 달린 도쓰가빈 광고.
《동아일보》 1932년 4월 21일.

일 뿐만 아니라 심지어는 "규범"이라고 주장했다. 그는 여성은
본성적으로 한 남자와 관계를 맺지만 남성은 여러 상대를 가지
고 싶어 하기 때문에, 여성이 정절을 지키지 않을 경우 남성보
다 더 심하게 처벌받아야 한다는 주장을 펼쳤다. 그에 따르면 정
신적으로 정상적이고 교육을 많이 받은 여성은 응당 성욕이 매
우 적을 것이었다.[65] 크라프트에빙과 달리 두드러지게 성자유주
의적 입장을 고수했던 해블록 엘리스조차도 매춘부는 '선천적인
동성애자'라고 주장했다.

성적 욕망을 성별화하고 이를 근대적 부부관계의 토대로 전
제하는 이러한 문화적인 모델은 그 규범으로부터 이탈한 이들
을 병든 존재로 규정했다. '불감증' 혹은 '냉감증'의 여성들이 의
학적으로 교정되어야만 하는 중요한 환자군으로서 주목받게 되
었던 것은 바로 이러한 맥락이었다.

아플 뿐입니다

[문] 저는 십구세 여자이온데 출가한 지 육개월이 됩니다. 그런데 저는 처녀 때에 수음(자위)한 일도 없는데 남편과 동침할 때에 아무 쾌감도 느끼지 않습니다. 다만 아플 뿐입니다. 그리하야 남편에게 성에 대한 만족을 줄 수 없어 대단히 미움을 받습니다. 이것도 불감증일까요? 불감증으로도 임신할 수 있을까요? 또 음부를 수술하지 아니하고 약으로 치료할 수 있다면 무슨 약을 쓰면 적당할는지, 성욕을 왕성하게 하는 좋은 약을 가르쳐 주시기를 바랍니다. (고역독자 일독자)[66]

1932년《동아일보》"지상병원"에는 남편과 성관계를 할 때 아무 쾌감을 느끼지 못해 남편에게 성적 만족을 줄 수 없기 때문에 "대단히 미움을 받고 있는" 기혼 여성의 문의가 소개되었다. 이 여성들은 성적 능동성을 수행하는 데 실패하는 '생식기성 신경쇠약'의 남편들과 마찬가지로 수동적인 여성의 역할을 기꺼이 기쁘게 수용하지 못한다는 점에서 병든 존재였다. 그럼에도 불구하고 양자에는 다른 방식의 개입과 중재가 이루어졌다. '생식기성 신경쇠약'에 대한 처방이 심신의 수양이나 휴식과 같은 전통적인 양생법의 권유로 이어졌던 것과 대조적으로, 불감증에 대해 경성제대 산부인과 의사 윤태식은 "처녀막에서 질구를 늘리며 신경진정제를 사용"하라고 조언했다.[67] '생식기성 신경쇠약'과 달리 '불감증'은 어떠한 신체적 기능 장애와도 직접 연관되지 않음에도 불구하고, 오히려 보다 직접적인 의학적 개입이 필요한 질병으로 여겨졌던 것이다. 성별 규범성에서 벗어난 여성들은 무기력하고 수동적인 남성성보다 더 시급하게 '치료'가 요구된다고 여겨졌다.

의학상담란에 새롭게 등장한 독자들은 자신의 신체를 자발적으로 관리하는 자기관리의 주체인 동시에, 끊임없이 자신의 섹스와 정체성에 대한 불안에 시달리는 환자이기도 했다. '자연스러운 부부생활'이 하나의 문화적 이상인 시대에 규범적인 남성과 규범적인 여성의 성생활에 도달하지 못한 개인들은 현대 의학의 도움을 통해 이 곤란을 해결할 수 있기를 기대했다. 하지만 근본적인 불안은 여전히 제거되지 않았는데, 왜냐하면 정상적인 것과 병리적인 것 사이에서 명료한 경계들을 긋는 것은 점점 더 어려운 일이 되었기 때문이다.

정상의 자격

'생식기성 신경쇠약'과 '불감증'의 공통적인 원인으로 지목되었던 '자위'는 특정한 성적 실천이 가져오는 위험성에 대한 비판이 특별히 여성성과 남성성의 경계를 공고히 하는 것과 연관되어 있었음을 보여준다. 당대 서구의 많은 성과학자들은 자위를 도착적 성행위의 한 유형으로 간주했다. 성과학자 크라프트에빙은 자위행위가 '신경쇠약'을 유발하고 음경과 고환을 위축시켜 남성의 여성화를 초래할 뿐 아니라, 이성과의 관계에서 심리적 '임포턴스'를 가져옴으로써 동성애적 도착의 형태로 악화되기 쉽다고 보았다. 보다 성자유주의적 입장에 서 있었던 영국의 성과학자 해블록 엘리스 역시 자위 등을 통해 성적으로 조숙해진 아이들은 성인이 되어서 동성애자가 되기 쉽다고 주장했다. 성적 조숙은 성장기에 지나치게 많은 성적 에너지를 소모하게 만들며, 신체의 발달을 지연시키고 억제하는 결과를 낳는다. 이에 따라 이들은 성인이 되었을 때 허약한 성적 에너지를 갖게 되기 때문에, 이성애 관계보다 자위나 동성애적 관계들로 향하는 경향이 있다는 것이다.[68]

성적 조숙이 남성적인 신체의 발달을 억제하고 이성애적 남성 정체성의 획득을 저해한다는 성과학자들의 주장은 조혼 제도가 여전히 문화적 관습의 일부로 유지되고 있었던 조선 같은 사회에서 보다 큰 불안을 야기할 수밖에 없었다. 실제로 당대에 조혼은 자위와 나란히 '생식기성 신경쇠약증'을 불러일으키는 가장 중요한 원인으로 지목되고 있었다.[69] 조혼이 성적 조숙을 조장하는 조선 특유의 야만적 풍속이라면, '생식기성 신경쇠약'은 그 자체로 가장 조선적인 질병이었던 셈이다. 자위는 여성에게도 역시 마찬가지로 매우 위험한 영향을 끼치는 것으로 간주되었다. 많은 성과학자들은 남성의 개입 없이 여성들 간에 이루어지는 성관계를 자위의 한 형태라고 해석하곤 했다.[70] 바로 이러한 이해의 연장선에서, 여성의 자위는 수동적인 여성의 역할을 거부하는 질병, 즉 불감증의 원인으로 여겨졌다.

따라서 자위는 불감증의 징후적 표현인 '히스테리'와 의미론적으로 연결되어 있었다. 자위와 자위가 유발하는 불감증이 성행위 안에서 여성의 역할을 거부하는 것이라면, 히스테리는 아내와 어머니라는 여성의 사회적 역할을 거부하는 질병으로 여겨졌다.[71] 앞서 "히스테리의 발작을 일으킨 탓"에 57여 회의 방화를 저지른 18세 소부는 사실 당시 결코 드물지 않은 유형의 여성 범죄자였다. 1933년 《동아일보》가 연재한 "세계각국의 이혼법제와 조선이혼법의 과거현재와 장래"에 따르면, '형법범'에 해당되는 조선 여성 범죄 중 가장 많은 비중을 차지하는 것은 살인이었으며 그 다음 순위가 바로 방화였다.[72]

57회에 이르는 방화를 저지른 혐의로 18세의 소부가 체포된 1933년만 해도 유사한 많은 사건들을 확인할 수 있다. 원주군에 사는 40세의 조예자는 가난한 집안 살림 때문에 남편과 이혼을 하고 싶었지만 남편이 협의이혼을 거부했다. 조예자는 남의 집에 방화를 하면 집에서 축출을 당할 수 있을 것이라고 생각하고 옆집에 불을 질렀다가 체포되었다. 한편 결혼한 지 갓 1년 된 홍천군의 17세 김원옥은 항상 친정을 그리워하다 남편이 절도죄로 감옥에 가자 시어머니에게 친정으로 보내달라고 간곡히 부탁했다. 꾸지람만 당한 김원옥은 불을 질러 집이 없어지면 친정에 보내줄 것이라고 생각해 자신의 집 변소에 불을 질러 체포되었다. 강서군의 31세 김소담은 "벙어리"에 "생식기 불구자"이며 이미 여섯 번이나 이혼당한 경험이 있는 남편에게 선폐금 40원에 팔려 시집을 온 처지였다. 김소담은 이혼을 원했지만 남편은 그녀의 집이 가난한 것을 빌미로 선폐금을 갚지 않으면 이혼을 해줄 수 없다고 거절했다. 그녀는 남편의 미움을 받아 쫓겨나겠

다고 마음을 먹고 동리를 돌아다니면서 일곱 번이나 방화를 저지르다 체포되었다.[73]

1922년 조선민사령 개정을 계기로 조선에서도 협의이혼과 여성의 이혼청구권이 명문화되었다. 제도가 정비되는 과정부터 이혼은 폭발적으로 증가해 1917~18년에 이미 1만 건을 상회할 정도였고, 특히 여성들의 참여가 두드러졌다. 1910년대 경성지방법원 이혼소송 중 아내가 남편을 상대로 이혼소송을 제기한 경우가 전체의 80~90%에 달했다.[74] 그럼에도 불구하고 여전히 많은 여성들에게 이혼소송은 쉽게 활용할 수 있는 제도가 아니었으며, 특히 남편이 이혼을 거부해 협의이혼을 할 수 없는 경우 더욱 그랬다. 방화는 이러한 처지에 있었던 여성들이 법 밖에서 발견한 살인 다음의 선택지였다. 방화의 원인이 된다는 '히스테리'는 "인형의 집을 탈출하려는" 여성들의 욕망에 붙여진 다른 이름이었던 셈이다.[75] 결과적으로 '자위'에 대한 근심이 수렴되는 곳은 성적 도착/정상, 규범적인 여성/남성의 경계선이었다. 그리고 이러한 경계선은 자위와 같은 우발적인 성적 실천을 통해 침범당하고 훼손될 수 있을 만큼 불안정한 것으로 보였다.

'홀몬', 양성성, 변태

1934년 2월 23일 《조선중앙일보》는 "성법칙의 탈선! 여자가 된 남자"라는 제목 아래 2, 3년 전 덴마크와 독일에서 "폭등적 일대 센세이션을 일으킨" "그로 100%의 기괴한 이야기"를 총 3회에 걸쳐 연재했다. 기사는 아내의 그림 모델을 하는 과정에서 처음으로 "여장"을 경험했던 덴마크 출신의 평범한 화가가 "성전환수술"을 받아 "완전한 여자"로 변해 다른 남자와 결혼을 했다는 "기괴한 이야기"를 독자들에게 전하고 있다.[76] 이 남성의 이름은 "안드레어스"로 소개되어 있지만, 덴마크 출신의 화가라는 인물의 배경과 "성전환수술" 집도와 관련된 정보(1931년 드레스덴), 수술 후에 그녀가 사용한 이름("릴리"), 기사에 인용되어 있는 수술 전후 사진을 종합해보면, 기사의 주인공은 세계 최초의 '성전환수술'의 주인공으로 알려진 에이나르 베게너 Einar Wegener, 즉 릴리 엘베 Lili Elbe 임을 확인할 수 있다.

당시 신문과 잡지를 통해 소개된 '성전환수술'은 인터섹스를 위해 이루어진 '치료'적 목적의 수술에 한정되지 않았다. 마그누스 히르쉬펠트 Magnus Hirschfeld 의 독일 성과학연구소는 1921년부터 인터섹스가 아니더라도 자신의 법적 성별과 다른 성으로 살아가고자 하는 사람들을 위해 수술을 제공했는데,《조선중앙일보》에 소개된 릴리 엘베의 수술이 바로 이러한 사례에 속했다.[77] 물론 기사가 차이들을 세심하게 다루었던 것은 아니었다.《조선중앙일보》는 릴리 엘베가 "여장"을 하고 수술을 받게 된 원인이 "아랫배에 있는 여자의 기관" 때문이라고 설명했다. 마찬가지로 1933년《동아일보》의 "남자가 여자가 되어 다시 시집간 이상한 이야기" 기사는 이에 대해 "차차 몸이 이상하여지며 그만 여자로 변해 버렸기" 때문에 수술을 하지 않을 수 없었다고 소개했다.[78] 하지만 이와 같이 모호한 설명은 "성법칙의 탈선"이라든가

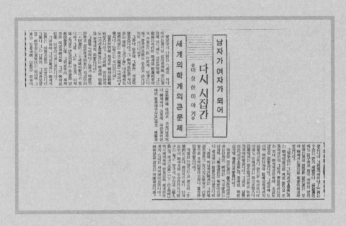

그림 63. "남자가 여자가 되어 다시 시집간 이상한 이야기. 세계 의학계의 큰 문제",
《동아일보》 1933년 10월 25일.

"남자가 여자가 되어 다시 시집간 이상한 이야기"와 같은 '에로
그로'한 제목과 결합해 여성과 남성의 경계가 명료하지 않으며
불안정하다는 인상을 풍겼다. 그리고 이것은 사실 실제 수술을
집도했던 사람들이 생각했던 것이기도 했다.

19세기 후반에서 20세기 초에 유럽과 미국의 일부 학자들은
과거에 이해되어왔던 것과는 달리 남성과 여성이 훨씬 더 양성
적인 존재라고 생각하기 시작했다. 평등을 주장하며 공적 영역
에 본격적으로 진입하기 시작한 여성들이나 대도시에서 가시적
으로 드러나기 시작한 동성애자들의 하위문화는 남녀의 차이에
대한 전통적인 관념에 명백한 도전을 제기하고 있었다. 이렇게
변화하는 사회적 맥락 속에서 학자들은 모든 인간이 여성과 남
성이라는 두 개의 이상적인 모델 사이의 어디쯤에 놓여 있는 존

그림 64. 세계 최초의 '성전환수술'의 주인공으로 알려진 릴리 엘베. 1934년 2월 23일 《조선중앙일보》의 기사 "성법칙의 탈선! 여자가 된 남자"에 실린 사진.

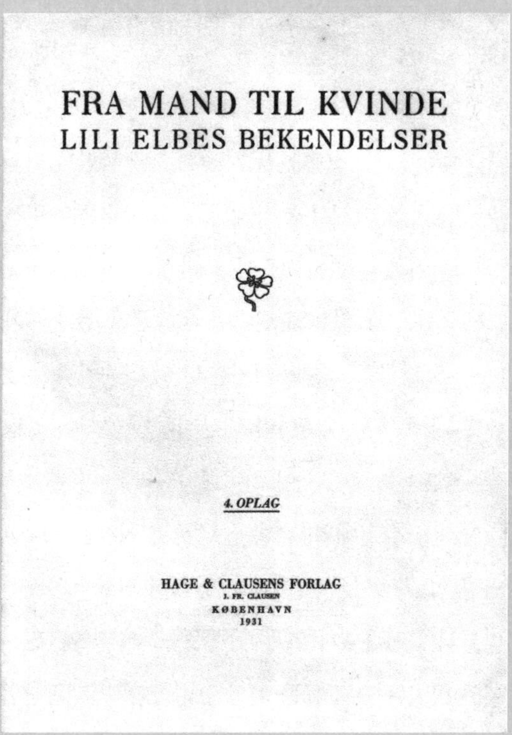

FRA MAND TIL KVINDE
LILI ELBES BEKENDELSER

4. OPLAG

HAGE & CLAUSENS FORLAG
J. FR. CLAUSEN
KØBENHAVN
1931

그림 65. 1931년 코펜하겐에서 출판된 릴리 엘베의 전기 *FRA MAND TIL KVINDE(Man into Woman)* 표지.

재이며, 여성성과 남성성은 정도의 차이일 뿐 인간은 신체적으로 양성적이라는 결론에 도달했다.[79] 이러한 새로운 사유의 발전에 있어 1920~30년대 내분비학의 발전은 매우 중심적인 역할을 했다. 모든 인간이 남성 호르몬과 여성 호르몬을 함께 가지고 있다는 사실을 발견했을 때, 과학자들은 이것을 모든 여성들이 남성의 요소를 가지며 모든 남성들이 여성의 요소를 가지고 있다는 증거로 받아들였다. '성전환수술'을 가능하게 했던 것은 바로 이 '양성성'에 대한 인식이었다. 내분비학 학자 오이겐 슈타이나흐를 비롯해 인간과 동물을 대상으로 한 성전환 실험/수술에 참여했던 과학자들은 이러한 작업을 '창조'라고 보지 않았다. 이와 같은 수술은 호르몬을 사용해 지배적인 성별의 신체적 특징과 성행동을 억제하고 잠재된 반대 성의 잠재력을 끌어내는 과정으로 이해되었다. 가장 중요한 전제는 남성과 여성이 하나의 스펙트럼 안에 있는 존재이며, 호르몬을 통해 신체를 한 방향이나 다른 방향으로 이동시키는 것이 가능하다는 것이었다. 이러한 관점 속에서 성별이란 내분비물의 추가나 감량에 따라 변화할 수 있는 양적인 차이로 이해되었다.[80]

따라서 동성애와 이성애, 남성과 여성은 상호배타적인 이분법적 범주가 아니라 하나의 연속체 안에서의 단계적인 차이로 인식되기 시작했다. 모든 남성들이 극단적인 "완전한 남성"으로부터 벗어나 있고 모든 여성들이 극단적인 "완전한 여성"으로부터 벗어나 있다면, 동성애자는 그저 보통보다 조금 더 멀리 벗어난 사람들에 불과했다.[81] 물론 정자와 난자를 통해 차이를 규명하고자 한 의사 정석태[82]와 마찬가지로 식민지 조선의 많은 지식인들은 남녀의 본질적인 차이를 찾는 데 몰두했다. 그러나 다른 한편에서는 인간의 양성성에 대한 인식 역시 등장하고 있었다.

1924년 《동아일보》는 "차별"이라는 글에서 남녀평등의 필요성을 '양성성'이라는 인간의 특징으로부터 논증했다. 필자는 대개의 사람들이 남녀가 엄격히 구분된다고 믿는 반면, 지식인들(ᆞ상당한 학식이 있는 사람ᆞ)은 모든 생물들을 "양성혼합체"로 보고 있다고 소개했다. 필자에 따르면 인체의 세포에 있는 성은 단일하지 않으며 여성적인 것과 남성적인 것이 혼합된 것(ᆞ음양양성이 혼합한 것ᆞ)으로 그 "분량에 따라" 남녀 간의 차이의 스펙트럼이 만들어진다는 것이다. 이어서 필자는 오토 바이닝거Otto Weininger와 에드워드 카펜터Edward Carpenter와 같은 학자들의 연구를 인용하면서 남성과 여성의 양극단에서는 심한 차이가 있지만, 중간 영역에 위치한 대다수 남녀는 감정과 기질에서 매우 유사하다고 설명했다. 마지막으로 필자는 내분비 호르몬을 통해 성전환에 성공한 근래의 과학적 실험의 성과(ᆞ음양기질을 자유로 변환할 수 있는 것ᆞ)와 성과학(ᆞ변태성욕학ᆞ)의 "남성탈화" "여성탈화" 이론 등은 잠재된 제2의 성(ᆞ잠재 제2성ᆞ)이 존재한다는 사실을 뒷받침하는 증거라고 평가한 후, 이렇듯 남녀 간의 차이가 절대적인 것이 아니기 때문에 남녀는 근본적 지위에서 평등하다는 결론을 내렸다.[83]

물론 모든 '양성성'에 대한 인식이 해방과 평등의 논의와 연결된 것은 아니었다. 오히려 많은 경우 여성적인 것/남성적인 것,

정상적인 것/병리적인 것의 경계가 모호하다는 인식은 위기감과 불안감을 낳아 경계를 보다 명확히 확립해야 한다는 반동적인 관심으로 이어졌다. 앞서 언급했듯이 일본의 성과학자 하부토 에이지는 '불순혈설'을 내세우면서 여성이 이성과 성관계를 하면 혈액 안으로 "남성적 성분"이 진입하여 다양한 화학 변화를 일으킨다고 주장했다. 그는 많은 남성과 성관계를 한 여성은 거칠고 바람기 있고 음란한, 소위 여성적인 특질로부터 이탈한 성격을 갖게 된다고 보았다. 하부토 에이지가 경고한 것은 결국 많은 성경험이 후천적으로 여성의 신체와 정신을 "남성화"시킬 위험이었다.[84]

이와 유사한 아이디어는 1931년 잡지 《동광》에 "매음제도론, 기생제도철폐, 제의견을 검토함"에서도 발견할 수 있다. 이 글에서 언론인 오기영은 "매음부"로 종사하는 여성들이 선천적으로 "육체와 정신에 매음부가 될 원형적 특질"을 가지고 있다는 병리학자들의 견해를 반박하고, 현대의 "매음제도"를 자본주의의 중대한 결함을 보여주는 현상으로 해석해야 한다고 주장했다. 하지만 오기영 역시 매음부를 일종의 "변태"로 지각한다는 점에서는 그가 비판한 병리학자들과 다르지 않았다. 다만 그는 이러한 "변태"가 선천적인 것이 아니라 100의 99 이상 "후천적 퇴화작용"의 결과 만들어졌다고 주장했다. 잦은 음주, 싸구려 화장, 성병에 대한 노출과 같은 "매음부" 생활은 "여자 본래의 미를 퇴화"하게 만들어 그녀들을 남자와 같이 만든다.[85]

남성성과 여성성의 경계가 그토록 침범되기 쉽다면 이것에

그림 66. "여성『홀몬』이야기. 이것이 없으면 여자구실을 못합니다",
《동아일보》 1935년 7월 9일.

의존해 정의되는 도착/정상의 경계는 더욱 불안한 것일 수밖에 없다. 1938년 《동아일보》의 "변장하는 심리" 기사는 "변태성욕적 변장"의 원인을 "생식선으로부터 분비되는 호르몬"의 문제("악희惡戲")로 설명하면서 다음과 같은 주의를 덧붙이고 있다. 100% 남자생식선, 100% 여자생식선의 소유자는 지극히 드물며, 모든 사람들은 어느 정도 이성의 정신적·신체적 특징을 혼합하여混淆 가지고 있다. 남성도 "얼마 퍼센트의 여자다운 것"이 있고 여성도 "몇 퍼센트의 남자다운 것"이 있는 상태는 생리적으로 "정상"적이라는 것이다. 그러나 이러한 "정상성"은 나쁜 환경에 노출될 경우 "동성애가 배양"되고 "병적경향"이 고정되는 방식으로 훼손될 위험이 있다. 필자는 특히 이 "위험기"가 파과기(破瓜期, 사춘기) 전후의 연령에 집중된다고 설명하고, 이 연령대의 남

녀에 대한 깊은 주의가 필요하다고 경고했다.[86]

이러한 논의들은 의료화가 낳은 모순적인 효과를 보여준다. 당대에 진행된 성의 의료화는 근대적인 부부관계라는 새로운 문화적 이상에 발맞춰 개인들로 하여금 첨단의 의학적 발전을 활용해 스스로의 여성성과 남성성을 증진시킬 것을 권했다. 하지만 동일한 기술의 발전은 병리와 건강성, 여성성과 남성성 사이의 구분이 인공적일뿐만 아니라 항상 위험에 처해 있다는 불안감을 증폭시켰다. 개인들은 건강과 안정적인 정체성을 획득하기 위해 이 모호한 경계선상에서 느끼는 불안감을 스스로 단속해야 할 책임을 가진 주체가 되었다.

식민지 당국은 조선인들을 '미성숙'한 존재로 바라보는 특유의 제국주의적 관점을 바탕으로 '본국' 일본에 비해 더욱 가부장적으로 조선인의 성을 통제했다. 이것은 공공의 의제로서 성담론이 논의되는 지형을 매우 제약하는 조건으로 작용했다. 따라서 성은 1920년대 후반부터 본격화되는 상업화와 의료화를 매개로 사적 영역에서 더욱 두드러진 주제가 되었다. 성이 개인화되고 내밀화되는 경향 속에서, 개인들은 자신의 신체를 자발적으로 관리하는 '자기관리'의 주체이자, 끊임없이 자신의 성생활과 남성/여성 정체성에 대한 불안에 시달리는 잠재적 환자로서 이러한 담론 안에 위치하게 되었다.

마지막 장에서는 정상과 병리에 대한 경계들이 지극히 모호한 것으로 인식되기 시작했던 당대에 중요한 사회적 쟁점으로

조망되기 시작한 여성들 사이의 친밀성이라는 문제를 살펴보고
자 한다. 이 새로운 친밀성이 식민지 조선에서 구축되고 있었던
근대적 '여성'에 대한 규범과 어떤 방식으로 경합하며 의미들을
만들어갔는지를 검토할 것이다.

| 5장 |

경계를 위협하는 여성들의 욕망

마지막 장에서는 1920~30년대의 '동성연애'를 둘러싼 담론 지형들을 검토함으로써 여학교의 등장과 함께 새로운 쟁점으로 부상하기 시작한 여성들 사이의 친밀성이 근대적 '여성' 규범과 어떠한 방식으로 경합하며 재조정되었는지를 살펴보고자 한다. 특히 '동성연애자'의 동반자살을 둘러싼 특별한 의례들을 중심으로 현모양처라는 규범적인 여성성에 대한 기대로부터 탈주하는 여성들의 서사를 함께 다뤄볼 것이다.

사다이즘과 여성의 욕망

1936년 5월 도쿄에서는 일본 전체를 충격으로 몰아넣은 소위 '아베 사다' 사건이 발생했다. 1976년 오시마 나기사 감독의 영화 〈감각의 제국〉으로 극화되기도 한 이 사건은 아베 사다阿部定라는 31세의 여성이 사도마조히즘 성행위 중 애인이 사망하자 애인의 성기를 잘라 현장에서 도망친 사건이었다. 일본에서 '사다이즘'이라는 일종의 신드롬으로까지 발전했던 '아베 사다' 사건은 흥미롭게도 조선의 대중매체에서는 보도를 찾기 어렵다. 식민지 본국인 일본에서 일어난 각종 성 스캔들이 촌각을 다투어 신문지상에 소개되었던 당시 조선의 언론 환경을 생각했을 때, 이만한 대형 스캔들이 거의 다루어지지 않았다는 점은 매우 이례적이다. 이러한 침묵은 식민지 당국의 검열 때문이었을 것이다. 사건 다음 해인 1937년에 조선 경무당국은 일본에서 문제가 되고 있는 "사다이슴"의 경향을 추호라도 띄고 있는 레코드의 수입을 절대 허용하지 않을 것이며, 매일 일본으로부터 수입

그림 67.
"야수적 "사디즘!" 마침내
그 처를 자살의 길로",
《조선일보》 1937년 2월 24일.

되고 있는 10만 매가량의 레코드에 대해 보다 엄격한 검열을 할 것이라는 방침을 발표했다. 이와 같은 발표는 당국이 '아베 사다 사건'을 매우 엄중한 검열 대상으로 취급했음을 보여준다.[1]

하지만 명시적으로 언급되지 않았음에도 불구하고 당대의 성 담론 지형 안에서 '아베 사다 사건'은 분명 주요한 참조점이 되었다. 《동아일보》가 "사디즘의 유래"와 "마조히즘의 유래" 기사를 연재한 것은 '아베 사다 사건' 발생 후 채 한 달이 지나지 않은 시점이었다.[2] 기사는 사건에 대해 전혀 언급하고 있지 않지만, 독자들은 분명 최근에 일어난 사건에 대한 기억을 연상하면서 이 기사를 읽었을 것이다.

실제로 '아베 사다 사건'을 전후해 식민지 조선에서 '사디즘'은 유례없이 명료한 '변태성욕'의 한 범주로 이해되기 시작했다. 다음의 두 기사를 비교해보면 그러한 변화의 양상이 확연하게 드러난다.

> 지난 삼일 평양경찰서에는 당년 십육세의 꽃 같은 여자가 와서 자기를 보호하여 달라고 간청한 일이 있었는데 동서에서 조사하여 본 결과 그 여자는 부내 교구정 십육번지 방진국(22)의 처 김성녀(16)로 방진군은 자기 부친과 한가지로 어떠한 구실이든지 잡아가지고 그 처를 무수 난타한 후 그 여자가 우는 것을 보고는 무쌍한 흥미를 느껴 오든 바 근자에는 그 여자의 웃옷을 벗기고 몹시 따리여 피가 흐르고 몸이 부어오르는 것을 보고는 기쁜 웃음을 웃으며 그의 부자는 어떻게 그 여자 따리는 것으로 유일한 오락을 삼는다는데 동서에서는 방진국의 부자에는 하여 엄중한 설유를 할 모양이라는 바 그것도 일종의 변태적 성욕관계나 아닌가한다더라 (평양)[3]

> 남편의 〈사디즘〉(성적잔학증性的殘虐症)에 못견디어 자살을 도모한 가련한 여성. 이십삼일 오후 육시 반경에 시내 서대문서 앞 네거리 전차선에 어떤 젊은 여자 한명이 반듯이 들어 누어 마침 달려오는 전차에 갈려 죽으려는 것을 경전京電 사원

이 곧 끌어내려 무사하였는데 이제 그 곡절을 들어보건대 이 여자는 시내 냉천정 일백팔십번지 노동자 이명순(30)의 아내 되는 이옥희(28)로서 칠년 전에 전기 남편의 후처로 들어갔는데 전기 이명순은 성적 불구자로서 그 〈사디즘〉이 욱심하야 칠년 동안에 전신을 물어 뜯기여 이제는 아주 몸까지 극도로 쇠약해저서 도저히 살아나갈 도리가 없는데 최근 봄날이 되자 남편의 피를 즐기는 그 물어 뜯는 성적 잔학성이 더욱 격심하야 드디어 그와 같이 자살을 하려던 것이라고 한다. 서대문서에서는 전기 이명순이를 호출하야 엄중한 설유를 하였다.[4]

1926년 《동아일보》는 자신을 때리는 것을 "유일한 오락"으로 삼는 남편과 시아버지로부터 보호해달라며 평양경찰서에 찾아온 16세의 김성녀의 사연을 소개했다. 그녀의 남편인 방진국은 부친과 함께 그녀를 무수히 구타하고 우는 모습을 지켜보며 "무쌍한 흥미를 느낄"뿐 아니라, 구타한 후 피가 흐르고 몸이 부어오르는 모습을 관찰하며 "기쁜 웃음"을 웃는 기괴한 인물로 설명된다. 하지만 이 기사는 부자가 이러한 폭력을 저지르는 동기를 구체적으로 특정하지 않는다. "약처를 난타해 상해와 유혈을 보고 열락"을 느끼는 이들의 행동은 그저 막연히 "일종의 변태적 성욕관계가 아닌가" 모호하게 추정되고 있을 뿐이다.[5] 그런데 '아베 사다 사건'이 발생한 다음 해인 1937년에 일어난 사건은 다른 서사를 보여준다. 학대로 쾌감을 얻는 남편 때문에 고통받아 자살까지 시도한 여성의 사연에서 남편의 '변태성욕'은 "야수적 사디즘" "성적 잔학성"과 같이 명확한 범주로 명명되었다. 여기서 "사디즘"의 원인은 "성적 불구"와 계절로 인한 호르몬 변화(봄날이 가까워지자 피를 즐기는 성적 잔학성이 증대함)로 제시된다.[6]

이처럼 식민지 조선의 신문·잡지에서 '변태성욕'의 구체적인 하위 분류가 등장한 것은 매우 이례적인 일이었다. 일본의 지식인들은 서구 성과학의 '변태성욕' 분류 체계에 대응하는 방대한 번역어들을 생산해냈다. 예를 들어 소도미sodomy는 '동성음행', 에로토마니아erotomania는 '성적 항진병', 사디스트sadist는 '음학광淫虐狂', 네크로필리아necrophilia는 '시호屍好', 주필리아zoophilia는 '수간', 마조히스트masochist는 '수동적 음학광', 엑시비셔니스트exhibitionist는 '음부노출광' 등으로 번역되었다.[7] 그러나 이런 다양한 용어들 중에 조선의 신문·잡지에서 별도로 다루어진 적이 있거나 사건과 관련되어 분석된 사례는 그리 많지 않았다. 동성애와 관련된 용어('동성연애' '남색')와 에로토마니아('에로광' '색정광') 정도를 제외한 수많은 하위 범주들은 분화되지 않은 채 '변태성욕'으로 뭉뚱그려 지칭되는 것이 일반적이었다.

식민지 조선에서 정신의학은 매우 주변적인 지위를 가진 분과였기 때문에,[8] 서구로부터 수입된 성과학 지식은 의료 현장에서의 진단이나 임상에 전혀 적용되지 못했다. 조선에서 '변태성욕'은 엄밀한 의미에서 의학적으로 정의된 병이었다기보다는 문화적인 기호에 가까웠으며, 따라서 구체적인 하위의 진단명을 가질 필요가 없었던 것이다. 1937년의 기사에서 '사디즘'이라는 범주가 전면화한 것은 '아베 사다 사건'을 기점으로 식민지 조선에서 '사디즘'이 관심의 대상으로 부상했음을 보여준다. 물론 이러한 '사디즘'과 '아베 사다' 사건 사이에는 상당한 괴리가 존재한다. 결정적인 차이는 '사디즘'과 '마조히즘'을 학술적 견지에서 해설한 1936년 《동아일보》 논설에서 확인할 수 있다. 이 글은 '사디즘'과 '마조히즘'을 각각 "여자를 학대하기를 즐겨하는 것"과 "여자에게 학대받는 것에서 쾌락을 느끼는 변태적 성심리"로 설명하고 있다.' 이러한 설명에서 쾌락의 주어는 오직 남성으로, 여성은 남자에게 학대를 받든 남자를 학대하든 양쪽의 역할에서 모두 남성의 쾌락을 위해서 기능한다. 1937년의 "야수적 사디즘!" 기사가 묘사하는 '사디즘' 역시 정확히 이러한 종류의 쾌락의 경제를 반영하고 있다.

하지만 아베 사다는 스스로 능동적으로 쾌락의 주체가 되는 여성이며, 그녀와 그녀의 연인 사이의 모든 성행위는 학대나 폭력이 아닌 상호 동의 속에서 진행되었다. 관계의 성격에서도 차이가 두드러진다. 1937년의 "야수적 사디즘!"이 '사디즘'을 부부 사이의 불평등한 성별 권력관계에 바탕을 두고 행사되는 폭력의 일종으로 그려내는 데 반해, 아베 사다와 그의 연인은 어떠한 제도적 관계에도 귀속되어 있지 않았다. 아베 사다가 자신의 파트너를 '이로오토코色男', 즉 '에로틱한 애인'으로 불렀다는 점은 주목할 만한 차이로, 성적 불구로 인한 잔학성으로 아내를 물어뜯는 폭력적인 가부장과 '에로틱한 애인' 사이에는 어떠한 공통분모도 발견하기 어렵다. '사다이즘'이 "여자를 학대하기를 즐겨

하는 것"으로 옮겨지는 과정은 제도화된 이성애 밖에서 이루어지는 친밀성과 에로틱한 욕망의 탐색, 그리고 욕망의 주체로서의 여성이라는 문제제기가 삭제되는 과정이기도 했다.[10] 사다이즘과 조선의 사디즘 사이의 거리는 식민지 정부의 검열과는 또 다른 의지가 여기에 개입되고 있다는 사실을 보여준다. 식민지 여성의 욕망에는 이중의 괄호가 쳐졌던 것이다. 아베 사다는 식민지 조선에서 '방범전람회'를 통해서만 온전히 언급될 수 있었다. 범죄의 위험을 경고하기 위해 개최된 이 전람회에서 아베 사다에 관한 기록은 정조대, 중국인들의 범죄용구, 다른 흉악 범죄 사진들과 나란히 진열되었다.[11]

'사다이즘'을 둘러싼 논의의 지형은 당대 조선에서 여성의 성적 주체성이 다루어졌던 방식을 전형적으로 보여준다. 1920~30년대에 조선의 여성들은 '불량소녀' '불량여학생' '불량부녀' 등 다양한 방식으로 호명되면서 성적 일탈과 사회 무질서의 원인으로 끊임없이 지목되었다. 하지만 이러한 강박적인 언급과 실제 사건들 사이에는 큰 괴리가 존재했다. 당대의 여성들은 적극적인 성적 욕망의 주체 혹은 쾌락의 주체라기보다는 성적 대상 혹은 범죄의 피해자의 위치에서 주로 발견되었기 때문이다. 이런 경향은 '변태성욕'과 관련된 기사에서도 두드러진다. 여성들이 '변태성욕' 범죄의 주체로 등장하는 사건들은 매우 희소하며, 흥미롭게도 이런 경우조차도 그 내용에 있어서 남성과 상당한 차이를 보인다.

예를 들어 1926년 《동아일보》에는 '에로토마니아'인 40세의 여성 김성녀의 사례가 등장한다. 그녀는 깨끗한 흰옷을 입고 동대문경찰서로 걸어 들어와 숙직하는 순사 옆 의자에 단정하게 앉아 밤새 화롯불을 쬐었다. 순사의 말에 따르면 왕십리에 거주하는 그녀는 10여 년 전부터 "색정에 미쳐" 특별히 경관이나 양복쟁이를 좋아하는 까닭에 종종 이렇게 경찰서를 방문한다고 한다.[12] 1924년 《시대일보》에 등장하는 29세의 홍공주는 이보다 더 적극적인 인물이다. 최근 정신이상이 생긴 그녀는 매국의 공으로 일본 정부로부터 하사받은 은사금으로 지어진 "조선 제일 사치한 집",[13] 윤덕영의 집 앞에 서 있다가 미남자가 지나가면 "같이 살자 등 별별 음란한 행동"을 하다 체포되었다. 하지만 이 지역을 관할하는 종로경찰서는 그녀가 별로 검속할 필요가 없는 존재라고 판단해 곧 훈방조치했다.[14]

이들은 남성 '색정광'들과 동일한 명칭을 공유했지만 그 내용에서 상당한 차이가 있었다. 남성 '색정광'으로 불린 이들은 다음과 같은 인물들이었다. 성적 요구에 응하지 않는 아내를 낫으로 찍거나 식도로 난자하거나 구타한 남편, 아내의 팔에 "남편은 이종하" "개과천선"이라는 문신을 새기고 백년가약의 증표로 아내로 하여금 단발과 단지斷指를 하도록 강제하는 지독한 의처증 남편, 기차 안에서 갑자기 "발장적 색정광을 일으켜" 무의식적으로 하차해 여관 부인을 강간하려고 덤비는 학생 등.[15] 이들이 병리의 어두운 그림자나 잔혹 범죄의 혐의를 드리운 존재였던 반면, 여성 '색정광'은 보다 전통적인 '광녀'에 가까운 인물로 재현되고 실제로도 '광녀'로 취급되었다.

여성 '변태성욕자'로 분류된 다른 인물들은 성애적인 의미의 '변태성욕자'와는 더욱 거리가 멀었다. 대로상에서 남편을 구타한 여성, 성해방을 주장하며 자유연애를 반복하는 신여성, 한 명 이상의 남편을 가진 여성 등.[16] 남성이라면 전혀 '변태성욕'에 해당되지 않으며, 엄밀히 말해 성과학의 '변태성욕' 분류에도 부합하지 않는 인물들이 '변태성욕자'로 명명되었다. 이러한 호명은 식민지 조선에서 여성의 '변태성욕'이 일탈적 섹슈얼리티가 아니라 성별 규범의 위반의 측면에서 정의되었으며, 이를 비판할 용도로 전유되는 경향이 있었음을 보여준다. 남성 '변태성욕자'들이 전형적으로 '도착적' 성행위를 통해 성적 쾌감을 느끼는 인물로 묘사되었던 반면에, 여성은 같은 명칭을 거의 공유하지 못했을 뿐 아니라 그렇게 불릴 때조차도 성적 주체로서 진지하게 고려되지 않았다. 능동적으로 욕망하는 여성의 자리는 결코 상상되지 않았다.

'S언니'의 세계

하지만 당대의 일부 여성들은 남성을 매개하지 않은 새로운 친밀성을 실험함으로써 시대가 허용한 좁은 '여성'의 울타리를 넘어서기도 했다.

> 내가 만약 그리운 옛 여학생 시대로 다시 한번 돌아간다면 나와 같은 성질을 가진 동무와 철저한 동성연애를 해보고 싶

다. 나와 제일 다정하고도 서로 가장 친절하게 지낼 수 있는 지기知己를 얻고 싶다.[17]

"옛 여학생 시대로 다시 한번 돌아간다면 나와 같은 성질을 가진 동무와 철저한 동성연애를 해보고 싶다"는, 지금으로서는 상당히 낯선 최백월의 소망은 당시에는 그다지 유난스러운 것이 아니었다. 1930년 잡지 《별건곤》의 "여류명사의 동성연애기"에 투고한 여류명사들(중외일보 기자 황신덕, 이광수의 아내이자 산부인과 의사인 허영숙, 기독교 여성운동가 이덕요 등) 역시 "여학생 시대에 동성연애를 안 해본 사람은 별로 없을 것"(황신덕)이라거나 "(본인이) 남에게 뒤지지 않게 (동성연애를) 많이 했을 것"(허영숙)과 같이 유쾌하게 호언을 하고 있기 때문이다.[18] 실제로 "여류명사의 동성연애기"의 여류명사들은 자신의 '동성연애' 경험을 그다지 유별나지 않는 또래의 보편적인 여학생의 경험으로 이해하고 있다. 글에 제시된 정보를 통해 추정해보면 이들이 학교에서 '동성연애'를 경험했던 나이는 주로 15~16세 경으로, 시기적으로 1910년대 중반에 해당되는 것으로 보인다. 일본에서 여학교 졸업생인 두 여인의 첫 '동성연애' 동반자살이 발생했던 것이 1911년이었다는 점을 고려할 때,[19] 일본과 거의 큰 시차 없이 이 새로운 친밀성이 유행하기 시작했다고 추정해볼 수 있다.

사실 여학교를 중심으로 학생들 사이에 로맨틱한 우정이 출현하기 시작한 것은 비단 조선과 일본에만 한정된 경험은 아니었다. 20세기 초는 세계 각지에서 근대적 여성 고등교육기관과

그림 68.
"여학생 스케치",
《여성》 1937년 7월호.

기숙학교가 등장한 시기로, 동시대적으로 많은 국가들에서 매우 유사한 형태의 로맨틱한 관계들이 출현했다. 선배와 후배 여학생들 사이에서 혹은 여교사와 학생들 사이에서 전형적으로 발견되었던 이 로맨틱한 열정은 미국에서는 스매싱smashing 혹은 크러쉬crash(현대의 '걸크러쉬'의 어원)로, 영국에서는 레이브raves로, 남아프리카 레소토에서는 마미mommy와 베이비baby로, 그리고 일본과 조선에서는 'S'로 불렸다.[20] "여류명사의 동성연애기"는 기사 기획에 맞추어 일관되게 '동성연애'라는 용어를 사용하고 있지만, 실제 당시의 여학생들이 자신들의 관계를 지칭하기 위해 일반적으로 사용했던 명칭은 'S'(S언니/S동생)였다. 유사한 여학생 문화를 공유했을 뿐 아니라 명백히 조선에 영향을 미친 것으로

보이는 일본에서 'S'는 자매들을 의미하는 '시스터Sisters' 혹은 소녀를 의미하는 일본어 '쇼죠しょうじょ', 때로는 '섹스Sex'의 앞 글자를 딴 것으로 이해되었다.[21]

물론 근대 이전에도 여성들 사이에 친밀성과 애착, 우애와 같은 가치들이 존재하지 않았던 것은 아니었다. 그러나 여성들은 남성을 중심으로 매개되는 기존의 전통적 공간을 벗어나 '학교'나 '직장'과 같은 근대적 공간에 진입함으로써 새로운 방식으로 여성들 사이의 관계를 사고할 수 있는 가능성을 갖게 되었다. 공적 공간을 통해 맺어진 새로운 관계야말로 이 친밀성을 '낭만적 사랑'이라는 감정의 형식으로 인식하고 명명할 수 있게 만든 필수적인 조건이었다. 'S'를 맺은 소녀들은 흔히 편지를 주고받거나 함께 산책을 하고 영화, 연극 등을 함께 보면서 낭만적 친밀성과 독특한 또래 문화를 만들어나갔다.[22] 이러한 관계들은 1920~30년대 동안 꾸준히 지속되었던 것으로 보인다. 1939년 《동아일보》가 주최한 집담회 "삼대여성이 본 문화반세기"에 참여한 장화순은 1920년대 중후반으로 추정되는 배화여자고등보통학교 재학 시절을 회상하며, 크리스마스 시즌이 되면 '동성연애' 상대에게 변치 않는 사랑이라는 메시지("영애불망永愛不忘" "신망애信望愛" "애심불변愛心不變" 같은 글자나 소나무·대나무 그림 등)를 새긴 염동반지를 주고받는 것이 매우 일상적인 풍경이었다고 증언했다.[23] 실제로 1930년대 후반 이후에도 "동성연애라도 해서 한데 몰려 다니는 아이"가 있는지 여부를 조사하는 일은 여학교 기숙사 사감의 일상적인 업무 중 하나였다.[24]

일부 연구들은 식민지 시대의 'S관계'의 유행을 성적으로 보수적이었던 조선에서 이성애의 대리보충으로 발전한 유사연애의 한 형식으로 해석해왔다. 하지만 이것은 적절하지 않은 해석으로 보이는데, 왜냐하면 조선에서는 모방해야 할 이성애적 '낭만적 사랑'의 원본이 아직 존재하지 않았기 때문이다. 낭만적 사랑을 함축하는 '연애'라는 용어가 식민지 조선에서 대중화된 것은 1910년대 말~1920년대로 여학교에서 S의 유행이 시작되었던 시기와 거의 일치한다. 'S관계'만큼이나 낭만적 사랑은 아직 확립된 공식이 아니었으며 이제 막 만들어지고 학습되어야 할 감정의 형식이었다.[25] 실제로 할리우드 영화라는 문화생산물을 통해 낭만적 사랑의 이상을 전 세계에 전파하는 데 있어 가장 중요한 역할을 했던 미국에서조차도, 젊은이들이 가족의 울타리에서 벗어나 자유로운 만남을 갖는 낭만적 사랑이 전 계층의 보편적인 이상으로 자리 잡은 것은 20세기 초에야 등장한 현상이었다.[26]

개인의 자율성과 선택을 중심에 놓는 낭만적 사랑은 개인들이 전통적인 가족 단위를 벗어나서 임금노동을 통해 자립할 수 있는 여건이 만들어진 후에야 비로소 완전하게 자리 잡을 수 있었다. 이러한 의미에서 자본주의화와 산업화는 낭만적 사랑이 지배적인 친밀성의 양식이 되기 위한 필수적인 조건이었다. 그리고 이와 같은 사회경제적 변화는 해방된 이성애 커플과 나란히, 게이와 레즈비언이라는 새로운 정체성들이 도시 공간에 등장할 수 있는 조건이 되었다. 산업화로 가족을 떠나 도시에 모여든 젊은 이주자들은 공동체의 감시로부터 벗어나서 익명적인 도시에서 자신과 유사한 취향을 공유하는 파트너를 발견할 수 있었다. 이들은 커뮤니티를 구축하고 도시에 자신들만의 가시적인 하위문화와 정체성을 만들어나갔다.[27] 마찬가지로 이 시기는 근대 국가의 부름에 따라 고등교육과 일터에 진입할 기회를 갖게 된 여성들이 서로에게서 로맨틱한 열정들을 발견했던 시기이기도 했다. 이 모든 친밀성의 새로운 양식들은 전통적 세계가 붕괴하고 젠더 관계가 새롭게 재조정되는 국면에서 거의 동시대적으로 등장하였다. S관계는 이성애적인 낭만적 사랑의 모방이 아니라 이와 경쟁하는 다른 종류의 낭만적 열정의 형식, 혹은 낭만적 사랑의 다른 판본이었다.

당대에 이성애적 '자유연애'의 교본이 할리우드의 낭만적 영화와 서구의 낭만적 소설이었다면, S관계 역시 새로운 관계성에 부합하는 독특한 문화적 레퍼런스를 가지고 있었다. 그것은 S관계를 모티브로 쓰인 'S소설'이었다. 여학교에서 여학생들 사이의, 혹은 여교사와 제자들 사이의 로맨스를 다룬 요시야 노부코의 「꽃 이야기」(1916)와 같은 소설들은 여학교라는 제한된 시공간을 배경으로 여성들 사이의 로맨스를 그려내며 동북아시아에서 대중적인 인기를 끌었다.[28] 1938년 《동아일보》는 일본 내무성 도서과의 새로운 검열 지침을 전달하면서 여자끼리의 정사 혹은 남성과의 정사, 동성애를 선정적으로 그리거나 "찬미구가"하는 내용을 금지한다고 밝히고 있는데, 이는 동성애를 "찬미구가"하는 서적들이 당시에 상당히 유통되었음을 보여준다.[29]

하지만 정부의 공식적인 검열에도 불구하고 요시야 노부코로 대표되는 S소설은 식민지의 여학생들에게 꾸준한 인기를 누렸던 것으로 보인다. 1940년 잡지 《여성》의 좌담회 "제복의 아가씨들은 무엇을 생각하는가"에 참석한 이화여고, 덕성여고, 정신여고, 덕성여자실업학교의 3, 4학년생들은 자신들의 학교에서 가장 유행하는 책으로 요시야 노부코의 소설을 꼽았다. 또한 잡지 《삼천리》의 "여학생들이 어떠한 영화와 소설을 보는가"에 실린 학교 교장들의 설문에서도 요시야 노부코의 소설이 언급되고 있는 것을 확인할 수 있다.[30]

'동성애'와 '남색' 사이

동성 사이의 새로운 친밀성이 특별히 여학생 사이에서만 발견되어야 할 이유는 없었다. 1923년 잡지 《신여성》은 최근 여학생들 사이에서 유행하는 S관계를 "이른바 동성애"라고 소개하면서, 이 현상에 익숙하지 않을 독자들 그리고 남성인 필자 자신들을 위해 다음과 같은 설명을 붙여두었다. "남자 편으로 치면 짝패라 할 만한 사랑."[31] 이와 같은 부연 설명은 여성들의 S관계에 상응하는 남성들 사이의 관계가 이미 존재했을 뿐만 아니라, 상대적으로 새로운 현상인 S관계를 설명하기 위해 참조했을 만큼 폭넓게 인식되었음을 보여준다. 하지만 남성들 사이의 '짝패'는 공적 논의의 대상이 된 적이 없으며, 성애적 혐의나 병리와 연결되어 다루어진 바도 없었기 때문에 그 관계의 양상을 구체적으로 파악하기 어렵다.

> 우리들은 어렸을 때에 사랑한다던가 그리워한다던가 하는
> 것은 다만 남녀 사이에 있는 줄만 생각하였다. 그런데 오늘
> 날 내가 K선생이란 남성을 그리워하는 것은 무슨 심리 작용
> 을 받은 까닭인가. K선생으로 말할지라도 그 역시 어떠한 동
> 기로 나라는 남성을 사랑하였을까. 서로 남성이면서 서로 연
> 애한다는 것이 이상하다.[32]

위에 인용된 1920년 《창조》지에 실린 "K선생을 생각함"은 남성들 사이의 친밀성의 문제들을 진지하게 다룬 매우 드문 글이다. 이 글의 필자 '오산인'은 학창 시절의 은사 K와의 "동성의 연인" 관계를 중심으로, 사랑으로 인한 내적 혼란, 이별, 괴로움에 대한 회상을 담아내고 있다.[33] 이 글은 "동성의 연인"이라는 비관습적인 사랑에 괴로워하면서도 이를 이해하지 못하는 사람들을 "인생의 대서양 저편에 아메리카 대륙이 있는 줄을 모르는" 사람이라고 항변하는 새로운 남성 주체를 보여준다.[34] 이 남성들은 당대의 범죄학이 전제한 것과는 완전히 다른 종류의 관계의 지평을 보여준다. 이들은 이광수가 "소년의 동성애를 그린" 자신의 소설 제목으로 제출했던 바로 그 질문, 이 친밀성이 과연 "사랑인가?"라는 새로운 질문을 던지는 주체들이었다.[35]

하지만 남성들 사이에서 부상하는 친밀성의 양식은 당시 진지한 주제로 고려되지 않았다. 서구 성과학은 '호모섹슈얼리티

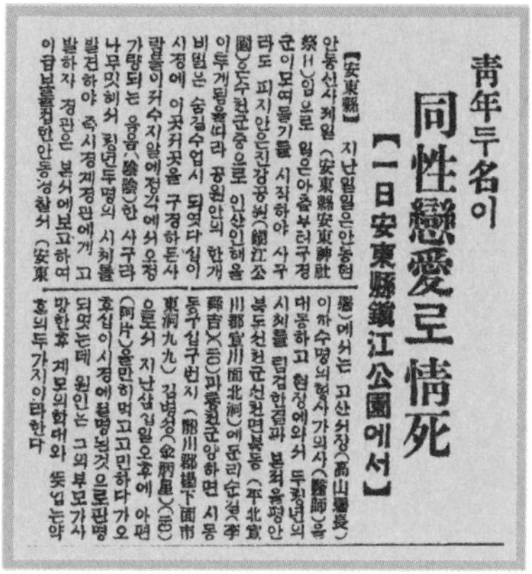

그림 69.
"청년 두 명이 동성연애로 정사
[일일 안동현 진강공원에서]",
《조선일보》 1931년 5월 5일.

homosexuality'라는 개념을 통해 이전까지 역사적으로 전혀 유사하다고 생각된 적이 없었던, 남성들 사이의 성애와 여성들 사이의 성애에 어떤 공통점이 있다는 사고를 도입했다. 참여자의 성별이 무엇이든 간에 이들은 이성애를 실행하지 않는다는 점에서 공통적인 존재라는 것이다.[36] 하지만 실질적인 수용 과정을 본다면 '동성애/동성연애'라는 범주에 남성과 여성의 본질적인 차이를 덧입히고자 하는 경향이 끈질기게 지속되었다. 여성 간의 친밀성이 주로 여학생 사이에 발견되는 매우 근대적이고 새로운 현상으로 독해되었던 반면, 남성의 친밀성은 주로 '계간'과 '남색'과 같이 근대 이전의 관습을 통해, 혹은 정서적 색채와 친밀성을 결여한 언어들을 통해 재현되는 경향이 두드러졌다.

당대의 오산인 같은 남성들이 추구했던 평등하고 열정적인 친밀성은 전통적인 계간과 남색 같은 범주 안에는 결코 담길 수 없는 것이었다. 그것은 원치 않는 강제 약혼을 피하기 위해 벚꽃

나무 아래에서 아편을 먹고 연인과 자살하는 것을 선택한 스무 살의 조선 청년에게도 마찬가지였다.[37] 하지만 여성과 남성에게 각각 성적 수동성/능동성과 정서적 특성/육욕적 특성을 부과하는 이성애 규범적인 해석 체계 안에서 남성들의 '동성애/동성연애'는 비전형적인 경험으로 주변화될 수밖에 없었다.

'동성연애'와 여학생이라는 문제

1920년대 조선에서 신여성 담론을 주도한 남성 지식인들은 여성들 사이에 유행하는 새로운 친밀성에 다양한 해석들을 내놓았다. 동성연애 담론을 분석한 최근의 연구들은 적어도 1920년대에 조선의 남성 지식인들이 여성의 동성애에 보다 온정적인 입장을 취하는 경향이 있었으며, 이러한 관용이 1930년대의 성과학의 본격적인 수용과 함께 병리화로 옮겨간다고 본다. 이러한 주장을 뒷받침할 때 대표적으로 인용되는 글은 1924년 현루영이 잡지 《신여성》에 기고한 "여학생과 동성연애 문제 – 동성애에서 이성애로 전진할 때의 위험"이다.

이 글에서 현루영은 동성애가 오히려 여성에게 있어서는 정서의 발달을 촉진할 뿐만 아니라, "남녀간의 풋사랑에 대한 유혹을 면하게" 함으로써 순결을 보장할 수 있다는 주장을 펼친다. 여성의 동성애는 "남의 아내되고 남의 어머니되는 과정"과 충돌하지 않는다는 것이다. 하지만 글의 전체적인 맥락에서 볼 때 이러한 내용은 매우 부수적인 위치를 차지할 뿐만 아니라 여성의 성적 욕구를 수동적인 것으로 이해해왔던 서구 성과학의 논의와 특별히 구분되지 않는다. 실제로 현루영 자신이 글 속에서 밝히고 있듯이, 이 글은 애초부터 "막쓰 넷소아아"라는 서구 성과학자의 "성욕의 발달과정" 이론에 근거해서 쓰인 것이었다. 이 이론은 성욕의 발달 과정을 연령에 따라 세 시기로 나누어 설명하고 있는데, 현루영이 긍정적으로 인정하는 여성의 동성애는 완전한 정신적·육체적 발달이 이루어지지 않은 시기에 해당된다. 육체적 성숙의 시기 이후까지 동성애가 지속된다면 이것은 정상적인 발달에서 이탈한 "전도적 동성간 성욕"이라고 보았다.[38]

현루영이 이 글을 쓴 목적은 여학생들 사이에서 나타나고 있는 동성연애라는 현상을 성심리적 발달 과정이라는 관점에서 과학적으로 규명하기 위한 것이었다. 그는 이러한 지식의 전달을 통해 여학생들이 동성애 단계에 고착되지 않도록 도울 수 있는 구체적인 정보를 부모들에게 제공할 수 있기를 기대했다. "동성애에서 이성애로 진전할 때의 위험"이라는 글의 부제가 명확하게 보여주듯이, 당대 조선에서 여성 동성애에 대한 담론은 문화적 관용과는 그다지 연관이 없었다. 이와 같은 경향은 잡지 《신여성》이 "요때의 조선신여자" 코너에서 처음 '동성애'라는 현상을 소개할 때부터 두드러진 특징으로 발견된다.

> 이것은 주로 여학생 사이에, 여학교 중에 기숙사 들어 있는
> 학교 사이에 있는 일이거니와, 그들 사이에는 남자 편으로

치면 짝패라 할 만한 사랑이란 것이 있다. (…) 여학교 중에도
서울의 이화학당이 매우 심하며, 경성여자고등보통학교, 평
양여자고등보통학교의 기숙사에도 그런 학생들이 있다는데,
이화학당 가튼 데서는 그것을 취체하기에 학교당국자가 꽤
만히 고심한다는 말이다. 이것을 유행어로 말하면, 이른바
동성애라는 것이다.[39]

잡지《신여성》은 잘 알려져 있듯이 책임 편집자와 주요 필진
모두 남성이 주도하는 여성잡지로, 그 출발부터 여성의 계몽을
표방하고 있었다.[40] 이 잡지가 여성들의 동성애에 대한 기사를
작성한 것은 창간 후 두 번째로 발간한 호에서였다. 이는 여학
생들 사이의 이 새로운 유행이 필진들에게 주목할 만한 현상으
로 일찍부터 발견되었음을 보여준다. 그런데 흥미로운 것은 잡
지《신여성》이 유행을 설명하는 데 '동성애'라는 용어를 사용하
고 있다는 사실이다. 당시 여학생들 사이에서 일반적으로 사용
되었던 용어는 '동성애'가 아니라 'S'였다. 1920년대 후반에 이화
여고보를 다닌 여학생들은 인터뷰에서 재학 시절 "S형제"가 매
우 유행했다고 언급하는데,[41] 이를 통해 '동성애'나 '동성연애' 같
은 용어가 신문·잡지에 보다 빈번하게 소개되어 잘 알려지게 된
1920년대 중반 이후에도 여학생들 사이에서는 'S동생'이나 'S언
니'가 일반적으로 사용되었음을 알 수 있다.[42] 그러나 잡지《신여
성》은 이 새롭고 불가해한 관계를 해설하는 데 있어 여학생 자
신의 경험이나 언어를 전혀 참조하지 않았다. 실제로《신여성》

뿐만 아니라 조선의 남성 지식인의 담론 안에서 'S'와 같은 용어가 사용된 예는 찾아보기 어렵다(여성들 사이의 친밀성을 포르노그래피적 소재로 소비하는 경우를 제외하면 그렇다).

대신에 잡지 《신여성》은 최초로 '동성애'라는 용어를 조선에 도입해 소개하고 있다. '동성애'는 일본의 다이쇼 시대(1912~26) 초기부터 표준화되어 사용된 용어로 서구 성과학의 '호모섹슈얼리티' 개념을 번역하는 과정에서 만들어진 것이었다.[43] 1920년대 여성 동성애와 관련된 담론은 초기부터 서구의 성과학과 병리화의 논리 안에 위치해 있었다. 이러한 사실은 당대의 동성애 담론이 여학교 안에서 등장한 여성들 사이의 새로운 친밀성을 성과학의 언어를 통해 포착하고 앎의 대상으로 확보함으로써 적극적인 해석과 개입의 공간들을 만들어내고자 했던 남성 지식인들의 지적·권력적 실천의 산물이었음을 보여준다.

배운 여자들의 '결혼난'

동성애의 수용이 초기부터 이미 성과학의 의미 체계 안에 묻어들어가 있었기 때문에, 1920년대의 동성애와 1930년대의 담론 사이에서 유의미한 질적 단절을 발견하기는 어렵다. 1939년 '동성연애' 관계에 있는 두 여성 사이에서 일어난 살인 사건에 대한 분석을 맡은 정신과 의사 명주원은 동성연애란 "이성과 이성이 결합되기 전의 하나의 고독한 계단", 즉 여성의 정상적인 발달 경로의 일부라고 설명한다. 그것은 오직 성년의 나이까지 지속될 때만 "변태"라고 정의할 수 있다."

그러나 의미의 질적 단절은 발견할 수 없는 반면, 양적 변화는 두드러지게 관찰할 수 있다. "젊은 여자의 체질을 보고 장래운명을 안다" "성교육으로 본 동성애의 폐해" "사람은 몇 살부터 이성을 아느냐" "성욕의 생리와 심리 – 남녀양성의 성욕고" 등과 같이 1920년대 후반부터 '성교육'을 전면에 내세운 다양한 논설들이 등장하기 시작했다. 이 글들은 빈번하게 여성의 동성애와 동성연애를 다룰 뿐 아니라, 부모들에게 딸들이 동성애의 단계에 "고착"되는 위험에 대해 더욱 분명한 어조로 경고했다."

이러한 변화의 한 원인으로 당대에 두드러진 혼인율의 저하 경향을 들 수 있다. 실제로 조선 전체로 본다면 여성의 미혼율은 그다지 높지 않은 수준이었다. 1930년 『조선국세조사보고』에 따르면, 15~19세 여성의 미혼율은 33.2%, 20~24세 여성의 미혼율은 2.3%였다. 15~19세에 이미 전체 조선 여성의 2/3는 기혼 상태였다. 그러나 도시 지역에서는 전혀 다른 비율이 관찰된다. 경성부, 부산부, 대구부와 같은 대도시 지역에서는 15~19세 여성의 69% 이상이 미혼으로 남아 있었다. 특히 경성부에서는 20~24세 여성의 미혼율이 20.6%에 달했다. 이것은 서비스 부문에서 일하며 경제 활동을 하는 여성들의 미혼율이 압도적으로 높았던 사실과 관련되어 있는 것으로 보인다."

하지만 당대의 지식인들은 미혼률 증가의 원인을 여성 교육의 확대 탓으로 돌렸다. 그 때문에 조선의 신문들은 1920년대 후반부터 "배운 여자들의 결혼난"을 주요한 사회 문제 중 하나

그림 70. 학력 때문에 시집을 가지 못해 괴로워하는 여학생을 그린 만평.
《별건곤》 1928년 1월호.

로 다루기 시작했다. 중등학교 출신 여성들이 지속적으로 증가함에 따라 1930년대 후반이 되면 미디어는 더욱 우려스러운 문제로 이를 취급했다.[47] 1928년 《동아일보》는 "배운 여자들의 결혼난"을 문제로 제기하며 그 원인을 식자계층 인구의 불균형으로 진단했다. 배운 여성은 배운 남성을 배우자로 맞기를 원하지만 조혼 풍속으로 인해 이미 상당수의 남성이 혼인한 상태이기 때문에 적당한 배우자를 구하지 못한 여성들이 "결혼난"의 상황에 놓인다는 것이다.[48] 1928년 잡지 《별건곤》에 실린 학력 때문에 시집을 가지 못해 우는 여학생의 만평은 당대 지식인의 시각을 전형적으로 보여주고 있다. 고학력의 여성은 평생 노처녀로 불행 속에 살게 될 것이라는 메세지가 미디어를 통해 반복적으로 발신되었다.

하지만 대중매체의 재현과 달리 모든 미혼의 '배운 여성'이 '결혼난'을 고통과 불안으로 받아들였던 것은 아니었던 것 같다. 신여성 박인덕은 자신의 영문 자서전에서 결혼을 직접 실행에 옮기기 전에 자신은 결혼에 대해 생각해본 적이 전혀 없었다고 언급한다. 그 이유에 대해 박인덕은 자신의 삶의 모델이 자신을 가르쳤던 이화학당의 선교사들이었으며, 이들은 대부분 미혼으로 일생을 바쳐 자신의 소명에 헌신하는 여성들이었기 때문이라고 설명했다.[49]

실제로 식민지 조선에서 선교 활동을 했던 북미 출신 여성 선교사들의 나이는 입국 당시 평균 30세였으며, 이들 중 미혼 비율은 32%에 달했다. 이들 미혼의 선교사 여성들이 고등교육을 받았던 20세기 초 미국은 역사상 그 어느 때보다도 많은 여성들이 결혼을 하지 않았던 것으로 유명했다. 1919년 기준 미국의 25세 이상의 여성 중 독신 여성이 차지하는 비중은 14%로, 이는 전체 인구 중 약 7%를 차지하는 수치였다.[50] 특히 고등교육을 받았던 여성들의 상당수는 결혼을 하지 않았는데, 그것은 한편으로 그 시대의 미국 남성들의 대부분이 교육받은 여성들을 두려워했고 그들을 아내로 데려가기를 원하지 않았기 때문이었다. 하지만 여성들은 자신의 의지에 따라 결혼을 피하기도 했다. 수천명의 여성들이 대학을 가고 직업 세계에 진입한 결과, 이 여성들은 스스로를 부양할 수 있는 능력을 가질 수 있게 되었기 때문이다. 시대적인 선구자로서 이들은 결혼을 요구하는 사회적 압력에 저항할 시대적 명분도 가지고 있었다. 그 명분이란 그들에게는 배운 여자로서 교육과 직업 세계라는 새로운 영역에 헌신해야 할 소명이 있기에 단순히 아내의 자리에 머물 수 없다는 것이었다. 이 새로운 세대의 여성들은 결혼 대신에 여학교에서 만난 다른 여성 동료들과 함께 일과 생활을 공유하는 '보스턴 결혼' 같은 관계들을 만들어나갔다.[51]

조선에 온 전문직 여선교사는 이러한 세대성을 공유하는 신여성 집단이었다. 게다가 여선교사는 고학력 여성들이 결혼 압력에서 벗어나 외국에서 생계 걱정 없이 지속할 수 있는 평생직장이었다.[52] 이들은 대개 '숙녀의 집'에서 공동체 생활을 했으며,[53] 이러한 여선교사들의 생활 방식은 박인덕 같은 미션계 여학교 출신의 조선 여학생들에게 대안적 삶의 모델이 되었다.

실제로 1914년부터 1925년까지 이화학당의 대학과가 배출한 29명의 졸업생들 가운데 절반가량 되는 13명이 미국 유학을 마치고 교육계와 여성사회단체 및 기독교계 단체에서 활동했는데, 이들 중 한두 명을 제외하면 대다수가 미혼으로 남았다. 이후 가정과 사회 활동의 양립을 보다 강조했던 이화여전(1925~45) 세대에서도 이전 세대만큼은 아니지만 상당수의 졸업생들이 미혼의 삶을 선택했다. '독신주의'는 당시 이화여전 학생들이 학교의 자랑으로 여길 만큼 중요한 전통이었다.[54] 이런 기록들은 주로 이화학당을 중심으로 남아 있다. 하지만 미혼의 전문직 여선교사들이 교육을 맡았던 다른 미션계 여학교에서도 역시 여선 교사들로 상징되는 새로운 여성성의 모델이 중요한 영향을 미쳤을 것으로 추측할 수 있다.

'현모양처'라는 근대적 여성의 역할을 수행하기 위해 중등·고등교육을 받았던 초기의 여학생 세대는 학교에 진입함으로써 가족과 친족의 질서를 벗어난 공적 세계를 경험할 수 있게 되었다. 학교에 온 소녀들은 이 근대적 훈육의 공간에서 여성들만의 독자적인 또래 문화를 구성했고 자신들만의 가치 체계를 만들어냈다. 그뿐만 아니라 그들은 여전히 가부장적이었던 식민지 조선에서 여성들에게 공식적으로 내주지 않았던 역할들(리더와 영웅 같은)을 경험할 수 있는 기회를 가질 수 있었다.[55] 이 과정을 통해 이들은 새로운 종류의 여성이자 근대적 개인으로 자신을 발견했다. 그리고 이러한 경험의 중심에 있었던 것은 여학생들 사이의, 교사와 학생들 사이의 유대감과 친밀성이었다. 조선의 남성 지식인들은 서구 성과학자들과 마찬가지로[56] 여성들 사이의 관계 속에서 증대되는 위험을 발견했다. 특히 '홍옥임·김용주 철도정사 사건'은 "남의 아내 되고 남의 어머니 되는 과정"으로부터 이탈하는 여성들의 욕망을 분명히 드러냄으로써 사회적 우려를 결집시켰다.[57]

'최초의 정사'

1931년 4월 8일 두 명의 젊은 여성이 영등포역에서 경성 방면

으로 들어오던 경인열차에 뛰어들어 목숨을 끊었다. 이 자살 사
건에는 즉시 '철도정사'라는 이름이 붙었으며 세간의 비상한 관
심의 대상이 되었다. 영화제작연맹은 자살 사건이 있은 지 채 일
주일도 지나지 않은 시점에서 이 사건을 소재로 조선 젊은이들
의 결혼관과 연애관을 비판한 영화 〈명일의 여성〉을 제작해 조
선뿐만 아니라 중국에도 배급하겠다고 발표했다.[58] 신문들 역시
앞 다투어 '철도정사'와 관련된 기획들을 쏟아냈다. 《조선일보》
는 "철로의 이슬된 이수二輸의 물망초"라는 기획으로 다섯 번에
걸쳐 두 여성의 가정 환경과 성장 배경, 자살에 이르기까지의 과
정, 주변인들의 반응을 상세하게 소개했다.[59] 《동아일보》 역시
"독자평단"에서 다섯 번에 걸쳐 "두 여성자살과 시비"를 주제로
다뤄 다양한 독자들이 사건과 관련된 의견을 신문에 개진하도
록 했다.[60]

　'홍옥임·김용주 철도정사 사건'에 대한 관심은 당대에만 머
무르지 않았다. 사건은 이후에도 반복적으로 재발견되었다.
1973년 《조선일보》가 "최초의 '동성연애 자살'"[61]이라는 제목으
로 1931년의 기사를 다시 소개한 이래로, '철도정사'는 최근까지
식민지 시대를 다루는 대중 연구서들에 단골 소재로 등장하고
있다. 2011년에는 〈궤도열차〉라는 이름의 연극으로 각색되기까
지 했다.[62] 이 사건이 그토록 자주 후대의 사람들을 매료시키는
까닭은 아마 여전히 생소한 동성연애라는 주제를 전혀 예기치
못한 시대로부터 발견하는 낯섦 때문일 것이다.

　하지만 당시 이 사건에 특별한 주목이 쏟아진 이유에 대해

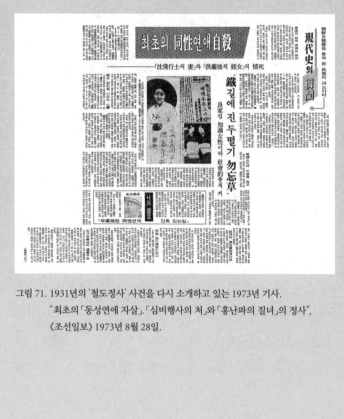

그림 71. 1931년의 '철도정사' 사건을 다시 소개하고 있는 1973년 기사.
　　　 "최초의 「동성연애 자살」, 「심비행사의 처」와 「홍난파의 질녀」의 정사",
　　　 《조선일보》 1973년 8월 28일.

그림 72. "청춘 양 여성 철도정사", 《동아일보》 1931년 4월 10일.

서는 보다 진지한 검토가 필요하다. 이 사건은 흔히 알려진 것처럼 식민지 조선에서 '최초'로 일어난 '동성연애 자살' 사건이 아니었다. 첫 동성연애 동반자살이 보도된 것은 철도정사보다 7년 앞선 1924년이었다. 같은 술집에서 작부로 일했던 19세의 두 여성이 명주 수건으로 함께 허리를 묶고 월미도 앞바다에 뛰어든 사건이었다.[63] 다양한 기사들을 종합해보면 1931년의 철도 정사 이전에 최소한 적어도 여섯 건의 동성연애 동반자살과 자살미수 사건들이 보도되었음을 확인할 수 있다. 하지만 이들 사건 중 어느 것도 1931년의 사건과 같은 집중적인 관심을 받지 못했다. 실제로 철도정사 사건이 일어났던 시기를 전후해 다른 여성들 역시 철도정사를 결행했다. 이 동반자살 사건의 주인공들은 농촌 출신의 두 여성으로 폐병에 걸린 "동병상련"으로 철도정사를 했다고 보도되었다. 하지만 이 사건은 언론의 주목을 거의 받지 못했으며, "신문의 한 귀퉁이에 조그맣게" 실렸을 뿐이었다.[64]

이러한 사실은 '홍옥임·김용주 철도정사 사건'에 대한 당대의 관심이 '동성연애 정사'라는 사실 그 자체로부터 비롯된 것이 아님을 보여준다. 그것은 홍옥임과 김용주라는 인물들에 대한 관심, 바로 "상당한 가정의 딸들로 상당한 교육까지 받은" "지식계급"의 "신여성"들에 대한 관심이었다.[65] 이러한 관점은 정사의 원인들을 설명하는 과정에서도 두드러졌다.

두 여성은 왜 철도 자살을 했나

앞서 살펴보았듯이 소녀들의 동성연애 단계가 고착되는 것을 경고하는 논설이 집중적으로 등장한 것은 언론이 "지식계급여성의 결혼난"을 본격적인 사회 문제로 발견했던 시기(1928년 전후)와 거의 일치한다.[66] 자의든 타의든 교육받은 신여성들이 현모양처의 역할 수행을 거부한다는 불안은 사회적인 근심으로 이어졌다. 이러한 우려 속에 1931년에 발생한 철도정사는 두 당사자가 문제의 '지식계급의 여성'일뿐만 아니라, 자살이라는 가장 극적이고 개인적인 방식을 통해 현모양처라는 당대의 규범적 이상을 거부했다는 사실로 인해 큰 반향을 일으켰다.

김용주의 아버지는 종로 덕흥서림의 점주였고, 홍옥임의 아버지는 세브란스 의전의 교수였다. 그녀들은 부르주아 계급의 딸이자 식민지 조선에서는 드물게 고등교육의 수혜를 받은 여성들이었다. 두 여성이 여성고등보통학교에 재학했던 1929년 전국의 여자고등보통학교의 학생 수는 4198명에 지나지 않았다.[67] 결혼과 동시에 학교를 중퇴한 김용주와는 달리, 홍옥임은 학업을 지속해 이화여전 음악과에 입학한 상태였다. 이들은 식민지 조선에서 매우 희소한 인텔리 계층의 여성들이었던 것이다.

하지만 "명문의 딸"이자 "교육받은 인텔리"라는 공통된 배경에도 불구하고 이 둘의 환경에는 상당한 차이가 있는 것으로 기술된다. 김용주의 가정은 보다 전통적인 구식 가정으로 그려지는데, 단적으로 장녀였던 김용주는 17세에 부모의 강압에 따라

부호의 아들과 원하지 않는 결혼식을 치러야 했다. 그녀는 갑작스러운 결혼에 대해 처음부터 거부 의사를 가지고 있었으며, 특히 무엇보다 학업을 중단해야 한다는 사실에 깊이 상심했다. 《조선일보》는 김용주가 퇴학 절차를 앞두고 시집가고 싶지 않다고 부모에게 애원했으며, 선생들에게 공부를 더 하게 해달라고 울면서 호소했다고 전했다. 그러나 그의 아버지는 딸을 이해하거나 동정하는 인물이 아니었다. 혼인은 일사천리로 진행되었고, 그녀는 남편과의 애정 없는 결혼 생활과 시집살이라는 가혹한 상황에 놓이게 되었다.[68]

반면에 홍옥임은 "명랑하고 쾌활한 아메리카풍"을 그대로 이식한, 조선에서 보기 드문 "모던 가정" 출신으로 소개된다. 세브란스 의전 교수인 홍석후 박사는 자녀 중에 유일하게 딸이었던 그녀에게 아낌없는 사랑과 물적 지원을 제공했다. "어린 공주" "양키식의 플랫퍼"로 지칭되는 홍옥임은 언제나 미쓰코시나 조지아 백화점에 갓 들어온 최신 유행의 옷감을 걸치고, 할리우드 여배우들이 착용하는 최신형 손목시계가 일본 여성잡지에 광고되면 조선에서 가장 먼저 그 시계를 착용하는 사람으로 소개되었다.[69]

이러한 서사는 두 여성을 각각 조선의 '구식 가정'이라는 문제와 '양키식의 플랫퍼'로 상징되는 서구화된 신여성이라는 문제 안에 배치한다는 점에서 흥미롭다. 이 구도는 동반자살의 동기를 해석하는 데도 마찬가지로 적용된다. 신문은 김용주의 삶을 비극으로 이끈 것이 본인의 의사에 반하는 전통적 결혼과 시집살이로 대표되는 구식의 가족 제도와 같은 구습이었다고 설명한다. 하지만 "지상의 에덴처럼 남들이 입을 벌리고 쳐다보는" 가정 출신인 홍옥임에게 있어 동기는 훨씬 더 추상적이다. 그녀는 아마도 실연의 상처를 입은 것으로 추정되며, 위로를 구하기 위해 소설에 빠져들었다. 그녀가 탐독한 소설류는 일본의 평범한 대중 소설가들이 쓴 "어린여자와 소점원들의 눈물을 짓기에 알맞은" 소설들이었다. 소녀는 천박한 감성에 중독되었고 허무주의에 빠져들었으며 이러한 결과로 동무의 불행을 동정해 동반자살을 선택했다는 것이다. "생의 권태" "우울" "멜랑콜리"와 같은 홍옥임의 자살 동기는 당대의 여학생과 그들의 독서에 대한 남성 지식인들의 비판을 변주한 데 불과하다.[70]

이러한 해석 속에서 구식 결혼의 피해자로 표상되는 김용주가 동정과 연민의 자리에 놓인다면, 홍옥임은 통속소설과 히스테리, 허무주의에 빠져 현모양처의 사회적 역할로부터 도피한 일탈적인 신여성의 전형이 된다. 그리고 비판은 홍옥임을 이상적인 여성의 역할로부터 이탈하도록 만든 '모던 가정'의 자유주의적이고 개인주의적인 가정교육으로 향한다. 철도정사가 있은 지 몇 달 지나지 않아 《동아일보》에 실린 "히스테리와 가정교육"은 히스테리가 고집 세고 이기적이며 허영심이 많은 여성들에게 주로 나타나며, 부모의 교육법이 이러한 성격적 결함의 직접적인 원인이 된다고 주장했다.[71] 성장기에 딸의 자유주의나 개인주의를 제어하지 않을 때 딸은 히스테리 환자가 되고 바람직한 여성의 역할을 거부한다는 것이다. 여기서 주목할 지점은 이 사건에 대한 선정적인 관심을 촉발시킨 것이 '동성연애 정사'라는 요소임에도 불구하고, 두 여성 사이의 관계에 대해서는 거의 초점이 맞춰지지 않았다는 데 있다. 심지어 동덕여고보 시절에 잠시 같은 반에서 공부했지만 그다지 가깝지는 않았던 두 여성이 전학과 결혼 같은 완전히 다른 삶의 경로 속에서 어떻게 친밀한 '동성애인'으로 발전했는지 등의 정보들도 전혀 제시되지 않았다.

이처럼 철도정사와 관련된 논쟁에 참여한 지식인들은 두 여성의 죽음을 식민지 조선의 전형적인 '여성 문제'로 환원함으로써 죽음에 담긴 이질적인 의미들을 삭제했다. 이러한 방식을 통해서 이성애 규범적인 삶의 경로로부터 이탈하기를 결심한 두 여성의 선택은 역설적으로 중간계급 소녀들에 대한 사회적 규제의 필요성과 학부모의 관리 책임이 강조되는 계기로 조명되었다. 두 여성의 죽음이 제기한 새로운 친밀성과 주체성이라는 문제는 논의의 장 밖으로 자연스럽게 사라졌다. 대신 그 자리에는 어떻게 해야 이러한 계층의 소녀들에게서 규범적인 여성성을 안정적으로 재생산할 수 있을 것인가라는 낡은 질문이 들어섰다.

히스테리, 정사, 의례

그러나 봉합이 반드시 완벽하게 성공적인 것은 아니었다. 홍옥임과 김용주는 독특한 방식으로 자신들의 죽음을 연출해냈으며, 이런 죽음의 의례는 이들의 죽음이 근본적으로 새롭고 이질

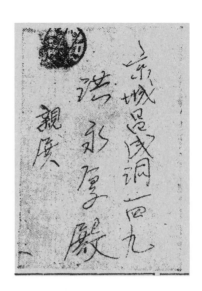

그림 73.
홍옥임이 삼촌 홍난파에게
부친 유서의 겉봉.

적인 여성 주체의 등장과 연결되어 있음을 보여준다.

철도정사와 관련된 기록들은 이 자살 사건이 결코 우발적인 사고가 아니라 오랜 기간에 걸쳐 매우 치밀하게 준비되고 연출된 것임을 드러낸다. 사실 홍옥임과 김용주가 동반자살을 시도한 것은 처음이 아니었다. 그녀들은 한 달여 전쯤 마지막 전차를 타고 한강으로 나가 투신자살을 기도한 바 있었다. 때마침 지나가던 배의 선원들이 발견했기 때문에 첫 번째 자살 시도는 실패로 돌아갔다. 그 뒤 한 달 동안 두 여성은 극장을 돌아다니며 밤낮으로 남은 시간을 함께 보냈다. 그리고 이들은 자살 결행을 1주일 앞두고 사진관을 방문해 함께 사진을 촬영했을 뿐 아니라, 그 사진을 친구들에게 일일이 나누어주었다. 사건 당일의 행적에서도 계획성은 매우 두드러졌다. 당일 아침 그녀는 매우 밝은 얼굴이었으며 옷장에서 옷들을 일일이 꺼내 걸쳐보면서 정성 들여 가장 예쁜 옷을 골라 입은 것으로 전해진다. 그녀는 장국을 사다주겠다는 어머니의 권유를 시간이 촉박하다는 이유로 거절하고, 집으로 찾아온 김용주와 바쁘게 집을 나섰다. 경성역에서 오전 11시 40분에 출발하는 기차를 타기 위해서였다. 기차에 탑승해 영등포역에서 하차한 두 사람은 지나가던 어린아이에게 10전 동전을 주고 선로 위치가 인천 방향인지를 확인했다. 그리고 미리 준비해온 헝겊 끈으로 서로의 몸을 묶고 1주일 전에 함께 찍은 사진을 꺼내든 후, 기차시간표를 확인하며 문제의 428호 열차가 들어오기를 기다렸다. 철도정사 후 홍옥임과 김용주의 가족과 친구들은 자살 결행 당일 아침에 이들이 미리 부친 유서를 우편으로 받았다.[72]

이들이 죽음을 연출하는 방식이나 동반자살을 준비하는 일련의 과정들은 당대 다른 여성들의 동성연애 정사와 놀랍도록 많은 세부사항을 공유한다. 이들은 죽음의 순간에 준비해온 끈으로 서로의 몸을 한데 묶었는데, 이러한 패턴은 다양한 동성연애 동반자살에서 공통적으로 발견되는 것이다. 1924년에 월미도 앞바다에서 동반자살을 한 19세의 두 작부 역시 명주 수건으로 허리를 묶은 채 바닷물에 몸을 던졌다. 1936년 여자고등보통학교 동창생인 19세와 21세의 두 여성 역시 축항부두에서 정사하기 위해 바다로 뛰어들었을 때 손목을 함께 묶었다.[73] 몸의 일부를 함께 묶는 방식은 좀 더 거슬러 올라가면 1911년 일본 최초로 발생한 동성연애 동반자살에서도 발견할 수 있다. 이 사건에서 여학교 졸업생인 두 여성은 분홍색의 허리끈으로 몸을 묶고 소매에 돌을 매단 채 바다로 뛰어들었다.[74] 당시 붉은 실로 몸의 일부를 묶는 행위는 내세로 이어지는 인연을 기약하는 일종의 문화적 상징으로 여겨졌다. 따라서 동성연애 동반자살의 참여자들은 죽음의 순간에 이러한 상징을 반복적으로 연출했던 것이다.

동성연애 동반자살에서 빼놓을 수 없는 또 다른 공통점은 바로 여행과 관광이다. 홍옥임과 김용주는 봄날의 한강변과 인천으로 향하는 기차선로를 죽음의 장소로 선택했다. 1924년 인천부 내리(현재의 인천 중구)의 주점에서 일하던 두 작부는 월미도 구경을 하고 오겠다고 가게를 나섰고, 실제로 월미도 앞바다에서 투신을 감행했다. 때로 동반자살은 원거리 여행을 동반하기도 했는데 1936년에 두 고등보통학교 동창생은 이 동반자살의 의례를 위해 개성에서 인천의 축항부두까지 여행했다.[75] 이들이 죽음의 장소로 선택한 곳들은 월미도 앞바다, 서해 축항부두, 현해탄, 거제도 앞바다, 한강과 같이 일상적인 생활의 반경을 넘어서는 곳들이었다. 당대의 여성들에게는 여전히 이동의 자유가 제한되었기 때문에 자살 장소로 가정의 생활 반경에 있는 곳들(집안, 우물, 냇가 등)이 주로 선택되었다는 사실을 고려해본다면, 이와 같은 장소의 선정에는 매우 특별한 의미가 담겨 있다고 보아야 할 것이다.

이러한 비일상성은 죽음을 준비하는 과정 전반에서 매우 두드러진 특징이었다. 앞서 보았듯이 홍옥임과 김용주는 한강에서 시도한 자살이 실패로 돌아간 후, 다시 동반자살을 결행할 때까지 남은 시간을 밤낮으로 극장을 돌아다니며 함께 시간을 보냈다. 김용주가 맏며느리가 되어 시집살이를 하는 상황이었음을 감안한다면, 이러한 행동에는 상당한 마찰이 따랐을 것이다. 또한 그들은 죽음을 앞두고 사진을 촬영해 자신들의 모습을 남기고 이를 자신들을 기억할 만한 친구들에게 한 장씩 나눠주기도 했다. 사망 후에 가족들이 읽어볼 수 있도록 미리 작성한 유서를 우체국에서 발송하는 것 역시 잊지 않았다.[76]

이러한 패턴은 하층계급 출신 여성들의 동반자살에서도 확인할 수 있다. 1938년 《조선일보》는 강원도 평창 출신인 21세 정무순과 23세 정태순의 정사 미수 소식을 보도했다. 두 여성은 그 전해 겨울 경성으로 와 각각 모 검사의 집과 일본인의 집에서 하녀로 일하고 있었다. 동향 출신으로 친밀하게 지내오던 두 여성은 곧 "끊을래야 끊을 수 없는 동성연애"를 하는 관계로 발전했고, 함께 정사를 하기로 결심했다. 그런데 정사를 결행하기 위해 두 여성이 이틀 동안 보인 행적은 주목할 만하다. 첫날 이들은 한강에 가서 "뽀트"를 타고 투신의 기회를 엿보았지만 여의치 않았기 때문에 그대로 돌아왔다. 이튿날 다시 만난 그녀들은 탑골공원 뒤에 위치한 송죽원에서 마지막 만찬을 가졌다. 송죽원은 당시 경성에서 명성이 높을 뿐 아니라 비싼 조선요리점이었다. 여기에서 9원어치에 달하는 음식을 먹은 후 두 여성은 다시 자살하기 위해 자동차를 불러서 한강으로 이동했다. 그때 정태순은 유서를 그만 음식점에 두고 왔다는 사실을 깨달았다. 음

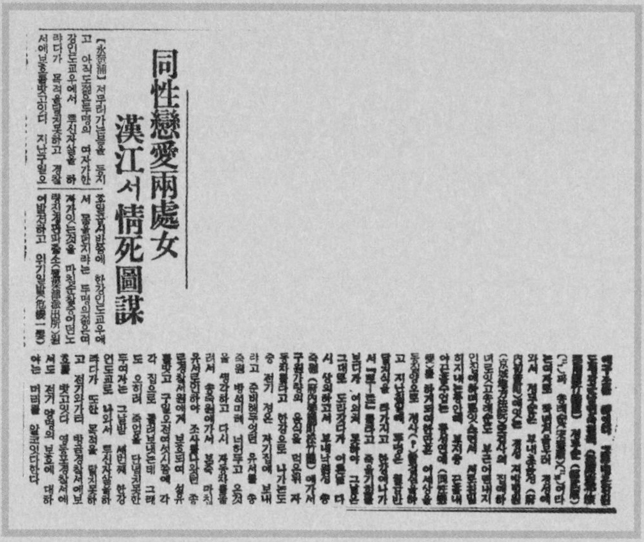

同性戀愛兩處女
漢江서情死圖謀

그림 74. "동성연애 양처녀 한강서 정사도모", 《조선일보》 1938년 5월 11일.

식점으로 돌아온 그들은 유서를 발견한 주인의 신고로 출동한 종로경찰서원에게 보호조치를 받은 뒤 결국 집으로 돌려보내졌다.[77] 이틀 동안 그들은 한강에서 보트 유람을 하고, 송죽원에서 식사를 했으며, 한강까지 자동차를 불러 이동했다. 이는 많은 비용을 소요하는 것으로, 특히 그녀들이 하녀라는 점을 고려할 때 상당한 경제적 부담이었을 것으로 추측할 수 있다. 따라서 그들은 계획의 실행을 위해 고용주로부터 "월급 반달치"씩을 받아 정사를 준비했다.[78] 이러한 사실은 이들 역시 자신의 죽음을 특정한 방식으로 연출하기 위해 긴 시간 동안 계획과 구상에 공을 들였음을 보여준다.

욕망하는 여성

당대의 동성애/동성연애 담론은 이 새로운 친밀성을 고등보통학교의 여학생 사이에서, 특히 기숙사가 있는 학교에서 두드러진 현상으로 규정했다.[79] 동성애와 여학생들의 'S문화'를 동일시하는 이러한 해석은 중간계층 소녀들에 대한 훈육의 담론으로 기능했을 뿐만 아니라, S관계 밖에서 이루어지는 다양한 동성 간 친밀성을 눈에 보이지 않도록 하는 효과를 낳았다. 남성들 사이의 동성애나 소녀기 학교라는 시공간적 제약 밖에서 만들어진, 다양한 연령/계급 관계에 속한 여성들의 동성애는 비전형적인 것으로만 다뤄지거나 거의 주목받지 못했다. 하지만 이러한 여성들 중 일부는 자신의 죽음을 정사의 형식으로 연출함으로써 지배적인 해석에 도전했다.

실제로 1924년 두 명의 작부의 죽음으로 시작된 동성연애 동반자살은 1930년대 말까지 지속적인 현상으로 발견된다. 동반자살을 한 여성들은 그 구성에서 매우 다양했다. 술집 작부나 카페 여급과 같이 화류계에 종사하는 여성들부터, 여사무원, 간호사와 같이 새롭게 만들어진 노동시장에 진출한 여성들, 인텔리 계층의 여성들, 동리 친구와 하녀, 그리고 재조일본인과 내지인, 조선인까지 다양한 여성들이 여기에 포함되었다. 신문들은 사회적 배경만큼이나 다양한 원인들을 동반자살의 동기로 추정했다. 주점 주인의 학대에 대한 비관이나 고된 하녀일에 대한 회의와 같이 하층계급 여성들의 고단한 생활상부터, 해외 유학을 허락하지 않는 부모의 완고한 반대, 삼류 연애소설 탐독과 같은 인텔리 여성들의 사정 등등.[80] 당대의 지배적인 담론은 이 여성들의 자살 동기를 여성적인 "비관"과 "동정", 수동적이고 감정에 치우친 여성의 본성이라는 틀로 해석했다.[81]

하지만 여기서 주의해야 할 대목은 이 여성들이 자신의 사회적 배경과 계층적 차이에도 불구하고, 동일한 방식의 죽음을 의식적으로 기획하고 연출했다는 데 있다. 가족과 일상적인 생활 반경으로부터의 탈출. 두 사람만의 특별한 시간. 내세에서 다시 만날 것을 약속하며 신체의 일부를 함께 묶는 행위와 이어지는 투신. 이와 같은 일련의 의례는 이 여성들이 다른 여성들의 죽음을 인용함으로써 자신들의 죽음을 고유한 방식으로 위치 짓고자 했던 욕망을 보여준다. 현실에 대한 비관이 아닌, 사랑을 완성하는 정사라는 형식으로.

한편 이 여성들의 죽음은 '욕망하는 여성'이라는 주체가 잠재적으로 환기되는 장이기도 했다. 1939년에 여성들 사이에서 동성애를 둘러싸고 발생한 살인 사건은 이러한 구도를 잘 보여준다. 이 사건의 피해자와 가해자는 24세의 김순애와 김수얼이었다. 이들은 2년 동안 동성연애를 해오던 사이였지만, 김순애가 갑자기 결혼을 결심하자 배신감에 휩싸인 김수얼은 자신의 연인을 식도로 찔러 죽인 후 양잿물을 마시고 자살했다.

이 사건에는 보기 드물게 정신과 의사("정신병학의 대가")의 논평이 함께 실려 있는데, 이것은 흔히 전형적으로 여성적인 방식이라고 여겨졌던 정사와는 다르게, 식도로 상대방을 "난자"하

는 것과 같은 예외적인 폭력의 상황이 포함되었기 때문으로 보
인다.[82] 의학박사 명주완은 "정신병학의 "메쓰"로 갈러본 살인 삼
각애 사건"이라는 기사에서 동성연애란 여학교 3~4년의 젊은
여자들에게 집중적으로 나타나는 현상으로서 성에 대한 자각과
흥미가 이성에게 이전되기 전에 주로 발생한다고 설명하고 있
다. 그는 동성연애를 이성애로 이행하는 일종의 "계단"으로 보
기 때문에 동성연애 그 자체를 '변태'와 동일시할 수는 없다는
입장을 고수했다. 실제로 명주완은 '변태'와 '정상'에 명확한 경
계가 존재하는 것이 아니라고 선언하고("어떤 사람이 정상적인 사람

이고 또는 어떤 성격의 사람이 변질이냐 하는 것은 구별하기에 대단히 힘드는 일") 중요한 것은 그 "정도"라는 결론을 내린다. 이 사건은 두 여성이 동성연애 관계에 있기 때문에 변태인 것이 아니라, 사춘기를 넘은 나이까지 이러한 관계를 지속하고 있는 "극히 부자연한 생활" 때문에 변태라고 해석할 수 있다는 것이다.[83]

여성들의 동성연애가 정상적인 심리 발달과 양립할 수 있다는 당대의 믿음은 여성들이 남성에 비해 덜 육욕적이고 덜 쾌락적일 뿐 아니라 성적으로 수동적인 존재라는 이성애 규범적인 가정에 바탕을 둔 것이었다. 하지만 이러한 도식은 왜 어떤 동성연애 관계는 이성애로 안전하게 이행하는 데 실패한 채 '변태성욕'으로 고착되는지를 설명할 수 없다. 당대의 서구의 성과학자들은 이러한 문제를 해명하기 위해 '남성적인 레즈비언mannish lesbian'이라는 인물형을 도입했다. 레즈비어니즘lesbianism에 대해 상세하게 논의했던 해블록 엘리스는 이 특별한 여성들이 남성적인 신체적 특성과 성적 욕망을 가진 '포식자'이며 그렇기 때문에 '여성스러운 여성'들을 유혹한다는 주장을 펼쳤다. 정상적인 여성들은 정상적인 남성들에게 유혹되는 것과 마찬가지로 이 '남성적인' 여성들에게 유혹당할 수 있다는 것이다.[84] 의학박사 명주원 역시 "살인 삼각애 사건"을 분석하면서 살인과 같은 "불상사"가 일어나고 20세가 넘어서까지 두 여성의 동성연애가 지속된 것으로 보아 확실하게 "둘 중에 하나는 변질자(변태성욕자)"라는 결론을 내린다.[85]

'홍옥임·김용주 철도정사 사건'에 관한 기사들에서도 이러한

'변질자' 여성의 존재가 암시되고 있다. 두 여성은 시종일관 상당히 다른 방식으로 설명된다. 김용주는 공부를 잘하고 얌전한 성격으로 학생들 사이에서 항상 선망의 대상이 되었던 인물로 소개된다. 그녀는 부모의 부당한 결혼 강요에도 순종하는 '여성스러운 여성'이었다. 반면 홍옥임이 이 서사 안에서 위치되는 방식은 매우 기묘하다. 그녀는 김용주와는 달리 학창 시절부터 뒤에서 세는 것이 빠를 정도로 성적이 나쁜 학생이었다. 그뿐만 아니라 교우 관계 역시 원만하지 못해 무엇 때문인지 친구를 사귀면 곧 며칠이 지나지 않아 절교를 일삼았던 것으로 소개된다. 기사들은 입을 모아 홍옥임이 상당한 "성격상의 결함"을 가진 인물이었고, "보통의 정도를 초월한 히스테리"의 소유자였다고 설명하고 있다.[86]

홍옥임의 성격을 정의하기 위해 '히스테리'라는 진단명을 동원하는 것은 의미심장하다. 앞서 살펴보았듯이 '히스테리'는 무엇보다 여성의 본성과 역할을 거부하는 질병으로 인식되었기 때문이다.[87] 실제로 《조선일보》는 그녀를 "생래로 아주 남성적"인 성격이라고 평가하기도 했다.[88] 이 "생래로 아주 남성적"이라는 구절이 암시하고 있는 바는 취미잡지 《별건곤》의 "그 여자들은 왜 철도자살을 하였나?" 기사를 통해 확인할 수 있다. 선정성 강한 이 잡지는 철도정사와 관련해 다른 신문지면에서는 거의 다루어지지 않는 정보를 제공했다. 《별건곤》의 보도에 따르면 홍옥임에게는 김용주 이전에도 많은 "동성애인"이 있었다. 홍옥임은 언제 어디서든 "예쁜 소녀"를 만나면 달려가 당시 동성연애의 징표였던 금반지를 사서 끼워주고 열렬한 연애편지를 써 보내는 "다정한 성격의 소유자"였다.[89] 그녀는 해블록 엘리스의 분류로는 '남성적인 레즈비언'이었고, 명주원의 분류로는 '변질자'에 해당했던 셈이다.

흥미롭게도 조선의 동성애 담론 안에서 이 '남성적인' '변질자' 여성의 존재는 직접적으로 언급되거나 분석된 바가 거의 없었다. 동성애 단계에 고착되는 원인, 혹은 '변질자'가 되는 원인은 "주위나 환경의 간접적인 영향"과 같은 방식으로 에둘러 표현될 뿐이었다.[90] 이것은 여성을 성적 주체로 호명하는 위험을 피하면서도, 성적 위험을 경고하고 선생과 학부모의 관리 책임을 환기시키기 위해 취해진 전략으로 볼 수 있다. 하지만 다른 한편으로 식민지 조선에서는 수많은 여성 '변질자'의 재현들이 유통되고 있었다. 1930년을 전후한 외신 기사는 이러한 이미지의 중요한 출처였다. 외신에서 이 여성 변질자들은 짧게는 10년에서 길게는 24년 동안 "남자행세"를 해온 인물들로 소개된다. 이들은 남자의 옷을 입고 생활할 뿐만 아니라, 쉬는 날에 집에 있을 때면 "맥주를 먹고 담배를 피우는" "평범한 남성"의 일상을 보냈다.[91] 또한 그녀들은 "친절하고 좋은 남편"이자 아버지 역할을 하는 가장이기도 했다. 이들이 '평범한 남성'으로 살았던 것은 '남장'을 통해 남성의 직업(군인, 증기기관사, 직공, 자동차 운전수, 육체노동자 등)에 진입(통과)할 수 있었기 때문이다.[92]

남성이 얻을 수 있는 직업을 갖고 그들이 받는 임금을 획득함으로써 이들은 처음으로 파트너와 안정적인 관계를 유지할 수

그림 76.
"십여년 동안을 남자로 행세.
안해까지 두어가지고 (상)",
《동아일보》 1932년 11월 3일.

있게 되었다. 이러한 기사들은 하층계급 여성들에게 있어 경제적 자립의 기회가 친밀성을 유지하는 데 얼마나 중요한 요소였는가를 잘 보여준다. 그리고 이러한 상황은 당대에 동성연애 동반자살에 참여했던 연인들이 선택할 수 없었던 것이 무엇이었는가를 드러낸다. 잡지 《별건곤》은 시중드는 소녀의 말을 인용해 홍옥임과 김용주 사이에 오간 대화를 다음과 같이 소개했다.

김용주: 정말 너하고 떨어져서는 하루가 안타깝구나. 얘! 네
가 이 집 첩으로 들어와서 같이 살자꾸나. 그러면 날마다 떨

그림 77. "질투로 돌변한 동성애. 의동생 자살코 음독. 가해자는 필경절명",
《조선일보》 1939년 7월 11일.

어지지 않고 서로 같이 지내지 않겠니.

홍옥임: 어디 어디 첩으로야 올 수 있니 세상이 창피해서. 그

대신 내가 너의 집 부엌어멈으로 들어오면 날마다 한 집에서

지내고 그게 좋지 않으냐?

김용주: 첩이고 부엌어멈이고 당장 너 없이는 내가 살지를

못하겠다.[93]

철도정사 후 홍옥임과 김용주의 가족들은 두 여성을 유언에

따라 함께 화장해주었다. 현실에서 "첩"도 "부엌어멈"도 될 수

없었기에 함께 할 수 없었던 이들은 죽음을 통해서야 함께 살아갈 수 있었다. 홍옥임과 김용주를 비롯해 '동성애인' 관계에 있는 여성들이 직면했던 것은 가족 질서의 외부에서 두 여성이 함께 살아갈 수 있는 사회적 공간이 거의 존재하지 않는다는 현실이었다. 그럼에도 최소한의 경제적 독립을 확보할 수 있었던 여성들은 집을 떠나 자신들만의 집을 만드는 새로운 모험을 시작하기도 했다.

앞서 다룬 '살인 삼각애 사건'의 두 당사자는 경성부기학원의 동창생이었다. 이들은 학창 시절부터 동성연애 관계를 맺기 시작해 "일생 직업여성으로 살며 서로 독신으로 지내자"고 다짐하고, 학교 졸업 후 금융조합에서 근무하면서도 2년 간 연인 관계를 유지했다. 그런데 파트너 중 한 명이 결혼을 결심하기 이전까지 이들이 동거하고 있었다는 점을 주목할 필요가 있다. 두 사람의 근무지는 소사금융조합과 고양금융조합으로, 서로 지리적으로 떨어져 있었음에도 불구하고 이들은 함께 살았다.[4] 이는 그녀들이 경제적 기반을 바탕으로 새로운 가족의 가능성을 실험했음을 보여준다. 이 사례는 비록 비극으로 끝났지만, 경제적인 독립성을 확보할 수 있었던 여성들 사이에서 유사한 기획들이 시도되었을 가능성을 상상할 수 있게 해준다.

동성애를 여학생 문화와 동일시하는 당대의 협소한 해석은 중간계급 소녀들에게 규범적인 여성성을 재생산하는 훈육 담론으로 순치되는 경향이 있었다. 따라서 'S관계' 밖에서 이루어지

는 다양한 동성 간의(남성들 간의, 혹은 다른 계층의 여성들 간의) 친밀
성은 비가시화되었다. 그러나 당대의 다양한 '동성애인'들은 자
신들의 죽음을 정사라는 특별한 사랑의 의식으로 연출함으로써
이러한 규범적인 여성성 너머에서 근본적으로 새롭고 이질적인
여성 주체가 등장하고 있음을 암시하고 있었다.

마치며

나는 이 책을 '이화교'에 얽힌 특별한 전설을 기록하는 것으로 마무리하고자 한다. 이화교는 경의선 철길 복개가 이루어지기 전에 철길을 건너 등교하던 이화여대 학생들을 위해 학교 정문 앞에 놓여졌던 다리다. 정식 명칭은 '이화과선교'지만 대부분의 사람들은 이화교라고 불렀다.[1] 간혹 어떤 언론은 호들갑스럽게 이 다리를 이화여대의 '미라보 다리'라고 소개하기도 했다. 이화교는 특별히 조형적인 아름다움이 뛰어난 다리는 아니었지만, 복개 전까지 많은 사람들에게 매우 특별한 장소로 인식되었다. 다리에 얽혀 있는 전설, 바로 '기차 꼬리 밟기' 전설 때문이었다.

전설에 따르면 경의선 기차가 이화교 아래를 지나갈 때 기차의 마지막 칸을 밟으면서 소원을 빌면 그 소원이 이뤄진다고 한다. 필자가 '이화교 전설'을 처음 접했던 2000년대 초반에는 경의선 열차의 배차 간격이 매우 긴 편이었기 때문에, 운행 시간에 맞춰 '꼬리 밟기'를 하기 위해 기다리는 사람들로 북적이는 풍경을 흔히 볼 수 있었다. "기차 꼬리를 밟는다"는 말은 매우 낭만적인 표현이지만, 실제로는 다리 위에서 제자리 뛰기를 하거나 발로 밟는 시늉을 할 뿐이다. 저마다 기차가 지나갈 것이라고 상상하는 타이밍이 제각각이었기 때문에 당연히 일사불란과는 거리가 멀었다. 기차의 꼬리를 밟는 짧은 의식이 끝나면 사람들은 아무 일도 없었다는 듯이 다리를 건너 일상의 풍경으로 돌아갔다. 386세대의 회고담에도 기차 꼬리를 밟기 위해 부리나케 달렸던 이화여대생들의 모습이 추억으로 소개되는 것을 보면,[2] '기차 꼬리 밟기'는 늦어도 1980년대에 이미 광범위하게 알려진 전설이었던 것으로 보인다.[3]

그런데 필자의 관심을 끈 것은 2000년대 초반, 그러니까 이화교 복개가 한참 진행되고 있을 때 유행했던, 조금은 다른 버전의 전설이었다. '기차 꼬리 밟기' 전설이 도대체 어디서 유래했는지 알 수 없는 것과 달리, 새로운 이화교 전설은 여기에 '두 여성의 사랑'이라는 기원 서사를 부여했다. 이 전설의 주인공은 두 명의 이화여대 재학생으로 이들은 서로 사랑하는 사이였다. 그들은 죽음을 통해 영원히 함께하기로 결심하고 동반 투신자살을 결행했는데, 그 장소가 바로 이화교라는 것이다. 새로운 전설이 이화교를 동성 연인들의 다리이자 사랑을 이뤄주는 다리로 만들어내면서 곧 그곳은 동성 연인들이 '꼬리 밟기'를 하기 위해 방문하는 명소가 되었다.

아마도 전설은 역사적 사실과 무관할 것이다. 이화교가 만들어진 1958년 이후에 그곳에서 동반자살이 있었다는 보도는 확인되지 않는다. 근대 여성교육의 요람으로서 이화여대가 한국사회에서 받았던 특별한 관심과 주목을 고려했을 때 이러한 유형의 사건이 스캔들로 비화하지 않았을 확률은 매우 낮다. 그러나 비록 역사적 사실에 부합하지는 않지만, 오히려 부합하지 않기 때문에 이 전설은 정체성과 역사의 관계에 대해 흥미로운 질문을 던진다.

한국사회에서 새로운 이화교 전설이 출현한 2000년대 초는 IMF 경제위기의 영향을 강하게 받고 있었다. 이러한 사회 분위기는 당시 이화교를 둘러싼 공식적인 기억에서도 확인된다. 2002년 한 기사는 여성들만으로 북적이는 이화교 풍경을 해설하면서, IMF 이후 극심해진 경제난으로 사랑의 성취 대신 "취업기원"을 빌기 위한 여학생들이 많아졌기 때문이라고 설명했다.[4] 하지만 이 여성들을 이화교로 데려온 것은 분명 경제위기만은 아니었다. 2000년대 초는 1999년부터 보급되기 시작한 인터넷이라는 새로운 플랫폼을 통해 대규모의 성소수자 공동체가 온/오프라인에 등장했던 시기이기도 했다.[5] 이 새로운 플랫폼에서 갱신된 전설이 만들어지고 유통되었으며, 이렇게 만들어진 전설을 따라 순례자들이 등장했던 것이다.

이 책과 관련해 주목할 만한 점은 2000년대 초에 등장한 이화교 전설이 픽션이기는 하지만 완전히 새로운 창작물은 아니라는 점이다. '이화의 재학생' '동성애' '철도자살'이라는 이야기의 뼈대는 문제의 사건이 이 책에서 다루고 있는 1931년의 '홍옥임·김용주 철도정사 사건'을 모티브로 만들어진 것이라는 추측을 가능하게 한다. 1990년대 후반부터 붐을 이룬 대학가의 영페미니즘 운동은 2000년대 초에 다양한 대중출판물의 발행을 이끌었는데, 여기에는 1931년의 '철도정사' 사건과 여학생의 '동성연애' 문화를 다룬 책 역시 포함되어 있었다.[6] 여성사적 접근을 통해 재발견된 과거가 이화교라는 장소에 새롭게 기입되는 방식으로 전설이 만들어졌을 것으로 추정해볼 수 있다.

이화교 전설은 역사의 공식적인 기억에서 배제된 집단의 구성원들이 느슨한 사실들로 역사를 새롭게 쓰는 행위를 통해, 공통의 경험과 정체성을 가진 존재로 자신을 정체화하는 과정을 드러낸다는 점에서 주목할 만하다. 이러한 전설의 전유는 앞으로의 연구가 이성애 중심적인 세계에서 지워진 소수자의 역사들을 발굴해내는 작업과 동시에, 제한된 역사적 자원 안에서 자신의 정체성과 경험들을 해석하고 재구성하기 위해 분투했던 주체들의 협상 역시 중요하게 다뤄야 할 필요성을 보여준다.

미주

들어가며

1　Clare Sears, *Arresting Dress: Cross-Dressing, Law, and Fascination in Nineteenth-Century San Francisco*(Durham；Duke University Press, 2014), pp. 15~16.

2　George Chauncey, *Gay New York: Gender, Urban Culture, and the Making of the Gay Male World, 1890-1940*(New York；Basic Books, 1994), p. 28.

3　David M. Halperin, *How to Do the History of Homosexuality*(Chicago and London；The University of Chicago Press, 2002), p. 19(전원근, 「1980년대 『선데이서울』에 나타난 동성애 담론과 남성 동성애자들의 경험」, 《젠더와 문화》 8권 2호, 계명대학교 여성학연구소, 2015, 142쪽에서 재인용).

4　Michel Foucault, "Critical theory/intellectual history," in Lawrence Kritzman ed., *Michel Foucault: Politics, Philosophy, Culture: Interviews and Other Writings, 1977-1984*, p. 36(사라 밀스, 『현재의 역사가 미셸 푸코』, 임경규 옮김, 앨피, 2008, 155쪽에서 재인용).

1장. 근대의 경성, '에로 그로' 경성

1　"정무총감부인의 의복을 면도로 절단. 검사는 육개월역 구형 변태성욕자의 소행",《동아일보》 1932년 1월 16일.

2　사건 당시 정무총감의 부인이 입었던 의복은 시가 60원 상당으로 보도되었다. 다음 해 김제군에 있는 어느 부호의 집에 침입한 두 명의 강도가 탈취했던 현금의 총량이 60원이었음을 고려해보

면 상당히 값비싸고 화려한 의복이었을 것으로 추측해볼 수 있다. "만경에도 강도,"《동아일보》1933년 1월 26일.

3 조셉 브리스토우, 『섹슈얼리티』, 이연정·공선희 옮김, 한나래, 2000, 34~35쪽.

4 1870년에서 1905년 사이에 베를린 대학에는 448명의 일본인 학생이 있었는데, 이들 중 30%가 법학을, 42%가 의학을 공부하고 있었다. Bernd Martin, *Japan and Germany in the Modern World*(New York ; Berghahn books, 1995), p. 27.

5 Mark McLelland, *Queer Japan from the Pacific War to the Internet Age*(Lanham ; Rowman & Littlefield Publishers, 2005), p. 55.

6 "성에 관한 문제의 토론(기일), 성지식·성교육·남녀교제",《동광》28호, 1931년 12월 1일.

7 "성욕문제 (하)",《동아일보》1931년 4월 18일.

8 구자연·황상익,「엘리스(Havelock Ellis)의 성심리학 연구」,《의사학》제5권 1호, 대한의사학회, 1996, 30쪽.

9 구자연·황상익, 위의 글, 30쪽.

10 구자연·황상익, 위의 글, 21쪽.

11 구자연·황상익, 위의 글, 28쪽.

12 구자연·황상익, 위의 글, 21~30쪽.

13 전집은 『성의 심리性の心理』라는 제목으로 1927년 10월에 1권의 출판이 시작되어 1929년 3월에 마지막 20권이 출간되었다.

14 천정환, 『근대의 책 읽기 : 독자의 탄생과 한국 근대문학』, 푸른역사, 2003, 151쪽.

15 1930년《동아일보》는 경무국 도서과 사무관의 말을 빌려 이제까지 성 관련 출판물의 검열이 일본보다 엄격해 일본에서 발행된 잡지·단행본이 조선에서는 발매가 금지되는 일이 있었지만, 향후에는 대개 그대로 허가하는 방향으로 방침을 변경했다는 소식을 전했다. "에로당에 희소식",《동아일보》1930년 10월 23일.

16 천정환, 앞의 책, 151쪽.

17 권보드래, 『연애의 시대 : 1920년대 초반의 문화와 유행』, 현실문화, 2003, 169쪽.

18 Donald Roden, "Taishō Culture and the Problem of Gender Ambivalence," in J. Thomas Rimer ed., *Culture and Identity: Japanese Intellectuals During the Interwar Years*(Princeton ; Princeton University Press, 1990), pp. 45~46.

19 권보드래, 앞의 책, 169~171쪽.

20 잡지 《변태심리》는 심리학을 연구하던 임화운林華雲의 주도로 1927년 6월 13일 창간됐다. 잡지는 독자투고를 독려하였는데, 이로 미루어볼 때 학술잡지를 표방하였음에도 불구하고 대중적인 소비를 염두에 둔 출판물이었다고 추측할 수 있다. "『변태심리』 발행", 《동아일보》 1927년 4월 25일 ; "『변태심리』 속간", 《중외일보》 1929년 8월 29일. 현재는 출판물이 남아 있지 않은 것으로 보인다.

21 "학대받든 인처의 원혼, 대사로 화신해 출현. 구경꾼이 매일 십여명씩 쇄도, 진주에 그로 백%의 화제", 《동아일보》 1933년 5월 11일.

22 미리엄 실버버그, 『에로틱 그로테스크 넌센스: 근대 일본의 대중문화』, 강진석 · 강현정 · 서미석 옮김, 현실문화, 2014, 17쪽.

23 신순철, 「1930년대 식민지 조선의 유행가 노랫말로 본 '에로─그로─넌센스'의 사회상」, 《현상과인식》 제39권 4호, 한국인문사회과학회, 2015, 127쪽.

24 편석촌, "첨단적 유행어 해설", 《조선일보》 1931년 1월 4일.

25 "조명탄", 《동광》 제22호, 1931년 6월.

26 채석진, 「제국의 감각: '에로 그로 넌센스'」, 《페미니즘 연구》 제5호, 한국여성연구소, 2005, 51쪽.

27 "위대한 항문 천오백원 가치의 금괴를 분만. 이동경찰의 손에 걸려. 국경의 넌센스 범죄", 《동아일보》 1933년 2월 8일.

28 "모던어점고", 《신동아》 1932년 4월호.

29 "척서될 "넌센스". 절세미인 옷 벗기니 의외에도 위장부다. 사나희 몸으로 정부와 남편잇서. 예전 배우의 본색 탄로", 《조선중앙일보》 1933년 7월 8일.

30 "변태성욕자 성국. 변태성욕이 낳은 「넌센스」 일막", 《동아일보》

1933년 8월 11일.

31 "모던어점고",《신동아》1932년 4월호.

32 김승익,「일제강점기 남방(南方) 이미지 형성과 그 의미」,《한국근현대미술사학》20권, 한국근현대미술사학회, 2009, 83쪽, 89~90쪽.

33 따라서 당시 성해방운동을 지지했던 학자들은 이러한 주장과 논쟁하는 데 상당한 에너지를 쏟았다. 특히 그리스의 문명화 과정에서 호모섹슈얼리티가 가졌던 역할에 대한 존 애딩턴 시몬즈John Addington Symonds 등의 연구가 광범위하게 인용되었다. 에드워드 카펜터Edward Carpenter는 성도착자들이 문명화 과정에서 예술가, 영성주의자, 전사 등으로 특별한 기여를 했음을 강조하기도 했다. George Chauncey, "From sexual inversion to homosexuality: Medicine and the changing conceptualization of female deviance," Salmagundi 58/59, 1982, pp. 133~135.

34 Jennifer Terry, "Anxious slippages between "us" and "them": A brief history of the scientific search for homosexual bodies," in Jennifer Terry ed., Deviant Bodies: Critical Perspectives on Difference in Science and Popular Culture(Bloomington: Indiana University Press, 1995), pp. 131~133.

35 "모던―복덕방",《별건곤》34호, 1930년 11월 1일.

36 Gregory M. Pflugfelder, Cartographies of Desire: Male-Male Sexuality in Japanese Discourse, 1600-1950(Oakland: University of California Press, 1999).

37 Sabine Frühstück, Colonizing Sex: Sexology and Social Control in Modern Japan(Oakland: University of California Press, 2003), p. 107.

38 "현대인류계의 괴기. 원류결혼하는 요족의 존재. 긔운이 세지 못한 남자는 결혼할 권리가 업서서 암원숭이를 길러 가지고 안해를 대신 삼는다고. 중국 사천성 벽지에 점거한 만족 진담",《조선일보》1929년 8월 8일.

39 위의 기사; "외국 결혼 진풍전람회",《별건곤》제28호, 1930년 5월

1일; 조진달, "발을 노무하는 중국인의 변태성욕", 《제일선》 제2권 제8호, 1932년 9월 15일.

40 채석진은 당대의 '에로 그로 넌센스'가 제국 일본의 시각에 따라 아시아인들 간의 자연화된 서열을 만들어냄으로써, 일본의 제국주의적 시선을 확산시키는 제국의 감각이었다고 분석한 바 있다. 채석진, 앞의 글, 80쪽.

41 미리엄 실버버그, 앞의 책.

42 1910년대부터 서구 탐정소설 작품들이 꾸준히 번역되어 독자에게 소개되었으며, 1930년대 초부터 본격적으로 조선인들에 의한 탐정소설 창작이 시작되었다. 한민주, 「근대 과학수사와 탐정소설의 정치학」, 《한국문학연구》 45권, 동국대학교 한국문학연구소, 2013, 245쪽.

43 채석진, 앞의 글, 69쪽.

44 박용규, 「한국신문 범죄보도의 역사적 변천에 관한 연구」, 《한국언론학보》 45권 2호, 한국언론학회, 2001, 157쪽(류수연, 「신문, 도시, 그리고 탐정소설 : 김내성의 『마인(魔人)』 연구」, 《상허학보》 40집, 상허학회, 2014. 85쪽에서 재인용).

45 류수연, 위의 글, 85~86쪽.

46 "금화장 진애장에서 단절된 유아두 발견. 마포선 전차로엔 점점의 선혈. 그로 백%의 참혹한 범죄", 《동아일보》 1933년 5월 17일.

47 류수연, 앞의 글, 86~87쪽.

48 류수연, 위의 글, 83쪽.

49 한민주, 앞의 글, 239~240쪽, 258쪽.

50 "여자의 묘를 파고 수의를 훔치는 자. 상당한 재산이 잇스면서도 여자의 수의를 조와하여서. 변태성욕자의 괴행", 《조선일보》 1929년 9월 29일.

51 함일돈, "상반기 창작평 (4)", 《동아일보》 1931년 9월 5일.

52 에도가와 란포(江戸川乱歩, 본명 히라이 타로平井太郎)는 서구의 탐정소설이 일본에 정착하는 데 크게 공헌한 사람으로, 일본추리작가협회 초대 이사장이기도 했다. 에도가와 란포로 대표되는 일본의 변격탐정소설은 범죄수사와 더불어 인물들의 정신병리적, 변

태심리적 측면이 동시에 드러나는 성격을 지니고 있다. 홍윤표, 「탐정소설과 식민지적 아이덴티티: 김내성의 일본어 소설을 중심으로」, 《아시아문화연구》 제23집, 가천대학교 아시아문화연구소, 2011, 203쪽.

53 마사 너스바움, 『혐오와 수치심: 인간다움을 파괴하는 감정들』, 조계원 옮김, 민음사, 2015, 170쪽, 285쪽.

54 경상남도 경찰부 위생과, 「위생에 관한 미신」, 1933, 8~12쪽(정일영, 「1910년대 묘지 통제에 담긴 일제 식민지배의 논리」, 《한국민족운동사연구》 제80권, 한국민족운동사학회, 2014, 81~82쪽에서 재인용).

55 "분묘를 발굴, 시두를 은닉. 묘주에 십일만원강청. 이천원을 밋기로 범인은 체포. 전남순천에 그로 범죄", 《동아일보》 1932년 7월 11일.

56 "분묘발굴 해골을 훔쳐다", 《동아일보》 1925년 11월 29일; "시수 발굴하야 평양부호협박", 《동아일보》 1927년 7월 4일; "분묘를 굴하고 묘주에게 협박장", 《동아일보》 1931년 5월 12일; "분묘를 발굴, 시두를 은닉. 묘주에 십일만원강청. 이천원을 밋기로 범인은 체포. 전남순천에 그로 범죄", 《동아일보》 1932년 7월 11일; "인묘 발굴범 개성서에 체포", 《동아일보》 1932년 7월 17일.

57 정일영, 「일제시기 장묘제도 변화의 의미」, 《역사연구》 제25호, 역사학연구소, 2013, 83쪽, 87~88쪽.

58 "육백 부녀 운집. 십여 분묘 발굴", 《동아일보》 1935년 7월 30일.

59 정일영, 「일제 식민시기 사자공간의 배치와 이미지 형성: 공동묘지와 화장장을 중심으로」, 《사총》 57권, 수선사학회. 2016. 216~217쪽.

60 마사 너스바움, 앞의 책, 168쪽.

61 "가경할 미신의 범죄. 시두를 절취공약", 《동아일보》 1929년 11월 7일.

62 위의 기사.

63 전병관, "죽첨정 '단두유아' 사건: 거리에 나뒹군 뇌수 빼낸 아이 머리, 그 23일 간의 대소동", 《신동아》 2005년 11월.

64   그로부터 한 세기 넘게 지나 방영된 〈전설의 고향〉 '덕대골' 편에
서도 비슷한 이야기가 미담의 형식으로 다루어진다는 점은 흥미
롭다.

65   조선총독부,『조선총독부통계연보』, 1930, 366쪽.

66   세브란스 의전 교수 이영준, "질병치료상으로 본 민간비법(미신에
대하야) (4)",《동아일보》 1934년 11월 29일.

67   "가경할 미신의 범죄. 시두를 절취공약",《동아일보》 1929년 11월
7일; "인육을 식한 여자. 심리한 후 공판에",《동아일보》 1922년
8월 20일; "해골을 도굴소식",《동아일보》 1925년 9월 23일; "전간
병자 곳치려고 소녀시 국부절취",《동아일보》 1926년 11월 18일;
"인묘발굴코 육괴를 할취",《동아일보》 1931년 8월 11일; "애처의
병을 고치려고 분묘발굴한 남편",《동아일보》 1932년 4월 13일;
"시체를 발굴. 미신의 범행",《동아일보》 1934년 3월 8일; "간 먹
으면 병 낫는다고 무덤속 영아시 발굴",《동아일보》 1939년 4월
23일.

68   "인육을 식한 여자. 심리한 후 공판에",《동아일보》 1922년 8월
20일; "인묘발굴코 육괴를 할취",《동아일보》 1931년 8월 11일.

69   "나병약재로 해골을 발굴",《동아일보》 1931년 2월 6일.

70   "묘지에 빈민굴. 비풍참우에 백골의 난무",《매일신보》 1926년 7월
1일; "묘지에 혈거하는 빈민의 운명",《매일신보》 1928년 6월 2일.

71   "칠팔년간 분묘발굴 축첩하고 호화생활",《동아일보》 1929년 6월
17일.

72   정일영,「일제시기 장묘제도 변화의 의미」, 87~88쪽.

73   정일영, 위의 글, 106쪽.

74   미리엄 실버버그, 앞의 책.

2장. 변태성욕자의 시대

1   복심법원은 일제시대에 지방법원과 고등법원 사이에 존재했던 재
판소였다. 지방법원의 재판에 대한 공소 및 항고에 관한 재판을
담당하는 기관으로, 서울, 평양, 대구에 있었다.

2   "부인의 나체만 보러다니든 변태성욕자. 징역 사개월 불복",《동아일보》1924년 5월 11일 : "변태성욕한 사개월을 불복",《시대일보》1924년 5월 11일.

3   기모노점을 경영하던 나카에 가쓰지로中江勝治郎가 1922년 충무로 1가 45번지에 설립한 백화점이다. 미나카이 백화점은 부산, 대구, 평양, 원산, 목포, 함흥, 군산, 대전, 진주, 흥남, 광주, 청진 등 전국 주요 도시에 지점을 설립함으로써 백화점을 전국적인 규모로 확장하는 등 새로운 운영 방식을 도입하였다. 김인호,『백화점의 문화사 : 근대의 탄생과 욕망의 시공간』, 살림, 2006.

4   "여변소 습격 변태자 추행. 시내숭인동 김섭은",《동아일보》1934년 1월 23일.

5   1936년에 일본인 이시바시 료스케石橋良介가 본정(충무로)에 세운 극장으로, 1178명의 관객을 수용할 수 있는 규모의 최신식 극장이었다. 명치좌는 일본인들을 위한 위락시설이었으며 주로 일본영화를 상영했다.

6   "여탕에 괴한 광태. 변태남이 뛰어들어가 떠드는 것을 입탕자들이 체포 인도",《동아일보》1939년 5월 2일.

7   "들창둔 집들 주의하시요. 변태 성욕자가 횡행",《조선일보》1934년 5월 12일.

8   천정환은 20세기 초에 집중적으로 등장한 화보, 삽화, 보도사진, 연극, 영화와 같은 새로운 미디어들이 성을 시각에 의해 매개되는 것으로 변화시켰을 뿐 아니라, 시선을 향유하는 자로서의 관음증적인 주체들 역시 생산했다고 분석한다. 천정환,「관음증과 재현의 윤리 : 식민지 조선에서의 "근대적 시각"의 성립에 관한 일 고찰」,《사회와 역사》제81권, 한국사회사학회, 2009, 38~41쪽.

9   주요섭, "학생풍기문란론",《동광》28호, 1931년 12월.

10 세의전 이명혁, "여성과 가정생물학 (11)",《동아일보》1931년 11월 17일.

11 "학교와 가정의 시급문제. 성교육 실시 방책",《별건곤》제19호, 1929년 2월 1일.

12 미셸 푸코,『감시와 처벌 : 감옥의 역사』, 오생근 옮김, 나남, 2003.

13 이각종, 『주해형법전서』, 광동서국, 1913, 136~141쪽(홍양희, 「"선량한 풍속"을 위하여: 식민지시기 '간통죄'와 성(Sexuality) 통제」, 홍양희 외, 『'성'스러운 국민: 젠더와 섹슈얼리티를 둘러싼 근대 국가의 법과 과학』, 서해문집, 2017, 27쪽에서 재인용).

14 식민지 시대의 형법 176조 조항은 현재의 미성년자 의제강간을 규정하고 있는 형법 조항으로 이어진다고 볼 수 있다. '의제강간' 이란 "동의 여부에 관계없이 강간"으로 취급하여 처벌하는 것으로, 특정한 연령 이하의 미성년자는 동의 능력이 결여되어 있기 때문에 동의 자체가 성립할 수 없다고 보는 관점에 입각해 있다. 권김현영, 「미성년자 의제강간, 무엇을 보호하는가」, 정희진 엮음, 권김현영·루인·류진희·정희진·한채윤 지음, 『양성평등에 반대한다』, 교양인, 2016, 94쪽. 현재 한국의 미성년자 의제강간에 해당하는 연령은 13세 미만으로, 일본 형법 도입 당시의 기준을 그대로 계승하고 있다.

15 "변태성욕자가 십이세 소녀 능욕. 일개월 이상 치료할 중상", 《조선중앙일보》 1935년 1월 11일.

16 "잔인한 변태한. 칠세아 폭행 살해. 파주군하에 우참변", 《조선일보》 1933년 6월 3일; "동료의 칠세 여아에게 폭행하려든 변태 선부. 미수코 경찰에 잡히어", 《동아일보》 1938년 3월 26일; "십세 소녀에 폭행", 《동아일보》 1938년 12월 2일; "변태적 노치한. 십세 소녀에게 폭행", 《동아일보》 1938년 12월 27일.

17 "(2) 신래참학. 맴춤의 시련 겪는 호모섹스, 비정의 단근질로 성인례", 《조선일보》 1970년 11월 25일.

18 김경일, 「일제하 조혼문제에 대한 연구」, 《한국학논집》 41집, 한양대학교 동아시아문화연구소, 2007, 365쪽, 368쪽.

19 김경일, 위의 글, 381쪽.

20 김경일, 위의 글, 370~371쪽.

21 《조선》 1933년 3월호(전미경, 「식민지기 본부살해(本夫殺害) 사건과 아내의 정상성: '탈유교' 과정을 중심으로」, 《아시아여성연구》 제49권 1호, 숙명여자대학교 아시아여성연구소, 2010, 94쪽 재인용).

22 "휴지통", 《동아일보》 1934년 8월 19일.

23 "소녀에게 폭행한 변태의 소방수. 오년징역을 언도", 《동아일보》 1938년 2월 1일.

24 "남색『선생』공소. 가르치는 애들과 동금. 팔개월을 불복", 《동아일보》 1927년 4월 28일.

25 혼마 규스케, 『조선잡기: 일본인의 조선정탐록』, 최혜주 옮김, 김영사, 2008.

26 "(2) 신래참학. 맴춤의 시련 겪는 호모섹스, 비정의 단근질로 성인례", 《조선일보》 1970년 11월 25일.

27 이능화, 『조선해어화사』, 이재곤 옮김, 동문선, 1992, 18쪽.

28 이석훈, "동성애 만담 (2)", 《동아일보》 1932년 3월 19일.

29 Gregory M. Pflugfelder, op. cit., p. 170.

30 "희세의 성욕광. 소년 이십칠명을 교살. 범인 〈하루만〉은 방금공판중", 《조선일보》 1924년 12월 20일.

31 "변태성욕의 살인마 검거. 필경 경찰부에 잡히어 소아 양명을 살해", 《동아일보》 1931년 2월 25일; "계간코 살인한 자. 이년만에 수체포", 《조선일보》 1931년 2월 25일.

32 위의 기사들.

33 "남색을 탐하다 소년을 죽여. 괴악한 잠수부의 만행", 《동아일보》 1924년 5월 17일; "계간 청한다고 상해치사. 금일공판돼", 《시대일보》 1924년 10월 17일; "참두할육한 중국인. 남색을 탐해 동료를 잔살. 조선소년을 호떡으로 꼬여내 추행중 발견되야 분김에 죽여", 《동아일보》 1925년 4월 24일; "상관용모에 취해 단도로 찔은 변태성욕의 남색한", 《동아일보》 1925년 6월 11일; "변태성욕자 송국. 구성군 조양동 이하산씨", 《동아일보》 1933년 8월 11일; "계간불응 소년을 난타", 《조선일보》 1938년 7월 31일.

34 "사형구형에 무죄를 언도", 《동아일보》 1932년 12월 7일.

35 1927년 기준으로 경찰에 검거된 총인원 24만 명 중에 검사국에 송치된 인원은 절반에 미치지 못하는 9만 명에 불과했으며, 그나마 송치된 인원 중 실제 기소되어 공판에 회부된 비율은 15%에 그쳤다. "비과학적 검거", 《동아일보》 1929년 12월 6일.

36 표창원, 『한국의 연쇄살인: 희대의 살인마에 대한 범죄 수사와 심리 분석』, 랜덤하우스코리아, 2005.

37 박관수, 「1940년대의 '남자동성애' 연구」, 《비교민속학》 제31집, 비교민속학회, 2006, 401~403쪽.

38 박관수, 위의 글, 402쪽.

39 박관수, 위의 글, 401~403쪽.

40 박관수, 위의 글, 400~401쪽.

41 1920~30년대의 잡지 기사에서는 간혹 부호들이 남성을 첩으로 삼는 '남첩' 현상에 대한 비판을 찾아볼 수 있다. 경제적 보호와 후원이라는 측면에서 이러한 '남첩'은 수동무의 연장선상에 있는 것으로 보인다.

42 "딸의 연애 허락했다고 북을 지워 돌려. 양속미풍을 깨트렷다고. 「넌센스」극 일막", 《동아일보》 1932년 4월 13일; "동성연애는 불가", 《동아일보》 1938년 8월 15일.

43 박관수, 앞의 글, 398~399쪽.

44 박관수, 위의 글, 403~404쪽.

45 한민주, 「불온한 등록자들: 근대 통계학, 사회위생학, 그리고 문학의 정치성」, 《한국문화연구》 제46집, 동국대학교 한국문학연구소, 2014, 243~281쪽, 257~258쪽.

46 차상찬, "전라북도답사기", 《개벽》 64호, 1925년 12월 1일.

47 George Chauncey, *Gay New York: Gender, Urban Culture, and the Making of the Gay Male World, 1890-1940*(New York; Basic Books, 1994), p. 13.

48 "괴! 침대차에서 키스를 절취", 《동아일보》 1933년 11월 24일.

49 위의 기사.

50 일제시대 일본인에게 경성을 대표하는 곳으로 알려진 8대 명소는 조선총독부, 경성부청, 조선신궁, 경성역, 용산역, 식물원, 남산공원, 남대문이었다. 원종혜, 「일제시대 관광지도에 조명된 경성 관광의 이미지」, 《역사와 경계》 100권, 부산경남사학회, 2016, 149쪽.

51 원종혜, 위의 글, 159쪽.

52 "키스의 역사 (상) 그 생리와 병리는 어떤가",《동아일보》1935년 6월 28일.

53 "생식기능이 퇴화될수록 키스가 발달돼",《조선일보》1938년 6월 21일.

54 "키스의 역사 (상) 그 생리와 병리는 어떤가",《동아일보》1935년 6월 28일.

55 "서양 여자 전문의 키스광 남루한. 서대문서에서 잡아. 변태성욕자의 괴기염",《중외일보》1930년 5월 11일.

56 위의 기사.

57 "키쓰표준형 육종",《동아일보》1937년 8월 3일.

58 노지승,「식민지 시기, 여성 관객의 영화 체험과 영화적 전통의 형성」,《현대문학의 연구》제40권, 한국문학연구학회, 2010, 176쪽.

59 "1937년 양화계 전망 : 천연영화의 유행과 상영 오시간의 장편",《매일신보》1937년 1월 12일.

60 노지승, 앞의 글, 185쪽.

61 노지승, 위의 글, 187쪽.

62 "극장만담",《별건곤》제5호, 1927년 3월 1일.

63 "키스 표준형 육종",《동아일보》1937년 8월 3일.

64 "몰상식한 개성경찰서. 로단의『키스』가 풍속괴란이라고",《동아일보》1922년 7월 31일.

65 "휴지통",《동아일보》1925년 6월 3일 ; "휴지통",《동아일보》1926년 7월 5일.

66 "키쓰교환이 경찰로 중단",《동아일보》1938년 8월 18일.

67 "시내 "카페"와 음식점의 풍기를 엄중히 취체. 하절 종로서의 신방침",《동아일보》1934년 6월 10일.

68 서지영,「노동과 유희의 경계 : 식민지 시대 카페 여급」,《여/성이론》18권, 여성문화이론연구소, 2008, 172쪽.

69 서지영, 위의 글, 172~173쪽.

70 박로아, "카페의 정조",《별건곤》1929년 10월, 42쪽; 김을한, "경성야화",《별건곤》1930년 7월, 87쪽; 웅초, "경성 압뒤골 풍경",《혜성》1931년 11월(서지영, 위의 글, 174~175쪽에서 재인용).

71 S. S 생, "환락의 대전당—카페", 《신동아》 1932년 6월, 62쪽(서지영, 위의 글, 172쪽에서 재인용).

72 서지영, 위의 글, 174~175쪽.

73 "네거리집", 《동아일보》 1936년 7월 24일.

74 "지독한 키쓰. 기절한 잉부", 《동아일보》 1929년 11월 10일 ; "몰서", 《동아일보》 1936년 2월 11일 ; "키스 거절한다고 기생구타한자", 《조선일보》 1934년 4월 27일 ; "키스를 거절당코 폭행하는 사각모. 야반카페의 진풍경", 《조선일보》 1935년 1월 21일.

75 "괴! 침대차에서 키스를 절취", 《동아일보》 1933년 11월 24일 ; "키스절도범 내량간정웅씨 7일에 송국(신의주)", 《동아일보》 1933년 12월 9일.

76 "서양 여자 전문의 키스광 남루한. 서대문서에서 잡아. 변태성욕자의 괴기염", 《중외일보》 1930년 5월 11일 ; "부녀자 농락하든 변태성욕한 피체", 《동아일보》 1938년 10월 7일.

77 "네거리집", 《동아일보》 1936년 7월 24일.

78 강이수, 「일제하 근대 여성 서비스직의 유형과 실태」, 《페미니즘 연구》 5호, 한국여성연구소, 2005, 99쪽, 114~115쪽.

79 "직업전선에 약진하는 여성", 《동아일보》 1931년 3월 14일.

80 1934년 한 잡지 기사에서는 여성의 직업을 성스러운 직업(교원, 간호부 등), 고통스러운 직업(여직공), 에로틱한 직업(여급, 여점원)으로 나누었다. 노정원, "직업여성행진곡", 《실생활》 5권 5호. 1934년 9월호, 22쪽(강이수, 앞의 글, 121쪽에서 재인용).

81 "생활전선에 나선 직업부인 순례. 그들의 생활과 포부", 《별건곤》 29호, 1930년 9월 1일.

82 강이수, 앞의 글, 119~123쪽.

83 "직업부인이 되기까지 십세 전 부친일코 이십세에 실연 (상)", 《동아일보》 1929년 10월 5일 ; "차중의 강제 "키스료" 오백원으로 낙착. 여자운전수의 봉변기", 《동아일보》 1938년 7월 27일.

84 우석, "감옥무용시대, 획시대적 홀몬요법", 《별건곤》 제32호, 1930년 9월 1일.

85 Allan Bérubé, *Coming Out Under Fire: The History of Gay Men and*

Women in World War II(Chapel Hill: University of North Carolina Press, 2010), pp. 12~13.

86 "키스절도범 칠일에 송국", 《동아일보》 1933년 12월 9일.

87 "백주, 여자 치마를 칼로 찢은 괴한! 실연 끝에 변태적 범행인 듯. 알고 보니 모 중학생", 《동아일보》 1936년 3월 18일 ; "여자에게 악행한 변태의 중학생. 종로서에서 취조중", 《조선중앙일보》 1936년 3월 18일.

88 "변태불량청년 안병태. 동대문서에 검거", 《동아일보》 1934년 3월 28일.

89 George Chauncey, op. cit., pp. 133~135.

90 "변태성 남편이 기처를 난타. 자기 욕구에 불응한다고. 범인은 경찰에 체포", 《조선일보》 1931년 11월 18일.

91 위의 기사.

92 "문제의 변태성욕범. 사리원서에 피체", 《조선중앙일보》 1936년 8월 6일 ; "관사 전문 도적. 전과 이범에다 변태성욕까지", 《조선중앙일보》 1935년 6월 1일 ; "십구세의 색광소년, 변태범행 이십여회. 취조 끝나 검사국에", 《조선중앙일보》 1935년 9월 19일.

93 성적 사이코패스 법은 구체적인 범죄 행위를 적시하지 않을 뿐만 아니라 폭력적인 것과 비폭력적인 것, 합의적인 것과 비합의적인 것 사이를 구별하지 않는다는 점에서 문제적이었다. 이 법은 노출증과 같은 경범위반자라고 하더라도 사이코패스로 진단되면 잠재적인 성폭력 위험이 있다고 전제했다. Estelle. B. Freedman, ""Uncontrolled Desires": The Response to the Sexual Psychopath, 1920–1960," *The Journal of American History*, 74(1), 1987, p. 83, pp. 95~98.

94 Ibid., pp. 89~90.

95 "대경성, 일년간 일만명 증가. 도시로 도시로 몰려든다", 《동아일보》 1932년 4월 3일(채석진, 앞의 글, 55쪽에서 재인용).

96 채석진, 위의 글, 55쪽.

97 "「주의자」를 「부랑자」로. 「레닌」 긔넘 추도에 모힌 청년을 경찰이 구속하고 부랑자로 취조", 《동아일보》 1925년 1월 24일 ; "유직도

무직으로 간주. 대구경찰의 괴괴한 법리해석",《동아일보》1925년 1월 27일.

3장. 단속되는 몸

1   "(기담·애화·진문·일사) 사십칠세의 처녀총각, 규중심처 독숙공방. 재녕읍 내국화리 여자로서 남장한 이씨의 무남독녀",《동아일보》1925년 3월 4일.

2   "실질적 여장미남. "실업애들"의 허영도 아니요. 팔십 노부를 봉양키 위하야. 이십 미남 써비스껄로",《조선일보》1935년 6월 13일.

3   김주리,『모던 걸, 여우 목도리를 버려라: 근대적 패션의 풍경』, 살림, 2005, 76~77쪽.

4   이화진,「'기모노'를 입은 여인: 식민지 말기 문화적 크로스드레싱 (cultural cross-dressing)의 문제」,《대중서사연구》18권 1호, 대중서사학회, 2012, 230쪽.

5   "신구 모던꼴불견",《별건곤》65호, 1933년 7월 1일.

6   "저지강 넘고저 남자가 여장",《동아일보》1928년 1월 20일.

7   김혜인,「현해탄의 정치학: 제국의 법질서와 식민지 주체의 정화술」,《어문논총》52권, 한국문학언어학회, 2010, 197~203쪽.

8   박수경,「식민도시 부산의 이동성 고찰: 부산항을 중심으로」,《일어일문학》55권, 대한일어일문학회, 2012, 400쪽.

9   "저지강 넘고저 남자가 여장",《동아일보》1928년 1월 20일.

10 이화진, 앞의 글, 231쪽.

11 "단발낭. (1) 화류계에서 학창생활에 머리깍고 남복한 여학생. 그는 한남권번에 있든 강향란",《동아일보》1922년 6월 22일.

12 권김현영은 신여성들의 남장을 남성에 대한 모방과 남성성의 수용이라는 차원을 넘어 봉건과의 단절을 체화하는 전략으로 독해할 필요성을 제안한 바 있다. 권김현영,「남장여자/남자/남자인간의 의미와 남성성 연구 방법」, 권김현영·나영정·루인·엄기호·정희진·한채윤 지음,『남성성과 젠더』, 자음과모음, 2011, 42쪽.

13 "단발낭. (1) 화류계에서 학창생활에 머리깍고 남복한 여학생. 그

는 한남권번에 있든 강향란",《동아일보》1922년 6월 22일.

14 김주리, 앞의 책, 57쪽.

15 "단발낭. (2) 화려한 공상은 일장의 춘몽",《동아일보》1922년 6월 24일.

16 "남장한 여자 강향란. '아라사'말을 배호랴고 문사를 것치어서 상해로",《동아일보》1923년 4월 18일.

17 "불같은 향학열로 단발한 처녀 – 여자고학생 황육진양",《시대일보》1924년 4월 2일.

18 "중동교의 단발낭. 남학생이 되겠소. 이상스런 전화통지가 와서 학생전부검사",《시대일보》1924년 9월 13일.

19 "남장한 단발처녀와 중동교의 큰 두통. 단발한 황륙진은 입학코자 야단",《동아일보》1924년 9월 13일.

20 위의 기사.

21 현경미,「식민지 여성교육 사례연구: 경성여자고등보통학교를 중심으로」, 서울대학교 교육학과 석사학위논문, 1998.

22 "단발낭. (1) 화류계에서 학창생활에 머리깍고 남복한 여학생. 그는 한남권번에 있는 강향란",《동아일보》1922년 6월 22일.

23 "남장한 단발처녀와 중동교의 큰 두통. 단발한 황륙진은 입학코자 야단",《동아일보》1924년 9월 13일.

24 "처참한 입학난의 절규",《동아일보》1921년 4월 10일.

25 삼각정인, "풍자해학, 신유행 예상기 – 기괴천만·중성남녀의 떼",《별건곤》제11호, 1928년 2월 1일.

26 김해춘, "남녀양성미와 그 성쇠. 특히 남성미에 대하야",《별건곤》제6호, 1927년 4월 1일.

27 Jennifer Robertson, "Dying to tell," in Robert J. Corber ed., *Queer Studies: An Interdisciplinary Reader*(Malden; Blackwell Publishing, 2003), p. 191.

28 ""남장한 묘령미인. 여성으로 환원하라" 평양 유한마담이 서울 왓다가",《동아일보》1937년 8월 9일;"남자의 농락피해 삭발남장한 청상. 머리깍고 양복입고 나타나 노동시장 차자 평양에",《동아일보》1929년 6월 1일;"밤에는 칭칭소리 낮에는 불공긔도. 무당 판

수는 그들의 고문. 상주에로부녀회", 《동아일보》 1932년 3월 5일.

29 복장이나 행동을 통해 자신의 성별 정체성을 다른 사람들에게 표
    현하는 개개인의 방식을 말한다.

30 "모던-복덕방", 《별건곤》 제34호, 1930년 11월 1일.

31 "여자의 묘를 파고 수의를 훔치는 자. 상당한 재산이 잇스면서
    도 여자의 수의를 조와하여서. 변태성욕자의 괴행", 《조선일보》
    1929년 9월 29일.

32 "목도리 강탈범 사일 오전 원정 앞길에서 여직공을 습격 강탈도
    주. 변태성욕자 작희?", 《중앙일보》 1933년 1월 5일; "목도리『깽』
    원정서 우발생", 《동아일보》 1933년 1월 5일; "초저녁 길가서 털
    목도리 강탈", 《동아일보》 1933년 1월 4일.

33 "비상시하의 소학생 생활표 조사", 《동아일보》 1938년 10월 22일.

34 은호란 검은 털에 흰 털이 박힌 여우를 말한다.

35 "부업 만히 남는 은호사육", 《동아일보》 1935년 2월 5일; 심훈, "인
    생스켓취 (완) 여우목도리", 《동아일보》 1936년 1월 25일; "기생절
    도 출현", 《동아일보》 1938년 2월 8일; "여적", 《동아일보》 1939년
    12월 27일.

36 "십이시간 땀흘리고 임금 불과 칠팔십전", 《동아일보》 1933년
    11월 4일.

37 "경성부에도 절도침입", 《동아일보》 1923년 12월 19일; "본정서
    경계망에 강도범 이명 피착", 《동아일보》 1932년 12월 28일; "열
    차전문절도", 《동아일보》 1934년 3월 31일; "은호 목도리 훔친 범
    인은 장식주임", 《동아일보》 1935년 12월 27일.

38 "강경여성단체의 출생을 기망함", 《동아일보》 1925년 12월 9일.

39 "목도리 강탈범 사일 오전 원정 갚길에서 여직공을 습격 강탈도
    주. 변태성욕자 작희?", 《중앙일보》 1933년 1월 5일; "목도리『깽』
    원정서 우발생", 《동아일보》 1933년 1월 5일; "초저녁 길가서 털
    목도리 강탈", 《동아일보》 1933년 1월 4일.

40 조선박람회는 1929년 9월 12일부터 10월 31일까지 경복궁에서 개
    최되었다.

41 "여장한 미남자를 연모한 생도출학. 남자로 태여나서 얼골이 절색

이요", 《동아일보》 1929년 9월 4일 ; "화천지방에 여장남, 어려서부터 여자로 행세", 《조선일보》 1929년 9월 5일.

42 "심야의 서공원에 여자의 비명소리. 사실은 「넌센쓰」 일막", 《동아일보》 1937년 10월 28일.

43 "여장한 미남자를 연모한 생도출학. 남자로 태여나서 얼골이 절색이요", 《동아일보》 1929년 9월 4일 ; "화천지방에 여장남. 어려서부터 여자로 행세", 《조선일보》 1929년 9월 5일.

44 "[과학] 변장하는 심리 (상)", 《동아일보》 1938년 2월 5일.

45 "상관용모에 취해 단도로 찔은 변태성욕의 남색한", 《동아일보》 1925년 6월 11일.

46 "정체 모를 여장의 괴남자 공안방해로 인치. 취조경찰의 사실추궁에 함구", 《동아일보》 1938년 2월 1일.

47 조선의 '경찰범처벌규칙'은 2개 조항으로 구성되어 있으며, 제1조에서 87개에 달하는 수많은 범죄의 구성요건을 열거하고 있다. 이선엽, 「경범죄처벌법의 역사적 변천 : 제도의 경로, 동형화」, 《한국행정사학지》 25호, 한국행정사학회, 2009, 7쪽.

48 David G. Horn, "This Norm Which Is Not One : Reading the Female Body in Lombroso's Anthropology," in Jennifer Terry ed., *Deviant Bodies : Critical Perspectives on Difference in Science and Popular Culture*(Bloomington : Indiana University Press, 1995), pp. 110~111.

49 이종민, 「가벼운 범죄, 무거운 처벌 : 1910년대의 즉결처분 대상을 중심으로」, 《사회와 역사》 107집, 한국사회사학회, 2015, 11쪽, 14~15쪽.

50 이선엽, 앞의 글, 7~8쪽.

51 "부랑배 오백 검속 「스마트뽀이」. 다리 아레 「룸펜」들도 서대문서 그물에 걸려", 《동아일보》 1937년 6월 11일.

52 "[과학] 변장하는 심리 (상)", 《동아일보》 1938년 2월 5일.

53 "화천지방에 여장남. 어려서부터 여자로 행세", 《조선일보》 1929년 9월 5일.

54 수잔 스트라이커, 『트랜스젠더의 역사 : 현대 미국 트랜스젠더 운동의 이론, 역사, 정치』, 제이·루인 옮김, 이매진, 2016, 63쪽.

55 Clare Sears, op. cit., p. 4.

56 "화천지방에 여장남. 어려서부터 여자로 행세", 《조선일보》 1929년 9월 5일.

57 "여장한 미남자 중성으로 판명. 금일 무사히 석방돼" 《동아일보》 1938년 2월 2일.

58 "[과학] 변장하는 심리 (하)", 《동아일보》 1938년 2월 6일.

59 "여장한 미남자 중성으로 판명. 금일 무사히 석방돼", 《동아일보》 1938년 2월 2일.

60 위의 기사.

61 "남녀미판의 영아", 《동아일보》 1922년 8월 5일.

62 "양성피의자 독방에 수감", 《동아일보》 1930년 1월 24일.

63 "여장한 미남자 중성으로 판명. 금일 무사히 석방돼", 《동아일보》 1938년 2월 2일.

64 "의학계에 더진 진사실. 이십오세 남자임신", 《동아일보》 1938년 2월 8일.

65 위의 기사.

66 Herculine Barbin, Michel Foucault ed., Richard McDougall trans., *Herculine Barbin*(New York; Vintage, 1980).

67 "여자행세 십팔년 만에 근네 뛰다 남자로 탄로?", 《동아일보》 1933년 6월 20일.

68 위의 기사.

69 수잔 스트라이커, 앞의 책, 75쪽.

70 Joanne Meyerowitz, *How Sex Changed: A History of Transsexuality in the United States*(Cambridge; Harvard University Press, 2009), pp. 15~20.

71 Ibid., pp. 15~20.

72 "변태성욕자에 거세술 실시? 일본에서 첫 시험", 《시대일보》 1925년 7월 6일.

73 "삼십여명 부녀 국부 단도로 상해한 일 소년. 칠월 이래 필사로 추적하야 이십일에 간신히 폐포해", 《동아일보》 1924년 12월 23일.

74 "변태성욕자에 거세술 실시? 일본에서 첫 시험", 《시대일보》

1925년 7월 6일.

75 "여자가 변하야 남자로. 이십사세까지 계집노릇한 「가메오」란 일본인의 긔사",《동아일보》1921년 7월 8일.

76 위의 기사.

77 "삼십년래로 여자가 남자되겟다는 진소송. 수술 후 동경재판소에",《동아일보》1935년 2월 23일.

78 "의과학에 호소한 십구세 여장 미남. 실은 호적의 "넌센쓰"",《조선일보》1935년 4월 12일.

79 "개정된 민사령과 호적령의 요지 (15) 법무국원 민사과장 담",《동아일보》1923년 1월 2일.

80 "의과학에 호소한 십구세 여장 미남. 실은 호적의 "넌센쓰"",《조선일보》1935년 4월 12일.

81 "조물주의 영역을 현대의학이 침범. 중성인간을 수술. 남자로 완전변작",《동아일보》1938년 5월 1일.

82 "삼년 동거한 기처 알고 보니 남자.「첵코」의 진사 성전환수술",《동아일보》1930년 10월 11일 ; "남자가 여자가 되어 다시 시집간 이상한 이야기. 세계 의학계의 큰 문제",《동아일보》1933년 10월 25일 ; "기괴! 작일의 여학생 금일엔 당당남아. 리상의 애인은 의조흔 급우",《동아일보》1936년 6월 14일.

83 그녀는 여자로는 37세의 나이가 너무 많다고 생각해서 나이를 낮춰 말해왔는데, 남성이 된 이상 더 이상 그럴 필요를 느끼지 않게 되었다고 말했다. "남자가 되자 동시에 열 살 더 먹은 여자(뿌다페스트)",《동아일보》1936년 8월 16일.

84 "인조인간가능? 조물주의 잠시 실수를 인간의 힘으로 광정!",《동아일보》1938년 5월 5일.

85 "(기담·애화·진문·일사) 남자가튼 여자! 여자가튼 남자. 이십일세의 남자도 여자도 어른도 아이도 도모지 아닌 일본인 여관고인. 연안 출생의 박흥룡 (해주)",《동아일보》1925년 2월 21일.

86 "조물주의 영역을 현대의학이 침범. 중성인간을 수술. 남자로 완전변작",《동아일보》1938년 5월 1일.

87 "한몸에 양성 겸비. 취처하여 자녀생산. 일시는 남의 첩이 될 뻔하

다 중간에 장가를 들어 자녀 생산. 여변성남한 괴사실", 《중외일보》1930년 2월 19일.

88 "조물주의 영역을 현대의학이 침범. 중성인간을 수술. 남자로 완전변작", 《동아일보》 1938년 5월 1일.

89 위의 기사.

90 《조선일보》는 문인주의 수술기를 다음과 같이 소개하고 있다. "남성도 아니오 여성도 아닌 남녀양성을 구유한 사람! 성대의학부 문인주 씨의 수술기는 굉장한 인기입니다." "남녀를 구유한 반음양인의 정체", 《조선일보》 1938년 3월 13일.

91 "인조인간가능? 조물주의 잠시 실수를 인간의 힘으로 광정!", 《동아일보》 1938년 5월 5일.

4장. 욕망의 통치

1 Joanne Meyerowitz, op. cit., pp. 33~34.

2 "체코국 쿠크버양 남성으로 전향", 《동아일보》 1935년 12월 5일; "「아네카·코베크」 양 완전히 남성으로 전향. 남은 문제는 징병", 《동아일보》 1935년 12월 30일.

3 "여자가 남자로. 이십년간 여성이 여성에서 실격. 이리의 작부에 남성의 낙인", 《동아일보》 1936년 1월 29일.

4 미셸 푸코, 『"사회를 보호해야 한다": 콜레주드프랑스 강의 1975~76년』, 김상운 옮김, 난장, 2015, 287~290쪽; 미셸 푸코, 『성의 역사: 제1권 앎의 의지』, 이규현 옮김, 나남, 1997, 42~45쪽.

5 Sabine Frühstück, op. cit., p. 6.

6 신동원, 「'건강은 국력' 개념의 등장과 전개」, 《보건학논집》 제37권 제1호, 서울대학교 보건환경연구소, 2000, 47~48쪽.

7 손준종, 「근대교육에서 국가의 몸 관리와 통제 양식 연구」, 《교육학연구》 제16권 제1호, 한국교육학회, 2010, 37~38쪽, 55쪽.

8 강혜경, 「일제시기 성병의 사회문제화와 성병관리」, 《한국민족운동사연구》 제59집, 한국민족운동사학회, 2009, 88~89쪽.

9 강혜경, 위의 글, 88~89쪽, 110~111쪽.

10 "화류병 환자 추정통계. 장년이상 인구의 반수이상", 《동아일보》 1928년 12월 2일.

11 "압록강 반제지공장 하수도구에 치병소동. 성병 피부병에 약효신 묘타고. 용수는 분석시험중", 《조선일보》 1933년 8월 29일.

12 강혜경, 앞의 글, 100~101쪽.

13 강혜경, 위의 글, 90쪽.

14 하세봉, 「국가의 계몽과 유혹: 大阪衛生博覽會(1926년)로 보는 근대동아시아 박람회에서의 신체」, 《동양사학연구》 제99집, 동양사학회, 2007, 316쪽.

15 1915년 9월 11일 경성에서 열린 조선물산공진회에서 위생 의료와 관련된 물품과 표본이 전시되기도 했다. 그러나 1921년 경기도 위생과가 개최한 위생전람회가 "일반위생사상을 보급케하기 위하야 처음으로 시작하는 사업"으로 소개되고 있는 것으로 보아 독립된 위생전람회는 1921년에 처음 개최된 것으로 보인다. 같은 해 성진에서 개최된 위생전람회 역시 "북선(북조선) 초유의 위생전람회"로 언급되고 있다. "위생전람회개최", 《동아일보》 1921년 10월 30일 ; "1일부터 위생전람", 《동아일보》 1921년 6월 17일.

16 "위생전람의 출품재료", 《동아일보》 1921년 6월 22일.

17 "대장관의 위생전람회. 일일 평균 육천여명 관람객이 출입하여", 《조선일보》 1921년 7월 5일.

18 "경성 위생전람회 개최", 《동아일보》 1922년 7월 13일 ; "풍기문란 혐의로 위생련람 표본중 삼십가지를 금지", 《동아일보》 1922년 7월 23일.

19 인단은 1905년 일본의 모리시타 난요도(森下南陽堂, 삼하남양당)에서 판매를 시작한 약의 이름이다. 총 열세 가지의 약재를 원료로 삼아 만들어진 생약으로, 차멀미와 뱃멀미, 두통과 현기증, 가슴이나 배의 통증, 과식 소화불량, 과음 후 각성제나 구취제거제, 나아가 감기는 물론 전염병에도 예방약으로 사용할 수 있는 일종의 만병통치약으로 광고되었다. 패전하기 전까지 인도, 중국, 인도네시아, 하와이, 타이, 필리핀, 싱가포르, 말레이시아, 이디오피아, 우간다 등 아시아·아프리카 각국 시장을 개척하면서 '약의 외교관'으

로 불리며 일본의 대표적인 수출 상품의 지위를 굳건히 했다. 권
보드래, 「인단 – 동아사아의 상징 제국」, 《사회와 역사》 81권, 한
국사회사학회, 2009, 97~105쪽.

20 "노골적 개방된 위생박람회. 남녀의 음부를 만드러 화류병 예방",
《조선일보》 1921년 5월 6일.

21 "경성 위생전람회 개최", 《동아일보》 1922년 7월 13일 ; "풍기문
란 혐의로 위생면람 표본중 삼십가지를 금지", 《동아일보》 1922년
7월 23일.

22 하세봉, 앞의 글, 340쪽.

23 하세봉, 위의 글, 328~329쪽.

24 하세봉, 위의 글, 328~329쪽.

25 "몰상식한 개성경찰서. 로단의 『키스』가 풍속괴란이라고", 《동아
일보》 1922년 7월 31일.

26 신동원, 「세균설과 식민지 근대성 비판」, 《역사비평》 통권 58호, 역
사비평사, 2002.

27 아시스 난디, 『친밀한 적 : 식민주의하의 자아 상실과 회복』, 이옥
순·이정진 옮김, 창비, 2015, 52~56쪽.

28 "청년간의 악경향. 경찰에서 풍기를 단속키 위하야 밤이면 공원등
디를 경계", 《동아일보》 1922년 6월 20일 ; "자동차속에서의 남녀
의 추악한 행동을 엄중단속한다고", 《동아일보》 1922년 8월 15일.

29 "키쓰교환이 경찰로 중단", 《동아일보》 1938년 8월 18일.

30 "맥전중에서 밀회. 여학생이 남복하고 깁흔 밤중에 애인과. 문란
한 여학생 풍기", 《동아일보》 1925년 6월 17일.

31 "하장과 남녀풍기. 양화랑의 대공황. 야만적 장속 엄중히 취체. 박
람회와 제반단속", 《중외일보》 1929년 6월 21일.

32 "마라손 수난시대. 교통방해 불소하고 풍기상 악영향 많어", 《동아
일보》 1934년 5월 29일.

33 "양성문제 특집호", 《별건곤》 제20호, 1929년 4월.

34 권채린, 「1920–30년대 '건강'과 '질병'을 둘러싼 대중담화의 양상」,
《어문논총》 64권, 한국문학언어학회, 2015, 196쪽.

35 "엇지하리까? 과부장가를 드니 맘이 꺼름직하다", 《조선일보》

1934년 12월 12일.

36 위의 기사.

37 "여성을 논평하는 남성좌담회", 《삼천리》 제7권 제6호 ; "설문 – 약혼시대에 허신함이 죄일까?", 《삼천리》 제7권 제8호, 1935년 9월 1일(이명선, 「식민지 근대의 "성과학" 담론과 여성의 성(sexuality)」, 《여성건강: 다학제적 접근》 2권 2호, 대한여성건강학회, 2001, 192~193쪽 재인용).

38 김문식, "법률의 시계 (3)", 《동아일보》 1938년 10월 7일.

39 "지상병원", 《동아일보》 1935년 7월 17일.

40 "지상병원", 《동아일보》 1935년 1월 31일.

41 최은경·이영아, 「신문 상담란 "지상 병원"을 중심으로 본 1930년 대 식민지 조선 대중들의 신체 인식과 의학 지식 수용」, 《한국과학 사학회지》 제37권 제1호, 한국과학사학회, 2015, 235~236쪽.

42 식민지 당국은 1937년 중일전쟁이 발발하고 이후 조선인의 신체 가 직접적으로 징발 대상이 되기 전까지 전염병 문제 이외의 조 선인의 체력과 복지에는 거의 관심을 기울이지 않았다. 수준 높 은 의료는 일본인 이주자나 일부 특권계층에게만 할당되었으며, 이로 인해 식민지 보건의료 체제는 매우 기형적인 모습을 보였다. 신동원, 「'건강은 국력' 개념의 등장과 전개」, 47~48쪽.

43 최은경·이영아, 앞의 글, 235~238쪽, 259쪽.

44 권채린, 앞의 글, 204~205쪽.

45 최은경·이영아, 앞의 글, 251~252쪽, 257쪽.

46 최은경·이영아, 위의 글, 245쪽.

47 경성제대 암정내과 김동익, "조혼으로 만히 생기는 생식기성 신경 쇠약증 [1회]", 《동아일보》 1932년 2월 27일.

48 비어드는 신경 에너지nervous energy 이론에 기초해 신경쇠약 증상을 설명했다. 그에 따르면 개인이 가진 신경 에너지의 총량이 각 장 기로 전달되기 때문에 이 에너지가 박탈되거나 남용되면 신경이 탈진 상태에 빠진다. 최은경·이영아, 앞의 글, 247~248쪽.

49 경성제대 암정내과 김동익, 앞의 기사.

50 경성제대 암정내과 김동익, 위의 기사.

51 "지상병원", 《동아일보》 1935년 7월 17일.

52 《동아일보》 1932년 11월 12일자 하단 '호리크 진공수치기' 광고;
    《동아일보》 1938년 2월 27일자 하단의 '킹 오브 킹즈' 광고.

53 "녹음질 때 더 많은 부인의 현기증. 그 원인과 적당한 치료법", 《동
    아일보》 1932년 6월 2일.

54 "진찰실에서 본 노처녀와 『히스테리』, 너무 늦는 결혼의 해", 《별건
    곤》 제19호, 1929년 2월.

55 의학박사 박창훈, "특히 주의할 여성과 금욕생활", 《별건곤》 제
    19호, 1929년 2월.

56 "십팔세 소부 방화광. 성적관계의 방화. 오개월간 오십칠회", 《동
    아일보》 1933년 10월 20일.

57 "이혼을 당코저 일곱 번 방화", 《동아일보》 1933년 5월 5일; "이혼
    수단으로 자가에 방화", 《동아일보》 1933년 7월 26일.

58 이명선, 앞의 글, 113~114쪽.

59 "성생활은 수명에 해될까 - 그러나 독신은 더 오래 못 산다", 《조
    선일보》 1936년 1월 1일.

60 의학박사 김성진, "금욕을 한다면 더 오래살가. 그럴법해도 안그
    럴런지 (4)", 《조선일보》 1936년 1월 1일.

61 의학박사 김성진, 위의 기사.

62 이명선, 앞의 글, 113~114쪽.

63 이명선, 위의 글, 113~114쪽.

64 정석태, "성욕의 생리와 심리 - 남녀양성의 성욕고", 《별건곤》 제
    19호, 1929년 2월.

65 로이 포터·미쿨라시 테이흐 엮음, 『섹슈얼리티와 과학의 대화:
    성지식, 성과학의 역사』, 우종민·이현정 옮김, 한울, 2001, 265쪽,
    272쪽.

66 "지상병원", 《동아일보》 1932년 2월 13일.

67 위의 기사.

68 수잔 스트라이커, 앞의 책, 72쪽; Jennifer Terry, op. cit., pp.
    131~133.

69 경성제대 암정내과 김동익, 앞의 기사.

70 Jennifer Terry, op. cit., pp. 133~134.

71 "히스테리의 발작은 모성을 아서간다", 《동아일보》 1932년 2월 7일.

72 "세계각국의 이혼법제와 조선이혼법의 과거현재급 장래 (17)", 《동아일보》 1933년 11월 26일.

73 "십팔세 소부 방화광. 성적관계의 방화. 오개월간 오십칠회", 《동아일보》 1933년 10월 20일; "이혼조건을 만들고자 인가에 방화해", 《동아일보》 1933년 4월 5일; "친정가고 싶어 시가에 방화", 《동아일보》 1933년 8월 19일; "이혼을 당코저 일곱 번 방화", 《동아일보》 1933년 5월 5일.

74 소현숙, 「강요된 '자유이혼', 식민지 시기 이혼문제와 '구여성'」, 《사학연구》 104호, 한국사학회, 2011, 131~132쪽.

75 "세계각국의 이혼법제와 조선이혼법의 과거현재급 장래 (17)", 《동아일보》 1933년 11월 26일.

76 "성법칙의 탈선! 여자가 된 남자 (1) 초백%의 끄로 실화", 《조선중앙일보》 1934년 2월 23일.

77 흔히 알려진 것과 달리 릴리 엘베는 연구소 최초의 수술 사례가 아니었다. 처음 수술을 받은 인물은 도르헨 리히터로, 그녀는 1922년에 거세를 마쳤으며 1931년에 페니스를 제거하고 외과적으로 질을 구축하는 수술을 받았다. Joanne Meyerowitz, op. cit., pp. 19~20.

78 "성법칙의 탈선! 여자가 된 남자 (1) 초백%의 끄로 실화", 《조선중앙일보》 1934년 2월 23일; "남자가 여자가 되어 다시 시집간 이상한 이야기. 세계 의학계의 큰 문제", 《동아일보》 1933년 10월 25일. 이러한 기사들은 릴리 엘베의 사망 후 1933년 영어권에서 출판된 E. P. 듀튼의 *Man into Woman: An Authentic Record of a Change of Sex*을 참조하고 있는 것으로 보인다. 이 책은 릴리 엘베를 고환과 함께 "발육장애의 난소"를 가진 인터섹스로 설명하는 영국의 산부인과 의사 노먼 헤어 박사의 서문과 함께 출판되었다. Joanne Meyerowitz, op. cit., p. 30.

79 Ibid., pp. 22~27.

80 Ibid., pp. 22~28.

81 Ibid., pp. 29~30.

82 정석태, 앞의 기사.

83 "차별", 《동아일보》 1924년 10월 26일.

84 가와무라 구니미쓰, 『섹슈얼리티의 근대: 일본 근대 성가족의 탄생』, 손지연 옮김, 논형, 2013, 122쪽.

85 오기영, "매음제도론, 기생제도철폐, 제의견을 검토함", 《동광》 제29호, 1931년 12월.

86 "[과학] 변장하는 심리 (하)", 《동아일보》 1938년 2월 6일.

5장. 경계를 위협하는 여성들의 욕망

1 "치안에 치중하여. 레코드 검열 방침. "새디즘" 철저 배격", 《조선중앙일보》 1936년 7월 5일.

2 "「사디즘」의 유래", 《동아일보》 1936년 6월 7일; "「마조히슴」의 유래", 《동아일보》 1936년 6월 9일.

3 "약처를 난타해 상해와. 유혈보고 열락. 견대다 못하야 경찰에 호소. 평양에 부자 변태성욕광", 《동아일보》 1926년 5월 8일.

4 "야수적 "사디즘!" 마침내 그 처를 자살의 길로", 《조선일보》 1937년 2월 24일.

5 "약처를 난타해 상해와. 유혈보고 열락 견대다 못하야. 경찰에 호소. 평양에 부자 변태성욕광", 《동아일보》 1926년 5월 8일.

6 "야수적 "사디즘!" 마침내 그 처를 자살의 길로", 《조선일보》 1937년 2월 24일.

7 김윤경, "성교육의 주창", 《동광》 제11호, 1927년 3월 5일.

8 1923년 세브란스 연합의학전문학교에 정신과학교실이 창설되면서 조선에서도 정신과 전공의들이 배출되기 시작했지만, 식민지 의학의 특성상 비실용적인 정신의학 분과는 매우 주변적인 지위에 머물러 있었다. 한국전쟁 이후인 1959년까지도 정신과 전문의의 수는 전체 1만 명의 의사 중에 채 20명이 미치지 못하는 수준이었다. "한국정신병문제 (하) 정신보건운동의 필요성", 《동아일

보》1959년 4월 4일.

9 "「사디즘」의 유래", 《동아일보》 1936년 6월 7일; "「마조히슴」의 유래", 《동아일보》 1936년 6월 9일.

10 사다이즘을 차단하기 위해 경무당국이 압수했던 수입 레코드의 목록에는 〈남녀동권〉이라는 제목의 레코드도 포함되어 있다. "치안에 치중하여. 레코드 검열 방침. "새디즘" 철저 배격", 《조선중앙일보》 1936년 7월 5일.

11 "방범전람회 이십오일부터 개최", 《동아일보》 1939년 5월 24일.

12 "자정 후의 경성. 가상의 인생과 현실의 일면. (4) 불언불소의 색정광", 《동아일보》 1926년 5월 30일.

13 "불국 귀족의 저택설계로 조선 한양에 아방궁 건축", 《조선일보》 1926년 5월 31일.

14 "윤자작 저에 여색정광. 미남자만 붙들면 같이 살자고 폭행", 《시대일보》 1924년 6월 17일.

15 "성욕광 폭행. 수욕에 불응한다고 낫으로 찍어서 중상", 《동아일보》 1926년 4월 30일; "변태성욕자 기처를 난자. 백주에 순종 않는다고. 피해자 위독. 범인 도주", 《중외일보》 1930년 9월 10일; "변태성 남편이 기처를 난타. 자긔 욕구에 불응한다고. 범인은 경찰에 체포", 《조선일보》 1931년 11월 18일; "희대 색마 제 계집 머리와 손가락을 잘라", 《동아일보》 1928년 2월 22일.

16 "변태성욕가 배정자의 과거현재 (1) 출세는 기생으로 생활은 천변만화", 《동아일보》 1925년 8월 21일; "변태성 여자 행상. 남편두고 절도. 두명이 생활비 대다가 궁해서", 《조선중앙일보》 1933년 8월 10일.

17 최백월, "내가 만일 여학생 시대를 다시 갖는다면", 《학생》 1929년 5월호.

18 "여류명사의 동성연애기", 《별건곤》 제34호, 1930년 11월.

19 Gregory M. Pflugfelder, ""S" is for Sisters: Schoolgirl Intimacy and 'Same-Sex Love' in Early Twentieth-Century Japan," in Barbara Molony & Kathleen Uno eds., *Gendering Modern Japanese History*(Cambridge: Harvard University Press, 2005), p. 153.

20 Ibid., p. 133.

21 Jennifer Robertson, *Takarazuka: Sexual Politics and Popular Culture in Modern Japan*(Berkeley; University of California Press, 1998), p. 68.

22 이명선, 앞의 글, 110쪽.

23 "삼대여성이 본 문화반세기", 《동아일보》 1939년 1월 3일.

24 "인간계에서 모르고 있는 여학교 기숙사의 비밀", 《별건곤》 제 15호, 1928년 8월; "여학교 기숙사감 일기", 《삼천리》 제11권 제 7호, 1939년 7월.

25 신지연, 「1920~30년대 "동성(연)애" 관련 기사의 수사적 맥락」, 《민족문화연구》 45권, 고려대학교 민족문화연구원, 2006, 271쪽.

26 에바 일루즈는 20세기 전환기에 데이트라는 새로운 관행이 보편 화되는 과정을 상업적 여가 활동과 여가 공간의 증가(자동차, 영 화관 등)와 연관시켜 설명한 바 있다. 전통적인 미국 중간계급에 서 구혼은 가정에서 이루어지는 사교 활동을 중심으로 이뤄졌던 데 반해, 초대에 필요한 공간과 사생활을 확보할 수 없었던 노동 계급은 세기의 전환기에 '외출'이라는 새로운 데이트 활동을 시작 했다. 이러한 새로운 관행이 상업적 여가 활동과 여가 공간의 증 가와 맞물리면서 데이트의 전 계층적인 확산을 촉진시켰다. 에바 일루즈에 따르면 새로운 공적 소비 공간의 등장이야말로 젊은 세 대가 집과 가족의 울타리로부터 벗어난 새로운 교제의 방식과 낭 만적 사랑을 할 수 있었던 중요한 배경이었다. 에바 일루즈, 『낭만 적 유토피아 소비하기: 사랑과 자본주의의 문화적 모순』, 박형신· 권오헌 옮김, 이학사, 2014, 105~106쪽, 116~117쪽.

27 존 데밀리오는 이러한 관점에서 게이와 레즈비언이라는 정체 성을 자본주의를 통해 형성된 역사적 생산물로 정의한다. John D'Emilio, "Capitalism and Gay Identity," in Karen V. Hansen & Anita Ilta Garey eds., *Families in the US: Kinship and Domestic Politics*(Philadelphia; Temple University Press, 1998).

28 「꽃 이야기」는 잡지 《소녀화보》에 연재된 소설로 7화로 마무리될 예정이었지만 독자들의 열광적인 호응으로 54화까지 연재되었다.

이서, 「언니 저 달나라로: 백합물과 1910~30년대 동북아 여학생문화」, 《삐라: 퀴어인문잡지》 1호, 노트인비트윈, 2012, 144~145쪽.

29 "정조경시의 소설. 정사 동성애의 예찬은 불가. 전시하의 소설도 통제", 《동아일보》 1938년 9월 14일.

30 "제복의 아가씨들은 무엇을 생각하는가", 《여성》 제5권 제7호, 1940년 7월, 28~36쪽; "아교의 여학생 군사교련안", 《삼천리》 1942년 1월(이서, 앞의 글, 147쪽에서 재인용).

31 "요때의 조선신여자", 《신여성》 제1권 2호, 1923년 11월.

32 오산인, "K선생을 생각함", 《창조》 5호, 1920년 3월(신지연, 「이광수의 텍스트에 나타나는 동성 간 관계와 감정의 언어화 방식」, 《상허학보》 21집, 상허학회, 2007, 210쪽에서 재인용).

33 이 익명의 기고자와 그가 회고하는 K선생은 각각 오산학교 졸업생 이희철과 그의 스승 춘원 이광수로 추정된다. 신지연, 위의 글, 210쪽.

34 오산인, 앞의 글(신지연, 앞의 글에서 재인용).

35 이광수는 자신의 소설 「사랑인가」에 대해 "소년의 동성애를 그린 것"으로 직접 언급한 바 있다. 이광수, "다난한 반생의 도전", 《조광》 2권 2호, 1936년 4월, 138쪽.

36 Gregory M. Pflugfelder, *Cartographies of Desire*, p. 249.

37 "청년 두 명이 동성연애로 정사 [일일 안동현 진강공원에서]", 《조선일보》 1931년 5월 5일.

38 현루영, "여학생과 동성연애문제 – 동성애에서 이성애로 진전할 때의 위험", 《신여성》 제2권 12호, 1924년 12월.

39 "요때의 조선신여자", 《신여성》 제1권 2호, 1923년 11월.

40 김수진, 「1920-30년대 신여성담론과 상징의 구성」, 서울대학교 사회학과 박사학위논문, 2005.

41 1913년 생으로 1920년대 후반에 이화여고보를 다녔을 것으로 추정되는 정여운은 학창 시절 동안 '엑스형제'가 큰 유행이었다고 증언했다. 다양한 자료와 당대 재학생들의 증언들을 종합해볼 때 이 '엑스형제'는 에스S와 발음이 유사한 데서 나온 단순한 혼동의 결과로 보인다. 정미경, 「일제시기 '배운여성'의 근대교육 경험

과 정체성에 관한 연구」, 이화여자대학교 여성학과 석사학위논문, 2000.

42 실제로 'S관계'의 생명력은 해방 후까지 지속되었다. 여성국극공동체에 대한 연구에 참여한 1940년생 김영숙은 자신이 중학교에 입학했던 1950년대에도 반 학생의 상당수가 2, 3학년과 S관계를 맺고 있었다고 증언했다. 김지혜, 「1950년대 여성국극공동체의 동성친밀성에 관한 연구」, 《한국여성학》 제26권 1호, 한국여성학회, 2010.

43 Gregory M. Pflugfelder, *Cartographies of Desire*, p. 249. 한편 1886년에 발간된 크라프트에빙의 『정신병적 성욕 Psychopathia Sexualis』은 성도착을 세세하게 체계화하면서 '호모섹슈얼리티'를 그 하위 범주로 본격적으로 배치한 최초의 책으로, 일본에서는 1913년 『변태성욕심리 變態性慾心理』라는 제목으로 번역·출판되었다. 신지연, 「1920~30년대 "동성(연)애" 관련 기사의 수사적 맥락」, 266~267쪽.

44 "의학박사 명주완씨 담. 정신병학의 "메쓰"로 갈러본 살인 삼각애 사건", 《조선일보》 1939년 7월 12일.

45 "젊은 여자의 체질을 보고 장래운명을 안다", 《동아일보》 1928년 3월 11일; "성교육으로 본 동성애의 폐해", 《중외일보》 1929년 11월 3일; "사람은 몇 살부터 이성을 아느냐", 《동아일보》 1929년 11월 4일; 정석태, "성욕의 생리와 심리 – 남녀양성의 성욕고", 《별건곤》 제19호, 1929년 2월.

46 강이수, 앞의 글, 94~95쪽.

47 전미경, 앞의 글, 82쪽.

48 "결혼난", 《동아일보》 1928년 1월 16일.

49 강선미, 「조선파견 여선교사와 (기독)여성의 여성주의 의식형성」, 이화여자대학교 여성학과 박사학위논문, 2003, 203~204쪽.

50 강선미, 위의 글, 57~58쪽.

51 Lillian Faderman, *Odd Girls and Twilight Lovers: A History of Lesbian Life in Twentieth-Century America*(New York: Columbia University Press, 1991), pp. 11~12.

52 강선미, 앞의 글, 78쪽.

53 강선미, 위의 글, 203~204쪽.

54 강선미, 위의 글, 210쪽.

55 Lillian Faderman, op. cit., p. 19.

56 해블록 엘리스는 여성의 호모섹슈얼리티가 근대화 과정과 페미니즘의 대두와 함께 증대되고 있다며, 페미니즘이 여성의 호모섹슈얼리티를 조장하는 경향이 있다고 주장했다. Jennifer Terry, op. cit., pp. 133~134.

57 현루영, 앞의 기사.

58 감독은 홍문명, 각색은 김서정, 배우 김연실, 윤봉춘, 이영숙, 박정섭, 서영월의 출연이 발표되었다. "영화제작연맹〈명일의 여성〉제작. 동성연애로 자살한 두 여성을 모델로",《조선일보》1931년 4월 15일.

59 "철로의 이슬된 이수의 물망초. (1) 뜻없는 결혼에 애태우는 그 가슴. 결혼행진곡도 지금엔 비곡! 김용주 여사의 번민의 시초",《조선일보》1931년 4월 11일; "(2) 출가후의 고뇌. 학생생활의 동경",《조선일보》1931년 4월 12일; "(3) 믿고 바라던 남편도 중도 퇴학하고 귀경. 홍옥임양과 심중을 교환",《조선일보》1931년 4월 13일; "(4) 저급한 통속소설을 탐독 애독. 야릇한 성격과 홍양의 가정",《조선일보》1931년 4월 14일; "(5) 한강에서 실패. 최후로 기념촬영",《조선일보》1931년 4월 17일.

60 "실없은 죽엄 두 여성의 자살사건을 보고",《동아일보》1931년 4월 12일; "두 여성자살과 시비. 홍 김 두 여자의 자살에 대하야",《동아일보》1931년 4월 16일; "두 여성자살과 시비. 값없는 죽엄",《동아일보》1931년 4월 17일; "두 여성자살과 시비. 경솔한 자살",《동아일보》1931년 4월 18일; "두 여성자살과 시비. 경솔한 자살",《동아일보》1931년 4월 21일; "두 여성자살과 시비. 죽엄의 향락",《동아일보》1931년 4월 22일.

61 "최초의「동성연애 자살」.「심비행사의 처」와「홍난파의 질녀」의 정사",《조선일보》1973년 8월 28일.

62 이 사건을 다루고 있는 책으로는『20세기 여성 사건사』(여성신문

사, 2001), 『경성을 뒤흔든 11가지 연애사건』(다산초당, 2008), 『경
성 자살 클럽』(살림, 2008)이 대표적이다.

63 "작부 이명이 정사. 동성연애가 염세증이 되어 월미도 앞에 허리
매", 《시대일보》1924년 5월 6일.

64 "동성애만담", 《동아일보》1932년 3월 17일.

65 "(청춘 두 여성의) 철도에서 자살사건과 그 비판", 《신여성》
1931년 5월.

66 "젊은 여자의 체질을 보고 장래운명을 안다", 《동아일보》1928년
3월 11일; "성교육으로 본 동성애의 폐해", 《중외일보》1929년
11월 3일; "사람은 몇 살부터 이성을 아느냐", 《동아일보》1929년
11월 4일; 정석태, "성욕의 생리와 심리 – 남녀양성의 성욕고",
《별건곤》제19호, 1929년 2월.

67 김수진, 앞의 글, 97쪽.

68 "철로의 이슬된 이수의 물망초. (1) 뜻없는 결혼에 애태우는 그 가
슴. 결혼행진곡도 지금엔 비곡! 김용주 여사의 번민의 시초", 《조
선일보》1931년 4월 11일.

69 "철로의 이슬된 이수의 물망초. (4) 저급한 통속소설을 탐독 애독.
야릇한 성격과 홍양의 가정", 《조선일보》1931년 4월 14일.

70 위의 기사.

71 "히스테리와 가정교육. 무엇보다도 성격을 이해하라. 부모책임이
더욱 중해", 《동아일보》1931년 9월 5일; "히스테리 발작은 모성
을 아서간다", 《동아일보》1932년 2월 15일.

72 "철로의 이슬된 이수의 물망초. (5) 한강에서 실패. 최후로 기념촬
영", 《조선일보》1931년 4월 17일; "홍수와 녹한을 실은 춘풍. 청
춘 양여성 철도정사", 《동아일보》1931년 4월 10일.

73 "작부 이명이 정사. 동성연애가 염세증이 되어 월미도 앞에 허리
매", 《시대일보》1924년 5월 6일; "축항부두에 동성애정사(미수)",
《조선일보》1936년 6월 5일.

74 Gregory M. Pflugfelder, ""S" is for Sisters," p. 153. 일본에서도 여성
간의 동성연애 정사 사건은 급증했다. 연구에 따라 1925~1935년
사이에 342건의 여성 동반자살 사건이 있었던 것으로 추정되기도

한다. 이서, 앞의 글, 151쪽.

75 "작부 이명이 정사. 동성연애가 염세증이 되어 월미도 앞에 허리매", 《시대일보》 1924년 5월 6일: "축항부두에 동성애정사(미수)", 《조선일보》 1936년 6월 5일.

76 "철로의 이슬된 이수의 물망초. (5) 한강에서 실패. 최후로 기념촬영", 《조선일보》 1931년 4월 17일.

77 "동성연애 양처녀 한강서 정사도모", 《조선일보》 1938년 5월 11일.

78 위의 기사.

79 "요때의 조선신여자", 《신여성》 제1권 2호, 1923년 11월.

80 "작부 이명이 정사. 동성연애가 염세증이 되어 월미도 앞에 허리매", 《시대일보》 1924년 5월 6일: "축항부두에 동성애정사(미수)", 《조선일보》 1936년 6월 5일; "'콩쥐팥쥐' 한쌍 처녀. 홍몽일코 세번 자살미수", 《동아일보》 1938년 5월 11일.

81 신지연, 「1920~30년대 "동성(연)애" 관련 기사의 수사적 맥락」, 282~283쪽.

82 "깨여진 동성애", 《동아일보》 1939년 7월 11일.

83 "의학박사 명주원씨 담. 정신병학의 "메쓰"로 갈러본 살인 삼각애 사건", 《조선일보》 1939년 7월 12일.

84 Jennifer Terry, op. cit., pp. 133~134.

85 "의학박사 명주원씨 담. 정신병학의 "메쓰"로 갈러본 살인 삼각애 사건", 《조선일보》 1939년 7월 12일.

86 "철로의 이슬된 이수의 물망초. (4) 저급한 통속소설을 탐독 애독. 야릇한 성격과 홍양의 가정", 《조선일보》 1931년 4월 14일.

87 "히스테리와 가정교육. 무엇보다도 성격을 이해하라. 부모책임이 더욱 중해", 《동아일보》 1931년 9월 5일; "히스테리 발작은 모성을 아서간다", 《동아일보》 1932년 2월 15일.

88 "철로의 이슬된 이수의 물망초. (4) 저급한 통속소설을 탐독 애독. 야릇한 성격과 홍양의 가정", 《조선일보》 1931년 4월 14일.

89 복면아, "그 여자들은 웨 철도자살을 하엿나? 홍·김 양녀자 영등포철도자살사건 후문", 《별건곤》 제40호, 1931년 5월 1일.

90 "의학박사 명주원씨 담. 정신병학의 "메쓰"로 갈러본 살인 삼각애 사건",《조선일보》1939년 7월 12일.

91 "십여년 동안을 남자로 행세. 안해까지 두어가지고 (상)",《동아일보》1932년 11월 3일.

92 "남자로 변장 출정. 대좌로 십사년간 영국여자가 남자라 속여. 사회에 활동하다가 감옥에 가서 남수와 밀통하고 정체탄로",《동아일보》1929년 4월 1일 ; "이십사년간 남자 행세한 여자 [해외뉴스]",《동아일보》1939년 10월 4일 ; "십여년 동안을 남자로 행세. 안해까지 두어가지고 (하)',《동아일보》1932년 11월 5일.

93 복면아, 앞의 기사.

94 "깨여진 동성애",《동아일보》1939년 7월 11일 ; "질투로 돌변한 동성애. 의동생 자살코 음독. 가해자는 필경절명",《조선일보》1939년 7월 11일.

마치며

1 "이화교 '사랑의 전설' 사라진다",《동아일보》1997년 3월 6일.

2 김순덕, "[횡설수설] 이화교",《동아일보》2002년 9월 25일.

3 이화교를 둘러싼 '사랑의 전설'은 1990년대 후반 『새내기 정보탱크』 같은 책에 실릴 만큼 대중적인 추억이었다.

4 "이화교 '사랑의 전설' 사라진다",《동아일보》1997년 3월 6일 ; 김순덕, 앞의 기사.

5 잡지 《버디BUDDY》의 조사에 따르면 2000년 10월 기준으로 인터넷 동성애자 웹사이트의 수는 150여 개 이상이었으며, 포털사이트 다음에는 최소 3330여 개의 동성애자 카페가 개설된 것으로 확인되었다. 이 숫자는 명확히 표기된 카페만을 집계한 것으로 실제 총수는 이보다 더 많았을 것이라고 추정할 수 있다. 한채윤, 「한국 레즈비언 커뮤니티의 역사」,《진보평론》제49호, 2011, 114쪽.

6 길밖세상, 『20세기 여성 사건사』, 여성신문사, 2001.

참고문헌

신문과 잡지

《개벽》《동광》《동아일보》《매일신보》《별건곤》《삼천리》《시대일보》《신동아》《신여성》《조선일보》《조선중앙일보》《제일선》《조광》《중외일보》《창조》《학생》

논문

(1) 국내

강선미, 「조선파견 여선교사와 (기독)여성의 여성주의 의식형성」, 이화여자대학교 여성학과 박사학위논문, 2003.

강이수, 「일제하 근대 여성 서비스직의 유형과 실태」, 《페미니즘 연구》 5호, 한국여성연구소, 2005.

강혜경, 「일제시기 성병의 사회문제화와 성병관리」, 《한국민족운동사연구》 제59집, 한국민족운동사학회, 2009.

구자연·황상익, 「엘리스(Havelock Ellis)의 성심리학 연구」, 《의사학》 제5권 1호, 대한의사학회, 1996.

권보드래, 「인단 – 동아시아의 상징 제국」, 《사회와 역사》 81권, 한국사회사학회, 2009.

권채린, 「1920-30년대 '건강'과 '질병'을 둘러싼 대중담화의 양상」, 《어문논총》 64권, 한국문학언어학회, 2015.

김경일, 「일제하 조혼문제에 대한 연구」, 《한국학논집》 41집, 한양대학교 동아시아문화연구소, 2007.

김수진, 「1920-30년대 신여성담론과 상징의 구성」, 서울대학교 사회학과 박사학위논문, 2005.

김승익, 「일제강점기 남방(南方) 이미지 형성과 그 의미」, 《한국근현대미술사학》20권, 한국근현대미술사학회, 2009.

김지혜, 「1950년대 여성국극공동체의 동성친밀성에 관한 연구」, 《한국여성학》 제26권 1호, 한국여성학회, 2010.

김혜인, 「현해탄의 정치학: 제국의 법질서와 식민지 주체의 정화술」, 《어문논총》 52권, 한국문학언어학회, 2010.

노지승, 「식민지 시기, 여성 관객의 영화 체험과 영화적 전통의 형성」, 《현대문학의 연구》 제40권, 한국문학연구학회, 2010.

류수연, 「신문, 도시, 그리고 탐정소설: 김내성의 『마인(魔人)』 연구」, 《상허학보》 40집, 상허학회, 2014.

박관수, 「1940년대의 '남자동성애' 연구」, 《비교민속학》 제31집, 비교민속학회, 2006.

박수경, 「식민도시 부산의 이동성 고찰: 부산항을 중심으로」, 《일어일문학》 55권, 대한일어일문학회, 2012.

서지영, 「식민지 시대 카페 여급 연구」, 《한국여성학》 19권 3호, 한국여성학회, 2003.

_____, 「노동과 유희의 경계: 식민지 시대 카페 여급」, 《여/성이론》 18권, 여성문화이론연구소, 2008.

소현숙, 「강요된 '자유이혼', 식민지 시기 이혼문제와 '구여성'」, 《사학연구》 104권, 한국사학회, 2011.

손준종, 「근대교육에서 국가의 몸 관리와 통제 양식 연구」, 《교육학연구》 제16권 제1호, 한국교육학회, 2010.

신동원, 「'건강은 국력' 개념의 등장과 전개」, 《보건학논집》 제37권 제1호, 서울대학교 보건환경연구소, 2000.

_____, 「세균설과 식민지 근대성 비판」, 《역사비평》 통권 58호, 역사비평사, 2002.

신순철, 「1930년대 식민지 조선의 유행가 노랫말로 본 '에로−그로−넌센스'의 사회상」, 《현상과인식》 제39권 4호, 한국인문사회과학회, 2015.

신지연, 「1920~30년대 "동성(연)애" 관련 기사의 수사적 맥락」, 《민족문화연구》 45권, 고려대학교 민족문화연구원, 2006.

_____, 「이광수의 텍스트에 나타나는 동성 간 관계와 감정의 언어화 방식」, 《상허학보》 21집, 상허학회, 2007.

원종혜, 「일제시대 관광지도에 조명된 경성 관광의 이미지」, 《역사와 경계》 100권, 부산경남사학회, 2016.

이명선, 「식민지 근대의 "성과학" 담론과 여성의 성(sexuality)」, 《여성건강: 다학제적 접근》 2권 2호, 대한여성건강학회, 2001.

이서, 「언니 저 달나라로: 백합물과 1910~30년대 동북아 여학생문화」, 《삐라: 퀴어인문잡지》 1호, 노트인비트원, 2012.

이선엽, 「경범죄처벌법의 역사적 변천: 제도의 경로, 동형화」, 《한국행정사학지》 25호, 한국행정사학회, 2009.

이종민, 「가벼운 범죄, 무거운 처벌: 1910년대의 즉결처분 대상을 중심으로」, 《사회와 역사》 107집, 한국사회사학회, 2015.

이화진, 「'기모노'를 입은 여인: 식민지 말기 문화적 크로스드레싱(cultural cross-dressing)의 문제」, 《대중서사연구》 18권 1호, 대중서사학회, 2012.

전미경, 「식민지기 본부살해(本夫殺害) 사건과 아내의 정상성: '탈유교' 과정을 중심으로」, 《아시아여성연구》 제49권 1호, 숙명여자대학교 아시아여성연구소, 2010.

전원근, 「1980년대 『선데이서울』에 나타난 동성애 담론과 남성 동성애자들의 경험」, 『젠더와 문화』 8권 2호, 계명대학교 여성학연구소, 2015.

정미경, 「일제시기 '배운여성'의 근대교육 경험과 정체성에 관한 연구」, 이화여자대학교 여성학과 석사학위논문, 2000.

정일영, 「일제시기 장묘제도 변화의 의미」, 《역사연구》 제25호, 역사학연구소, 2013.

_____, 「1910년대 묘지 통제에 담긴 일제 식민지배의 논리」, 《한국민족운동사연구》 제80권, 한국민족운동사학회, 2014.

_____, 「일제 식민시기 사자공간의 배치와 이미지 형성: 공동묘지와 화장장을 중심으로」, 《사총》 57권, 수선사학회, 2016.

채석진, 「제국의 감각: '에로 그로 넌센스'」, 《페미니즘 연구》 제5호, 한국여성연구소, 2005.

천정환, 「관음증과 재현의 윤리: 식민지 조선에서의 "근대적 시각"의 성립에 관한 일 고찰」, 《사회와 역사》 제81권, 한국사회사학회, 2009.

최은경·이영아, 「신문 상담란 "지상 병원"을 중심으로 본 1930년대 식민지 조선 대중들의 신체 인식과 의학 지식 수용」, 《한국과학사학회지》 제37권 제1호, 한국과학사학회, 2015.

하세봉, 「국가의 계몽과 유혹: 大阪衛生博覽會(1926년)로 보는 근대동아시아 박람회에서의 신체」, 《동양사학연구》 제99집, 동양사학회, 2007.

한민주, 「근대 과학수사와 탐정소설의 정치학」, 《한국문학연구》 45권, 동국대학교 한국문학연구소, 2013.

_____, 「불온한 등록자들: 근대 통계학, 사회위생학, 그리고 문학의 정치성」, 《한국문화연구》 제46집, 동국대학교 한국문학연구소, 2014.

한채윤, 「한국 레즈비언 커뮤니티의 역사」, 《진보평론》 제49호, 2011.

현경미,「식민지 여성교육 사례연구 : 경성여자고등보통학교를 중심으로」, 서울
　　대학교 교육학과 석사학위논문, 1998.

홍윤표,「탐정소설과 식민지적 아이덴티티 : 김내성의 일본어 소설을 중심으로」,
　　《아시아문화연구》제23집, 가천대학교 아시아문화연구소, 2011.

(2) 국외

Chauncey, George, "From sexual inversion to homosexuality : Medicine and the
　　changing conceptualization of female deviance," *Salmagundi* 58/59, 1982.

Freedman, Estelle. B., ""Uncontrolled Desires" : The Response to the Sexual Psy-
　　chopath, 1920−1960," *The Journal of American History*, 74(1), 1987.

단행본

(1) 국내

가와무라 구니미쓰,『섹슈얼리티의 근대 : 일본 근대 성가족의 탄생』, 손지연 옮
　　김, 논형, 2013.

권김현영,「남장여자/남자/남자인간의 의미와 남성성 연구 방법」, 권김현영·
　　나영정·루인·엄기호·정희진·한채윤 지음,『남성성과 젠더』, 자음과모음,
　　2011.

　　　　　,「미성년자 의제강간, 무엇을 보호하는가」, 정희진 엮음, 권김현영·루
　　인·류진희·정희진·한채윤 지음,『양성평등에 반대한다』, 교양인, 2016.

권보드래,『연애의 시대 : 1920년대 초반의 문화와 유행』, 현실문화, 2003.

길밖세상,『20세기 여성 사건사』, 여성신문사, 2001.

김인호,『백화점의 문화사 : 근대의 탄생과 욕망의 시공간』, 살림, 2006.

김주리,『모던 걸, 여우 목도리를 버려라 : 근대적 패션의 풍경』, 살림, 2005.

로이 포터·미쿨라시 테이흐 엮음,『섹슈얼리티와 과학의 대화 : 성지식, 성과학
　　의 역사』, 우종민·이현정 옮김, 한울, 2001.

마사 너스바움,『혐오와 수치심 : 인간다움을 파괴하는 감정들』, 조계원 옮김, 민
　　음사, 2015.

미리엄 실버버그,『에로틱 그로테스크 넌센스 : 근대 일본의 대중문화』, 강진석·
　　강현정·서미석 옮김, 현실문화, 2014.

미셸 푸코,『성의 역사 : 제1권 앎의 의지』, 이규현 옮김, 나남, 1997.

_____, 『감시와 처벌 : 감옥의 역사』, 오생근 옮김, 나남, 2003.

_____, 『"사회를 보호해야 한다" : 콜레주드프랑스 강의 1975~76년』, 김상운 옮김, 난장, 2015.

사라 밀스, 『현재의 역사가 미셸 푸코』, 임경규 옮김, 앨피, 2008.

수잔 스트라이커, 『트랜스젠더의 역사 : 현대 미국 트랜스젠더 운동의 이론, 역사, 정치』, 제이·루인 옮김, 이매진, 2016.

아시스 난디, 『친밀한 적 : 식민주의하의 자아 상실과 회복』, 이옥순·이정진 옮김, 창비, 2015.

에바 일루즈, 『낭만적 유토피아 소비하기 : 사랑과 자본주의의 문화적 모순』, 박형신·권오헌 옮김, 이학사, 2014.

이능화, 『조선해어화사』, 이재곤 옮김, 동문선, 1992.

조선총독부, 『조선총독부통계연보』, 1930.

조셉 브리스토우, 『섹슈얼리티』, 이연정·공선희 옮김, 한나래, 2000.

천정환, 『근대의 책 읽기 : 독자의 탄생과 한국 근대문학』, 푸른역사, 2003.

표창원, 『한국의 연쇄살인 : 희대의 살인마에 대한 범죄 수사와 심리 분석』, 랜덤하우스코리아, 2005.

혼마 규스케, 『조선잡기 : 일본인의 조선정탐록』, 최혜주 옮김, 김영사, 2008.

홍양희, 「'선량한 풍속'을 위하여 : 식민지시기 '간통죄'와 성(Sexuality) 통제」, 홍양희 외, 『'성'스러운 국민 : 젠더와 섹슈얼리티를 둘러싼 근대 국가의 법과 과학』, 서해문집, 2017.

(2) 국외

Barbin, Herculine, Michel Foucault ed., Richard McDougall trans., *Herculine Barbin*(New York ; Vintage, 1980).

Bérubé, Allan, *Coming Out Under Fire: The History of Gay Men and Women in World War II*(Chapel Hill ; University of North Carolina Press, 2010).

Chauncey, George, *Gay New York: Gender, Urban Culture, and the Making of the Gay Male World, 1890-1940*(New York ; Basic Books, 1994).

D'Emilio, John, "Capitalism and Gay Identity," in Karen V. Hansen & Anita Ilta Garey eds., *Families in the US: Kinship and Domestic Politics*(Philadelphia ; Temple University Press, 1998).

Faderman, Lillian, *Odd Girls and Twilight Lovers: A History of Lesbian Life in Twentieth-Century America*(New York ; Columbia University Press, 1991).

Frühstück, Sabine, *Colonizing Sex: Sexology and Social Control in Modern*

Japan(Oakland: University of California Press, 2003).

Horn, David G., "This Norm Which Is Not One: Reading the Female Body in Lombroso's Anthropology," in Jennifer Terry ed., *Deviant Bodies: Critical Perspectives on Difference in Science and Popular Culture*(Bloomington: Indiana University Press, 1995).

Martin, Bernd, *Japan and Germany in the Modern World*(New York: Berghahn books, 1995).

McLelland, Mark, *Queer Japan from the Pacific War to the Internet Age*(Lanham: Rowman & Littlefield Publishers, 2005).

Meyerowitz, Joanne, *How Sex Changed: A History of Transsexuality in the United States*(Cambridge: Harvard University Press, 2009).

Pflugfelder, Gregory M., *Cartographies of Desire: Male-Male Sexuality in Japanese Discourse, 1600-1950*(Oakland: University of California Press, 1999).

_____, ""S" is for Sisters: Schoolgirl Intimacy and 'Same-Sex Love' in Early Twentieth-Century Japan," in Barbara Molony & Kathleen Uno eds., *Gendering Modern Japanese History*(Cambridge: Harvard University Press, 2005).

Robertson, Jennifer, *Takarazuka: Sexual Politics and Popular Culture in Modern Japan*(Berkeley: University of California Press, 1998).

_____, "Dying to tell," in Robert J. Corber ed., *Queer Studies: An Interdisciplinary Reader*(Malden: Blackwell Publishing, 2003).

Roden, Donald, "Taishō Culture and the Problem of Gender Ambivalence," in J. Thomas Rimer ed., *Culture and Identity: Japanese Intellectuals During the Interwar Years*(Princeton: Princeton University Press, 1990).

Sears, Clare, *Arresting Dress: Cross-Dressing, Law, and Fascination in Nineteenth-Century San Francisco*(Durham: Duke University Press, 2014).

Terry, Jennifer, "Anxious slippages between "us" and "them": A brief history of the scientific search for homosexual bodies," in Jennifer Terry ed., *Deviant Bodies: Critical Perspectives on Difference in Science and Popular Culture*(Bloomington: Indiana University Press, 1995).

색인

조선의 퀴어

근대의 틈새에 숨은 변태들의 초상

1판 1쇄 2018년 6월 15일
1판 5쇄 2022년 7월 15일

지은이 박차민정
펴낸이 김수기

펴낸곳 현실문화연구
등록 1999년 4월 23일 / 제2015-000091호
주소 서울시 은평구 불광로 128, 302호
전화 02-393-1125 / 팩스 02-393-1128 / 전자우편 hyunsilbook@daum.net
ⓗ blog.naver.com/hyunsilbook   ⓕ hyunsilbook   ⓘ hyunsilbook

ISBN978-89-6564-215-2 (03910)

이 도서의 국립중앙도서관 출판예정도서목록(CIP)은
서지정보유통지원시스템 홈페이지(http://seoji.nl.go.kr)와
국가자료공동목록시스템(http://www.nl.go.kr/kolisnet)에서 이용하실 수 있습니다.
(CIP제어번호: CIP2018013975)